EL CUARTEL Y EL TEMPLO

EURÍPEDES KÜHL

Por el Espíritu
VAN DER GOEHEN

Traducción al Español:
J.Thomas Saldias, MSc.
Trujillo, Perú, Septiembre, 2023

Título Original en Portugués:
"O Quartel e o Templo"
© Eurípedes Kühl, 1994

Traducido al Español de la 3ra Edición Portuguesa, 1997

World Spiritist Institute
Houston, Texas, USA
E-mail: contact@worldspiritistinstitute.org

Índice

Prefacio 6

Nota sobre el Autor Espiritual 8

Un Deber Terrenal 10

Fuerzas Armadas 22

Ideas en Conflicto 28

El Inicio del Calvario 35

Cirineos Modernos 44

Horizonte Perdido 56

Sorpresas del Destino 61

Despertar de la Mediumnidad 69

Los Caminos son Varios 83

En el Camino, pero en Sentido Contrario 98

Reencuentros 111

Pesadillas al Despertar 127

Cortinas Entreabiertas 147

El Dolor: Bendición y Maestro 174

Reconciliaciones 196

Renacimiento 221

Estrellas en la Tierra 248

Del Médium

Eurípedes Kühl nació en Igarapava, SP, el 21-08-1934. Hijo de Miguel Augusto Kühl y Anna García Kühl, está casado con doña Lúcy Câmara Kühl y tienen 2 hijos.

Profesionalmente es oficial del Ejército (Capitán), paracaidista, estando en la Reserva Remunerada desde 1983, después de 31 años de servicio activo, sirviendo en varias guarniciones militares.

También es Licenciado en Administración de Empresas.

Su nombre es un merecido homenaje a Eurípedes Barsanulfo, rendido por su madre, quien fue curada por el bondadoso médium, en un desdoblamiento espiritual, en 1917.

Vive en Ribeirão Preto - SP, donde trabaja con gran entusiasmo en el movimiento espírita.

Del Traductor

Jesús Thomas Saldias, MSc, nació en Trujillo, Perú.

Desde los años 80s conoció la doctrina espírita gracias a su estadía en Brasil donde tuvo oportunidad de interactuar a través de médiums con el Dr. Napoleón Rodriguez Laureano, quien se convirtió en su mentor y guía espiritual.

Posteriormente se mudó al Estado de Texas, en los Estados Unidos y se graduó en la carrera de Zootecnia en la Universidad de Texas A&M. Obtuvo también su Maestría en Ciencias de Fauna Silvestre siguiendo sus estudios de Doctorado en la misma universidad.

Terminada su carrera académica, estableció la empresa *Global Specialized Consultants LLC* a través de la cual promovió el Uso Sostenible de Recursos Naturales a través de Latino América y luego fue partícipe de la formación del **World Spiritist Institute**, registrado en el Estado de Texas como una ONG sin fines de lucro con la finalidad de promover la divulgación de la doctrina espírita.

Actualmente se encuentra trabajando desde Perú en la traducción de libros de varios médiums y espíritus del portugués al español, habiendo traducido más de 250 títulos, así como conduciendo el programa "La Hora de los Espíritus."

Prefacio

"Habent sua fata libelli" - Los libros tienen su deslino -, nos dice Torrenciano.

Viví con él - en el que coparticipé, como miembro del grupo mediúmnico en el que fue recibido, desde mayo de 1990 hasta Octubre 1991 -, por innumerables razones, que el lector seguramente descubrirá, desde los primeros párrafos.

Creo que este libro puede abrir muchas conciencias cerradas, por la inercia cristiana..

En un mundo de dudas, lleno de contradicciones, sufrimientos y angustias, donde los hombres - lejos de las cosas de Dios -, mezclamos cosas de la Tierra, ella trae pasajes (*"Son varios los caminos"*, *"El Dolor: bendición y maestro"*, *"Reconciliaciones"*, *"Renacimientos"*, etc.) que obra en nuestro espíritu la transformación necesaria para reencontrarnos con Jesús, en la verdad y la vida.

El contenido doctrinario había sido tratado en otras obras, quizás con mayor erudición; sin embargo, en ésta la sencillez se ancla en la grandeza de la mediumnidad – beneficio divino -, aclarándola a médiums desprevenidos. Éste es el valor del trabajo: despertar la responsabilidad de quienes están dotados de atributos mediúmnicos, para ponerlos al servicio de los demás, con lo que ellos mismos estarán alcanzando niveles evolutivos espirituales.

Espero que muchos "Ricardo" - como el personaje central -, con la oportunidad de practicar su mediumnidad, no pierdan el tiempo, no desperdicien las enseñanzas aquí contenidas, pues "no fuimos hechos para sufrir - fuimos creados para evolucionar", como nos dice el autor espiritual.

A él, autor espiritual, extraordinario espíritu humanista, incapaz de discriminar entre culturas, le estamos profundamente agradecidos por ofrecernos respuestas benditas a preguntas íntimas, a veces inconscientes, sobre nuestro camino hacia Dios.

Riberão Preto, SP, Octubre 1993

João Francisco Calabrese

Nota sobre el Autor Espiritual

HERMANOS EN JESÚS.

VAN DER GOEHEN:

Al servicio del rey de Holanda, a principios del siglo pasado, fue comandando una expedición marítima para explorar las tierras de Escandinavia.

Allí permaneció durante varios años.

Brindó servicios invaluables a los habitantes de las estepas heladas, que vivían allí en un estado de semi barbarie.

Al regresar a su tierra natal, dejó a sus asistidos llamándolo de "padre".

El pueblo holandés, agradecido y reconocido, lo llamaron el "Escandinavo", porque sus largas barbas blancas, del color de la nieve, atestiguaban los tiempos pasados en el frío de la cima del mundo: en el camino, un joven voluntario, temperamental, sano, bronceado por el sol del Mar del Norte; cuando regresó, estaba maduro, sereno, con la piel muy blanca, del color de su barba, del color de la nieve...

En la siguiente reencarnación llegó a tierras brasileñas donde, como militar, marcó también su existencia en una misión expresiva.

Su trayectoria, como profesional, no tuvo paralelos; como cristiano, ¡no hubo reparaciones!

Desde cualquier ángulo que mires su perfil histórico, solo verás un verdadero apóstol.

Al regresar a la patria de los espíritus, su creciente amor por los más débiles le llevó a pedir permiso para transmitirle algunas informaciones sobre lo que sabía sobre la ecuación "pasado-presente-futuro", para poder ayudar ahora a cualquier consciencia sin la "civilización evangélica."

Humilde y desinteresadamente esperaba una respuesta a su ruego, ahora concedido.

Ocultar en esta obra el nombre de su última encarnación es una decisión personal, pero solo un gesto amistoso, para evitar vergüenza a otros. No hay que decir que se refugió en la comodidad de un seudónimo para decir lo que tenía que decir: fue, más bien, otra demostración de humildad.

En este sentido, es el decano del filantropismo hacia los incivilizados - su defensor incansable -. Nuestro agradecimiento por estas valiosas lecciones.

Este libro es muy oportuno, en este período histórico de la humanidad, en la que hay un despertar general para que la gente vea más las cosas de la naturaleza, para poder respetarlas mejor.

El autor espiritual, en ningún momento de la narración, deja de buscar a Jesús, como el mayor ejemplo, pero con ello no hace un discurso ecuménico vacío, con indicaciones que conduzcan al amor universal.

¡Gracias, "Escandinavo"!

Por los hilos gozos del pensamiento, de la idea y de la oración, rogamos que el Señor Mayor, nuestro Maestro Jesús, nos conceda nuestro pedido de bendecirlo siempre.

Claudinei – espíritu.

Un Deber Terrenal

Eran las 3:19 am.

El amanecer y el silencio envolvieron los once edificios militares que componían el gran cuartel.

En el cuartel donde se ubicaban los soldados de la Primera Compañía de Infantería, ciento ochenta y cinco soldados reclutas estaban protegidos del alambre por la vieja y sólida estructura, además de las gruesas mantas de lana; en otros alojamientos también descansaron cuatro Compañías más.

De los ciento ochenta y tres hombres de la Primera Compañía, solo uno estaba despierto: la guardia de la hora, a la entrada del alojamiento, de pie, enteramente uniformado, en la tradicional posición de "descanso."

Como recluta, todavía no llevaba arma.

Su turno de servicio, de dos horas, llegaría hasta las 4 de la madrugada. La calma era absoluta.

Entonces, rompiendo brutalmente el silencio de la noche y provocando el pánico en el cuartel, un grito aterrador salió de la garganta de uno de los soldados.

Al instante, casi todos los demás se despertaron.

Los que no se habían despertado con el grito despertaron poco después, debido al revuelo que se desató.

Ricardo, el soldado que gritaba, se retorcía violentamente temblando en la cama, tenía los ojos gaseosos, sin pestañear seguía emitiendo siniestros sonidos guturales.

En vano todos los esfuerzos por tranquilizarlo.

La guardia de servicio encendió las luces del alojamiento.

Cerca se encontraba el sargento que se encontraba de patrulla en ese período, pasando de alojamiento en alojamiento, también en un turno de dos horas, y, al oír el grito, echó a correr rápidamente.

Los alojamientos vecinos notaron el inusual movimiento y así, la emoción pronto se extendió por todo el cuartel.

El oficial del día, que había estado despierto hasta hacía poco, al darse cuenta de la anormalidad, se levantó rápidamente.

Como todos los demás soldados de servicio, se encontraba uniformado; solo se había quitado el casco y el cinturón de guarnición, con el arma en la funda, para descansar unas horas, antes del amanecer.

Se dirigió rápidamente hacia el alojamiento que vio iluminado, dándose cuenta que la confusión venía de allí.

A su llegada, la guardia de la hora, por cuanto estaba un poco confundido siguiendo las instrucciones recibidas, dijo en voz muy alta: "¡atención al alojamiento!" El sargento de guardia, el soldado de mayor rango presente en el alojamiento, dio la orden: "¡alojamiento, atención!" Entonces todos, o casi todos los soldados, se pusieron inmediatamente en la posición de atención."

El orden y el equilibrio volvieron al ambiente.

La guardia se presentó al oficial de día, quien al enterarse de lo sucedido se dirigió hacia donde se encontraba Ricardo; el sargento encargado y el sargento de patrulla intentaron hacer algo para ayudarlo. Los sargentos, siguiendo las normas, también se presentaron ante el oficial, informándole que Ricardo "estaba en crisis."

El oficial vio a Ricardo jadear. Decenas de compañeros rodearon su cama.

En otra habitación había un auxiliar de enfermería que se le pidió inmediatamente que se presentara en la Primera Compañía. Al llegar, completamente desprevenido para la atención, sugirió llamar al médico militar en su casa. El médico fue llamado. Llegó a las 4:11 am.

Ricardo, en la misma situación: ojos bien abiertos, gimiendo y rechinando los dientes, provocando ahora miedos indefinidos en sus compañeros, quienes ya ninguno logró dormir, pues los habían despertado de forma tan extraña.

El médico, después de un rápido examen, aplicó un fuerte tranquilizante, aliviando parcialmente las convulsiones del soldado.

Junto con el oficial de guardia y el sargento encargado, se retiraron.

El paciente, ahora sedado, seguía girando el cuerpo emitiendo sonidos roncos y huecos.

Parecía como si toda su forma de comunicación hubiera sido destruida por un ácido desconocido, quemando sus cuerdas vocales y sus entrañas...

Así fue hasta la llegada del "amanecer", a las 5:30 horas, cuando los soldados comenzaron a cambiarse de sus pijamas a sus uniformes de entrenamiento, para las tareas del día.

En unos instantes el alojamiento quedó prácticamente vacío. En la puerta de entrada, de pie, erguido, en la posición reglamentaria, con las piernas ligeramente abiertas y las manos cruzadas detrás del cuerpo, a la altura de la cintura, solo la guardia de la hora, de 4 a 6 am.

Con Ricardo quedó solo un soldado: André Luiz.

Desde el primer día que se conocieron en el cuartel hubo inmediata empatía entre ellos. Siempre hablaban y formaban parejas para todas las tareas que requerían asistencia de dos a uno. Sin dificultad se hicieron buenos amigos.

Ricardo, semi dopado, aun presentaba síntomas del mismo padecimiento que lo afectaba hacía más de dos horas.

El atento oficial de guardia notó, sin entender, que André Luiz, al verse solo con su colega, miró hacia el techo del alojamiento y puso su mano derecha en la frente de su compañero, como midiendo una posible fiebre. Cerró los ojos, murmuró algo y permaneció así durante dos o tres minutos. Luego de unos momentos, Ricardo relajó la mirada, calmó su respiración y se quedó dormido.

Solo entonces André Luiz, un poco tarde, salió del alojamiento, hizo su higiene personal y se unió a los demás reclutas, que ya habían regresado al café marina reforzado, que perdió.

El sargento de guardia justificó su ausencia del "rancho", para esa primera comida, al enterarse que se debió a los cuidados brindados al soldado "que se había vuelto loco", según los rumores.

~ 0 ~

La jornada militar, estrictamente cronometrado, con calendarios elaborados juiciosa y adecuadamente para todo el año de instrucción, comenzó en aquella mañana, con algo sobrenatural flotando en el aire.

A la formación general del Batallón de Infantería Blindada, seguida del desfile militar - ceremonia que se realiza diariamente, en la que participan todos los cuerpos de tropas del Ejército -, ese día no asistió Ricardo.

Los militares, de hecho, al no poder comprender el suceso anónimo ocurrido a primeras horas de la mañana, formularon varias hipótesis para explicarlo.

El capitán Andes, comandante de la Primera Compañía, donde ocurriera del hecho, apenas llegó al cuartel, alrededor de las seis de la mañana se enteró de lo acontecido.

Antes de cambiarse de ropa de civil a uniforme, visitó rápidamente a Ricardo.

Con la responsabilidad de presentar su Compañía para la graduación general, no se demoró en el alojamiento, sobre todo porque Ricardo ya mostraba cierta serenidad.

Terminada la formación general, dirigiéndose cada Compañía a sus dependencias para el recorrido del día, Andes abrió una investigación sobre la anormalidad, que él mismo llevó a cabo en poco tiempo.

Lo primero que escuchó fue al soldado que estaba de servicio de 2 a 4 de la madrugada. A continuación, el sargento de turno de la Compañía.

Luego, el sargento de patrulla y el oficial de turno. No encontró nada que pudiera dilucidar el desagradable e inexplicable suceso.

Escuchó a cinco o seis soldados más, que tenían sus camas al lado de la de Ricardo. Ninguno de ellos añadió ninguna información que de alguna manera ayudara a aclarar y justificar todo.

Al saber que el médico del cuartel había atendido el caso, decidió que lo escucharía también.

Antes, algo desorientado y bastante preocupado, pensó que Ricardo tal vez podría explicarle lo que realmente había sucedido.

Entonces regresó al dormitorio para ver cómo estaba.

A su llegada, la guardia de turno tomó forma, cambiando marcialmente de la posición de "descanso" a la de "atención." Hizo el saludo de costumbre y se presentó: "soldado número ciento setenta y ocho, Claudio, guardia de turno, servicio con relevo de soldado enfermo."

Andes, en actitud igualmente marcial, respondió al saludo con otro saludo y entró en el vasto alojamiento.

Todas las camas estaban impecablemente hechas, decoradas con un rico color verde oliva, con rayas grises.

La ropa blanca mostraba gran belleza, celo, extravagancia y orden.

Cada cama había sido hecha por el usuario respectivo, con la manta a los pies dispuesta uniformemente, en un arreglo de flor incomparablemente artístico, un orden que seguía la escala del diario anterior, siendo cada día una figura.

La riqueza de los edredones y el verde de las mantas, las de arriba, daban al alojamiento un aura de dignidad, respeto, disciplina, paz...

El comandante se acercó a la cama donde estaba Ricardo y lo vio caminar tranquilamente.

Luego de unos momentos de observación, Andes tocó el hombro de Ricardo, intentando despertarlo.

- ¡Ricardo...! ¡Ricardo!

El soldado no despertó.

Andes insistió, con más energía. Ricardo no reaccionó, siguió dormido.

Andes luego ordenó al oficial de guardia que llamara al sargento diurno a la Compañía. Cuando llegó, le ordenaron que se dirigiera a la enfermería del cuartel a buscar al médico.

Unos minutos más tarde llegó el médico.

Siendo Primer Teniente saludó respetuosamente al Capitán Andes.

Después del saludo regular, que fue contestado, dijo:

- Buenos días Capitán Andes, quedo a sus órdenes.

- Doctor Nader, buenos días. Tenemos aquí a un soldado que se encuentra en una especie de profundo letargo. Como ya lo has visto, ¿podrías decirnos cuál es el diagnóstico?

- Claro, Comandante. Esta mañana me llamaron para ayudarle. Estaba preparándome para venir a visitarlo y realizar otros exámenes cuando recibí su llamado.

Luego de medir la presión, los latidos del corazón y la temperatura de Ricardo, el médico diagnosticó;

- Comandante: nuestro soldado se encuentra en perfecto estado de salud. Sugiero que lo enviemos al Hospital Militar para que le realicen exámenes cerebrales, ya que, al parecer, el caso parece tratarse de un trastorno neurológico.

Sin pestañear, Andes decidió:

- Hagamos eso.

Y ambos salieron del alojamiento.

El médico llamó al Hospital Militar y habló con el neurólogo sobre el caso, siendo autorizado a trasladar a Ricardo a ese hospital, para que fuera examinado por el especialista.

Treinta minutos después, la ambulancia del cuartel se estacionó en el patio de la Primera Compañía para llevarse a Ricardo.

En ese preciso momento despertó.

Al ver el alojamiento vacío y el sol ya avanzado, saltó de la cama, rápidamente la arregló como los demás y corrió al vestuario.

Al pasar por el soldado de guardia, se emocionó al verlo. como si hubiera visto un fantasma.

Ricardo se cambió rápidamente, se lavó rápidamente y se dirigió al patio de formación.

Al pasar por la oficina del comandante, hizo el saludo requerido.

El Capitán, sorprendido, respondió y dijo:

- Soldado: ¡venga aquí!

Ricardo, a su vez, se sobresaltó.

Se había perdido el momento y estaba seguro que sería castigado por ello. Interiormente se preguntaba: "¿Cómo es que nadie me despertó? Tengo buenos compañeros y amigos." Irónicamente y mentalmente se lamentó: "Buenos compañeros..."

Se presentó al comandante:

- "Soldado número doscientos setenta y dos, Ricardo, de la Primera Compañía de Infantería de Marina."

- ¿Como se siente?

- ¿Yo...? - Tartamudeó.

- Sí tú. ¿Cómo se siente?

- Si quiere saber por qué dormí y perdí el tiempo, digo que fue un accidente... lo siento.

- Un soldado no se disculpa - advirtió el capitán. E insistió, enérgicamente:

- ¿Cómo se siente?

- Estoy confundido, mi Comandante. No recuerdo haber dormido tanto. En cuanto a la salud, creo que estuvo bien.

- ¿Qué es lo último que recuerdas, después de acostarte anoche...?

- Estaba con una revista de cómics, leyendo una historia de terror. Empecé a dormir y me quedé dormido.

- ¿Solo eso?

- Capitán, no sé si lo creerá, pero cuando me quedé dormido, la historia continuó en mi cabeza.

- ¿Cómo así?

- Continuó la historia y un vampiro horrible, con las carnes podridas, avanzó hacia mí y comenzó a atacarme salvajemente. Grité de terror. Y me desmayé. Lo peor es que a pesar que me desmayé, todavía sentí al vampiro atacándome...

Andes, un hombre religioso, de familia no tradicionalmente católica, creyó entender de qué se trataba: la perturbación del soldado era psíquica y en lugar de un neurólogo, una confesión de culpa al capellán militar, seguida de alguna penitencia, seguramente lo liberaría del tormento.. "En definitiva, todo no será más que una pesadilla", pensó. Mirando paternalmente a Ricardo, le dijo:

- Muy bien. No lo sabes: esta vez eres castigado por el retraso en la instrucción. Preséntate sin demora al instructor, para participar del "orden unido" que se está enseñando. ¡Y se confiese al Capellán Militar!

Activó una campanilla de mesa y pronto el soldado ordenanza se presentó en la puerta.

El comandante ordenó:

- Dígale al conductor de la ambulancia que recoja el vehículo en la enfermería. No arrestaremos al soldado porque se ha recuperado. Informe esto también al Doctor Nader.

- Puedes irte - concluyó.

Dicho esto, miró con compasión a Ricardo. Sintió una sensación de frío recorriendo todo su cuerpo, casi congelando su columna.

- ¡¿Ambulancia?! ¡¿Para mí?! ¡Dios mío...! - Tartamudeó, de manera inaudible.

Simultáneamente, ambos soldados se levantaron a saludar, pidiendo permiso para retirarse, a lo que el comandante, también hablando, respondió:

- Permiso concedido.

Rápidamente, cada uno de los soldados se dirigió hacia su destino.

~ 0 ~

El incidente ocurrido en el cuartel, hacía dos meses, ya estaba olvidado cuando el soldado Ricardo volvió a ser el centro de atención en el cuartel.

Esta vez el incidente ocurrió en el rancho de las plazas -cabos y soldados -, a la hora del almuerzo.

Cada Compañía, de las cinco que componían el Batallón, tenía su horario específico para ingresar a la cafetería.

Las Primeras Compañías ya habían "avanzado" y sus cabos y soldados estaban a mitad del almuerzo cuando entró la Primera Compañía. Disciplinadamente, los soldados recogían sus bandejas metálicas y recibían su comida, compuesta normalmente por cinco o seis porciones de comida, cuatro de los cuales calientes, más postre, normalmente dulces o fruta, además de medio litro de refresco. Cada bandeja, fabricada en acero inoxidable, impecablemente limpia e higienizada - esterilización por agua hirviendo -, cuenta con divisiones para cada tipo de comida.

Las depresiones más grandes se utilizaban para recibir arroz y frijoles.

Ricardo, absorto en la cola, pensando en Jorge, recibió automáticamente su almuerzo y se dirigió a su lugar en la mesa.

Debido a su notable descuido, tropezó con el colega que tenía delante, perdiendo el equilibrio y derramando toda su comida sobre él.

Ambos estaban casi llegando a la mesa colectiva donde se sentarían.

Las dos bandejas cayeron en el plato, con estrépito, salpicando el contenido sobre varios compañeros.

El soldado alcanzado por la comida, parte de ella muy caliente, reaccionó instantáneamente: le lanzó un puñetazo a Ricardo. Al despertar repentinamente del ensueño en el que se encontraba, Ricardo todavía tuvo tiempo de defenderse, levantó la taza antigua que yacía a su lado, para bloquear el golpe, que en realidad se detuvo allí. El agresor, llamado Norberto, tuvo la segunda desgracia, la de lesionarse en la mano, con cierta gravedad, además de la incomodidad de la comida goteando por su uniforme.

El golpe en la taza hizo que su contenido salpicara aun más a los soldados más cercanos, irritándolos...

Inmediatamente se produjo un caos total: la cola estaba desorganizada y los que ya estaban almorzando, sentados a la mesa, se levantaron en rebelión.

Norberto, aunque herido, aun intentó llegar hasta Ricardo, siendo frenado por sus compañeros, quienes tampoco estuvieron de acuerdo en este intento.

Ricardo, con la taza aun en la mano cabeza, se sintió mareado.

Fue entonces cuando, tal como había hecho la mañana del disturbio, lanzó un grito aterrador. Y se desmayó.

Dato extraño, y hasta curioso: la inesperada reacción de Ricardo hizo que todo el revuelo se detuviera.

El oficial de turno, junto con el sargento asistente, su asistente directo, además de los sargentos de turno corporativos dentro de la cafetería, reorganizaron rápidamente el área.

Después de limpiar rápidamente la comida esparcida por el suelo, la cola formada reinició la recepción del almuerzo. Según el funcionario diurno, los heridos podrían recibir una "segunda etapa."

La mayoría de los soldados que estaban almorzando no terminaron su comida, su apetito repentinamente bloqueado por el sinsabor.

Norberto y Ricardo fueron llevados a la enfermería. Ricardo fue cargado.

Norberto recibió vendajes y fue enviado a su casa, debiendo regresar al día siguiente, permaneciendo en servicio durante tres días sin realizar esfuerzos físicos ni realizar turnos de guardia.

Ricardo, dos horas después de desmayarse, todavía permanecía desmayado.

Al reiniciar el trabajo de la tarde, el Capitán Andes, ya informado de la alteración, decidió resolver ese problema de una vez por todas - repetición desagradable, que eliminaba la hipótesis del "pecado perdonado."

Respetando la ética, "sugirió" al doctor Nader que el caso del soldado requería hospitalización, diagnóstico que ya había sido realizado previamente por el propio médico.

Así que Nader aceptó inmediatamente. Ordenó que se preparara la ambulancia. André Luiz, el soldado amigo de Ricardo, aprovechando un descanso de diez minutos durante la primera sesión informativa de la tarde, lo visitó en la enfermería.

Ricardo no se limitó a moverse. Estaba respirando pesadamente.

André, a pesar de estar rodeado por varios otros soldados postrados en cama, decidió aplicarle un pase rápido a su amigo allí mismo, creando un disfraz: les dijo a los soldados que realizaría un truco de magia, capaz de despertar a personas desmayadas. De paso, para no levantar más sospechas, también dijo que el caso parecía ser epilepsia y que su padre era especialista en ese tipo de cuidados.

Cerró los ojos, elevó sus pensamientos hacia Dios y, de hecho, pensando, levantó las manos en el aire. Luego, colocó su mano derecha sobre el bulbo raquídeo de Ricardo y con su mano izquierda sujetó su muñeca. Hablando con la voz de su corazón, pidió a Jesús que le ayudara con el enfermo.

El hombre desmayado, como impulsado por un resorte que se tensaba y se soltaba repentinamente, levantó repentinamente su cuerpo, despertando.

Miró a André con profundo asombro, una mezcla de miedo, respeto y gratitud...

Los soldados que presenciaron lo sucedido quedaron sumamente confundidos. La inexplicable reacción de Ricardo, al despertar luego que su amigo le agarrara la nuca y la muñeca, los asombró enormemente.

El médico, inmediatamente llamado por una enfermera, acudió. Miró fijamente a Ricardo y luego a André. Perplejo, identificó estar en presencia de algo inusual, según narraban asombrados los demás pacientes. Todo era realmente incomprensible para la Medicina.

André, tocando las manos de Ricardo, quien las sostenía firmemente como buscando protección, escuchó unos pasos y comenzó a saludar al médico padre, su superior jerárquico.

Ricardo, haciendo gala de absoluta normalidad, pidió disculpas por lo sucedido y pidió permiso para acudir a la instrucción, pues ya estaba "encima de la hora."

El doctor, como en un momentáneo letargo, apenas consiguió responder.

André también solicitó permiso para retirarse y antes de la respuesta se retiró.

Su último pensamiento, aun en ese ambiente, fue:

- ¡Gracias, Jesús mío!

Fuerzas Armadas

Normalmente, el destino de las Fuerzas Armadas de un país son la garantía de sus instituciones y del suelo patrio.

Fuerzas Armadas existen debido a las guerras.

Las guerras, en su mayor parte, siempre surgen entre naciones, por intereses concretos. La historia demuestra que el país que es más fuerte, o que se cree más fuerte, siempre provoca hostilidad, intentando imponerse.

Si los países son casi siempre pacíficos, no es raro que usurpen su territorio.

En este contexto, es esencial contar con el potencial militar de cada nación y la capacidad de repeler este tipo de ataques, que rara vez se anuncian o publicitan y, por lo general, son inesperados.

Para responder a la decisión del gobierno, es necesario que las Fuerzas Armadas están bien entrenadas y bien equipadas, tanto en hombres como en material, para que en sintonía con la sociedad, interponga barreras el ataque agresivo y depredador de un eventual enemigo.

En Brasil, nuestro país, existe toda una tradición y estrategia, establecida, que define la ubicación de los cuarteles y sus características: Marina, en las regiones costeras; Aeronáutica, en regiones más desarrolladas; Ejército, en la práctica toda el área terrestre.

Con cuarteles repartidos por todo el territorio nacional, como en el caso brasileño, de inmensas proporciones, las actividades del Ejército, en particular, se subdividen, según peculiaridades regionales, en infantería, caballería, artillería, ingeniería, comunicaciones y servicios logísticos diversos - suministros en general.

En el caso de la infantería, estos son los cuarteles que cuentan con mayor número de personal.

En todos los cuarteles hay dos categorías de personal militar: profesionales y aquellos convocados. Los primeros son estables y se dedican íntegramente a actividades militares, desde la juventud hasta la jubilación,

Esto se llama "reserva remunerada." Los segundos, los conscriptos, son los reclutas que, al cumplir dieciocho años, deben alistarse para someterse a una selección y eventualmente realizar un servicio militar inicial, que no durará más de un año.

Existe una ley específica que define el tema: la Ley del Servicio Militar. Cuando un joven va a servir en el ejército, en la marina o en la Aeronáutica, sus familias están involucradas con esta idea, ya que el día a día de los soldados siempre está lleno de novedades, sorpresas, aprendizajes.

La vida dentro de un cuartel puede sugerir actividades rutinarias. Sin embargo, para un observador atento, ¡la realidad es muy diferente!

El hecho que año tras año lleguen y se vayan soldados es, hasta cierto punto, algo realmente rutinario. Sin embargo, cada soldado representa un mundo ya formado, donde todo lo visto hasta ahora, por cada uno de ellos, debe ser reevaluado. Costumbres, gustos, ideales son sometidos a una nueva ética, donde prevalece lo colectivo, en detrimento de lo individual.

¡Sí!

La vida militar consiste en vivir en grupo: desde el primer momento el recluta aprende que lo importante es participar, uniendo sus propios esfuerzos a los de sus compañeros, a quienes ve por primera vez.

Las acciones militares aisladas son raras.

Por definición, las misiones son siempre llevadas a cabo grupos de soldados, desde los más pequeños, patrullas, hasta pelotones, de ahí que Compañías, Batallones, Regimientos, Brigadas, Divisiones y de éstas, finalmente, todo el Ejército.

La convivencia militar es muy rica en virtudes.

Prevalecen siempre el respeto, la dignidad, el orden y la disciplina consciente.

Una minoría insignificante constituye las estadísticas de actos espurios cometidos por personal militar, ya sea dentro o fuera de los cuarteles.

Este tipo de acciones, verdaderas aberraciones, son inevitables. Como, de hecho, en todos los demás segmentos sociales.

Donde hay agrupación humana. Inexorablemente se producirán distorsiones: de hecho, es inevitable.

En el cuartel todas las actividades están previamente definidas.

Se elaboran y difunden listas de turnos, boletines diarios, notas de servicio, notas de instrucción, además de otros documentos, permitiendo siempre al soldado predecir, proporcionar y disponer.

La periodicidad de dichos documentos es siempre directamente proporcional a la planificación general, que se difunde igualmente.

Las graduaciones diarias, los desfiles internos y externos, las marchas, los campamentos, todo lleva a los hombres a conocerse íntimamente. La sana convivencia une enormemente los espíritus de los soldados, de ahí su igualmente sano corporativismo y espíritu de equipo.

Nada ocurre en un cuartel, de carácter oficial, sin una formación previa. Y nadie, ningún soldado, es llamado a una misión, sin estar preparado para ello.

Esta admirable herramienta de difusión y preparación convierte al militar en un agente siempre dispuesto a llevar a cabo misiones difíciles.

Confundiendo tal característica, algunas personas la consideran peyorativamente como "limitación", en el sentido vulgar de la incapacidad de razonar; estos detractores ignoran que las misiones militares suelen sorprender a los agentes en situaciones inesperadas, que exigen decisiones rápidas y creatividad. Si en tiempos de guerra los errores significan pérdidas humanas, de ahí la responsabilidad de quienes deciden y la necesidad de destreza de quienes ejecutan.

Además, todos los derechos están predefinidos: ascensos, salarios, compensaciones, traslados, cursos, etc.

En tiempos de paz, ningún soldado tiene sorpresas sobre qué debe hacer, cuándo, cómo, dónde y con quién.

Todos los días hay instrucción militar y dicha instrucción sigue un flujo evolutivo de entrenamiento y utilización crecientes. En la etapa final del entrenamiento, el soldado se convierte en combatiente.

Combatientes armados: una necesidad humana desafortunada e imperativa todavía...'

¡Es triste ver que la criatura humana lucha desde su existencia en la Tierra!

La expresión conmemorativa en latín dice: "*Si vis pacem, para bellum*" - Si quieres la paz, prepárate para la guerra. En otras palabras, un adversario bien armado se vuelve temido, lo que desalienta los ataques contra él.

Es importante recordar que en los libros "*Nuestro Hogar*" y "*Los Mensajeros*", el mentor espiritual André Luiz describe cómo se lleva a cabo la defensa en los rincones espirituales de los socorristas. Ahí están los sistema de defensa contra los espíritus desordenados que siempre intentan invadir. Sin embargo, la defensa del bien se hace con amor, sin aniquilar a tan desafortunados adversarios, al contrario, encendiendo las historias del Evangelio para disipar los ataques, de hecho, las tinieblas espirituales.

Así, tales combates, por parte de la espiritualidad protectora, no son externos, sino también de ayuda a los "enemigos." Con la llegada de la era nuclear, dos superpotencias se equiparon con ojivas capaces de destruir el mundo decenas de miles de veces. Aunque hubo escaramuzas entre ellos, o entre sus respectivos aliados, nunca recurrieron a las armas atómicas para resolverlas. Ahora que el sorprendente y trágico marco de la disuasión se ha desmoronado, con el desmantelamiento del USSR - Unión de Repúblicas Socialistas Soviéticas -, las armas nucleares de unos y otros ya no son un recuerdo desafortunado, de una época en la que. reinó. Tales armas todavía existen y en cantidad suficiente para destruir el mundo, pero lo importante en este contexto es que la mentalidad agresiva ha cambiado.

Es innegable que la conquista de nuevos espacios siempre ha estado presente en los anhelos humanos, en todos los tiempos, en todas las civilizaciones.

Mayor espacio, deseo colectivo o individual del hombre.

Sin embargo, cuando esto implica la conquista de lo que por ley no le pertenece, solo la existencia de recursos defensivos puede impedirlo.

Por eso la defensa del territorio nacional, instituciones, y el pueblo, se contrapone de esta tendencia y requiere la existencia de fuerza y capacidad para superar a posibles invasores. .

Éste, pues, es el destino de las Fuerzas Armadas: no es necesariamente para luchar, sino para defender.

La peor consecuencia de las guerras humanas es la pérdida de vidas de ambos lados, además de la destrucción de edificios materiales. Bien por el contrario, en la psicósfera terrestre, donde todavía hay batallas entre el bien y el mal. El bien, tarde o temprano, será siempre el vencedor; y cualquier perdedor, al darse cuenta de su error, será rápidamente acogido.

En el camino de la evolución espiritual planetaria, naturalmente el factor guerra se extinguirá.

Será, tan leve, doloroso recuerdo de tiempos bárbaros, ¡como el despertar de una larga y aterradora pesadilla!

Tan grande será el remordimiento por las memorias de las guerras y el uso de armas mortíferas, que el corazón humano, rescatando esta deuda y redimiendo al hombre, se excederá en la hoy inimaginable ayuda de los pueblos entre sí.

La atención que actualmente se presta a los fantásticos arsenales de armas y al gran número de personal que emplean será prohibida en el planeta.

Todas los pueblos, necesariamente, serán felices en este mundo.

Solo un gobernador: ¡el más virtuoso!

Solo un idioma: ¡el del amor!

Una religión: ¡la caridad!

Una única reserva: lo esencial para el mantenimiento.

Un único ideal: ¡la evolución!

En resumen: "*Un rebaño y un Pastor.*"

La llegada de este "paraíso", anunciada hace casi dos mil años por Jesús, es inexorable.

Ideas en Conflicto

El doctor Nader, al ver que Ricardo de pronto se encontraba bien, no tuvo control de sí mismo y le gritó, ya que por segunda vez habían llamado a la enfermería del cuartel y en ambas ocasiones todo era solo un engaño.

Decidió presentarse prontamente ante el Capitán Andes, pues seguramente sería castigado.

Luego de la partida de Ricardo, Nader llamó a Andes para informarle de los hechos, pero logró evitar su exaltación e indignación ante lo que consideraba la farsa de un soldado pícaro.

Andes escuchó las consideraciones y explicaciones de Ricardo, en una nueva investigación que inició, esta vez por escrito, ¡a partir de la cual volvió a hacerse cargo.!

Escuchó del personal de servicio que se encontraba en el rancho en el momento del incidente.

Escuchó a algunos pacientes ingresados en la enfermería.

Llamó André Luiz, ¡que solo declaró que había ayudado a Ricardo con una ferviente oración a Jesús...!

Concluida la unión, impuso a Ricardo un castigo: cuatro días de reclusión en el alojamiento de la Compañía, prestándole servicio y asistiendo a las instrucciones. Motivo del castigo: no tener el debido celo con material del Tesoro Nacional, además de provocar caos con los compañeros en la mesa de la comida.

Y así, Ricardo pasó cuatro días detenido.

Su detención se vio agravada por el destino: de los cuatro días, dos fueron fines de semana, sábado y domingo, cuando todos los demás reclutas, que no estaban de servicio, podían regresar a sus casas... En la soledad del vasto cuartel, donde solo el personal de servicio se mantuvo, por lo que, casi solo de noche, Ricardo no le quedaba más que recordar...

Carla...Carla...

Lo había conocido hacía un año, en una alegre y feliz excursión a la playa, en una ciudad cercana.

En general, durante las excursiones los participantes se reúnen con propósitos absolutamente similares; solo que, juntos, cada uno va a su lugar. Rara vez el clima sobrevive.

Con él y Carla se había producido esta rara continuidad. Más que eso...

Tan pronto como el autobús llegó a la carretera, iniciando los primeros kilómetros, la joven responsable del viaje, cogiendo un pequeño teléfono, se presentó:

- Soy María Inés. Trabajo como guía turística desde hace dos años en esta empresa. Tengo una alegría inmensa de viajar con todos ustedes. Nuestro viaje no será lejos, con todo lo que placenteramente pretendo realizar, lo hará agradable para todos.

Haciendo una pequeña pausa, invitó:

- Me gustaría que ustedes me acompañasen en una oración para pedir a Dios la protección y felicidad, desde ahora hasta nuestro regreso.

Nueva pausa.

Cerrando los ojos, profirió en voz respetuosa:

"Padre Nuestro que estás en los cielos, santificado sea tu nombre. Venga a nosotros tu reino y se haga Tu voluntad, así en la Tierra como en el Cielo. Danos el pan de cada día, Señor y perdona nuestras faltas así como nosotros perdonamos a nuestros deudores. No nos dejes caer en la tentación, mas líbranos del mal. Porque tuyo son el Reino, el Poder y la Gloria, por los siglos de los siglos.

Dios, Padre Amantísimo: bendice a todos los aquí presentes y danos la gracia de Tu excelsa compañía, en este viaje, desde ahora hasta nuestro regreso. ¡Que así sea!"

Se rezó rítmicamente la tradicional oración del "Padre Nuestro", para que todos los excursionistas pudieran, por turnos, al unísono, repetir las palabras. Y el conductor también lo repitió.

La segunda parte de la oración la dijo únicamente la guía turística.

Es fácil entender por qué el ambiente en el autobús se volvió inmediatamente agradable: un sentimiento de unidad y participación envolvió a todos.

Siempre con el micrófono en mano, la joven guía propuso:

- Mis queridos amigos, mis queridas amigas, mis amados amiguitos - dirigiéndose a los niños: ¿decimos cada uno nuestros nombres, profesiones y qué esperamos de este viaje?

En tono de broma añadió:

- Edad, solo puedes quien quiera...

Solo unas pocas personas respondieron:

- Vamos.

Demostrando competencia profesional, donde frente al público la Psicología es una poderosa herramienta de trabajo, María Inés saltó con el micrófono frente a ella y dijo en voz alta:

- ¿Están de acuerdo o no? Por desgracia, todos respondieron;

- ¡De acuerdo!

Si uno o dos permanecían en silencio, como ocurre siempre, nadie se daba cuenta.

- Muy bien: empecemos por los amigos de los primeros asientos.

Y le entregó el micrófono portátil a la señora que ocupaba el asiento número uno.

Tímida, la mujer se resistía a hablar.

Solícita, María Inés la ayudó:

- Querida amiga, dime tu nombre y a qué te dedicas.

Mientras hablaba, tomó con delicadeza el brazo de la turista induciéndola a ponerse de pie y mirar a todos los demás pasajeros.

Vacilante, le dijo a la mujer:

- Mi nombre es Andréia Maria Vasconcelos, tengo una boutique y viajo para disfrutar un rato de los placeres de la playa.

- Muy bien, felicidades para ella - añadió María Inés, iniciando un caluroso aplauso, pronto repetido por el resto de la gente.

Uno a uno, todos los pasajeros desfilaron.

Algunos son tímidos, tienen la mirada relajada, otros son más, incluso abusivos... Los niños, entusiasmados con todo, participaron felices en esa actividad colectiva inicial de la excursión.

Al cabo de media hora ya todos se conocían.

Luego, María Inés le pasó el micrófono al conductor, quien se presentó sobriamente.

Recibió la mayor ovación de todas.

Ricardo ocupó el puesto número diecinueve.

Delante de él, en el asiento número quince, estaba Carla.

Cuando se presentó, Ricardo supo que era estudiante de secundaria y pianista de formación, actualmente en formación avanzada.

La mirada de la joven, desde el principio para todos, al final de su presentación se cruzó con la de Ricardo, donde tomó mucho tiempo.

A su vez, al presentarse, Ricardo en realidad no se presentó a sus compañeros de viaje, sino solo a Carla, de tanto mirarla y con tanta insistencia.

Esto no pasó desapercibido para varios pasajeros.

De hecho, se estableció una simpatía instantánea entre ambos.

Durante el viaje y durante los días soleados en el mar, los dos jóvenes, irresistiblemente atraídos el uno por el otro, formaron una base sólida para, tal vez, un futuro común... Se enamoraron.

De vuelta de la gira, en los días y meses siguientes, se concretó la relación.

Inmersos en la luz de un amor aparentemente fuerte y sincero, se convirtieron, recíprocamente, casi en el aire que cada uno necesitaba.

Cuando Ricardo ingresó al Ejército, Carla consiguió un lugar en la Orquesta Sinfónica del Estado, por lo que se volvió solicitada para presentaciones musicales de alto nivel en otras ciudades.

Y así, rodeada del aura tradicional de artistas bien exitosos, con ella misma en ascenso, la joven relegó a un segundo plano sus sentimientos hacia su novio.

Todavía le gustaba Ricardo pero no lo extrañaba, y eso el amor por él había sido reemplazado, dejando el recuerdo que, en verdad, jamás existió... Bueno, sin duda alguna, prefirió dedicarse todo el tiempo, a la nueva, verdadera e irremplazable pasión: ¡la Música!

Además, la actividad militar, con guardia los fines de semana, impidió que Ricardo pudiera ver a Carla en innumerables ocasiones, espaciando su tiempo de reuniones, como casi siempre, cuando el soldado estaba fuera de servicio, su novia concertista estaba con la orquesta en otras ciudades.

~ 0 ~

Cuando el recluta comienza la actividad militar, en muchos cuarteles pasa los primeros meses durmiendo en el cuartel, regresando únicamente a casa al final de semana, y así, si no hizo nada equivocado. Porque, al más mínimo descuido, o, a la más mínima transgresión, como desatención en la instrucción, ahí se va el sábado y el domingo en casa...

¿Por qué sucede?

Todo indica que esto es para evitar retrasos o fallos.

Abrumado, Ricardo recordó todos estos hechos.

Su corazón se comenzaba a desgarrarse, debido al anhelo por la mujer que amaba y cuya presencia se veía cada vez más obstaculizada por los hechos.

Durante su detención perdió el apetito y pasó el fin de semana dentro del alojamiento.

Al recordar sus fallidos intentos de encontrarse con su enamorada, se dio cuenta que tal vez todo entre ellos no había sido más que una ilusión. Con el alma herida por la indiferencia de Carla, Ricardo no asimiló el hecho de ser pasado por alto por otro elegido, aunque abstracto - la música.

Le dolía mucho sentirse relegado.

Si ella ya no lo amaba, de su parte no podía olvidarla. ¡Sufrió al sentir que ella se escapaba de su vida! Una pizca de arena entre los dedos.

Grabados en su corazón resonaban los acordes imborrables del puro sentimentalismo que habían nacido desde la primera vez que la vio y la escuchó, al piano, moviendo los dedos, tocando el poema musical "*Aragonaise.*"

Esta música vibrante y apasionada se convirtió luego en "la música de los dos."

El lunes que pudo regresar a casa, después de su viaje, su vida dio giros inesperados: temprano en la mañana, durante la primera instrucción del día, una nueva crisis lo golpeó con fuerza.

Rodeado de decenas de compañeros, de repente lanzó un grito terrible y cayó inconsciente.

Un gran alboroto se estableció entre los soldados y el sargento instructor, con fuertes voces de mando, por primera vez no pudo restablecer el orden de inmediato. Aun así, algunos soldados lograron desatar los botones de la gandola para aflojar el uniforme de Ricardo, buscando alivio mediante la ventilación.

Esta vez André Luiz no pudo, en medio del tumulto, tomar ninguna medida espiritual.

Ricardo, inmóvil, tenía los ojos muy abiertos, en un síndrome de terror.

Su cuerpo se sentía como si estuviera dormido, debido a su rigidez.

Llevado a la enfermería y recibido por el Doctor Nader, esta vez no se escapó de ser transferido al Hospital Militar. Si con buena voluntad lo acogieron en la enfermería, con buena voluntad lo sacaron del cuartel. Fue tratado únicamente con una inyección intravenosa, para aliviar la sobrecarga cardíaca, y fue trasladado a la ambulancia, que nunca antes se había pronunciado tan rápido.

Para el médico y su auxiliar de enfermería, Ricardo representaba una molestia, además de rumores de incompetencia por su parte. Así, ambos trabajaron para que el "problema" fuera trasladado de su área de actividad lo más rápido posible.

En la hoja interna médica de internamiento se diagnosticó: "crisis epiléptica aguda, con trastornos neurológicos recurrentes."

El Inicio del Calvario

El amor, de alguna manera, se puede comparar con el cielo: - cuando se realiza plenamente; es decir, cuando ¡el espíritu alcanza el nivel en el que se siente calidez para todo y para todos, es un cielo etéreo de mediodía, con el sol iluminando y calentando todos los átomos sobre los que inciden sus brillantes rayos.

¡En este nivel viven los Espíritus Puros!

En cuanto a las criaturas humanas, se puede decir que, durante algún período, corto o largo, la mayoría iluminó - o ilumina - su alma, con un cielo de amanecer. El Sol, en pocos minutos, se eleva sobre el horizonte y su cabeza deslumbrante, venciendo la oscuridad, empodera a quienes se vuelven - o miran - en su dirección - el amanecer.

En este punto se encuentran personas cuyos corazones fueron repentinamente invadidos por una gran oscuridad, que sin previo aviso, entró en lo más profundo de su ser. El amanecer, para estas personas, no perpetúa el instante mágico del primer rayo solar, porque, lamentablemente, no se dan cuenta que la más fabulosa de todas las lámparas está iluminando gratuitamente sus vidas.

La trivialización resuena en casi todos los hombres y así es que el Sol de las diez no tiene para ellos la magia y el deslumbramiento de la frontera entre la noche que termina y el día que comienza...

En este caso, como en el amor, como casi todo lo que comenzó bien, siempre permanece así. Millones de eclipses cubren en las almas el sol del amor y lo que era alegría se torna drama.

Estos eclipses pueden durar mucho tiempo...

Salir de esta inmersión en la oscuridad, oponiéndose a la luz del amor, es una tarea nada fácil que requiere reconsideración del comportamiento y, sobre todo, humildad, para volver a empezar.

En el crepúsculo, cuando el Sol predecible y aceptablemente dice adiós al día, podemos situar esa minoría humana que pasa a otra vida, al final de sus actividades en este mundo...

Así como el Sol se reanudó al día siguiente, resurgiendo victoriosos sobre la oscuridad de la noche, estamos seguros que las almas de quienes se fueron regresarán más tarde, comenzando de nuevo la vida.

~ 0 ~

Los mecanismos de la mañana, la tarde, el día y la noche, solsticio y equinoccio, zénit y nadir, representan el inmutable flujo de la naturaleza para, cumpliendo la Ley Divina, proporcionar condiciones de vida a Sus hijos - ¡todos los seres vivos!

Cualesquiera que sean las variaciones climáticas de tales flujos, ninguno es suficiente para cambiar su periodicidad. Asimismo, en nuestras trayectorias hacia la profesión espiritual, las condiciones de cada vida pueden variar, pero no alteran la hoja de ruta que nosotros mismos trazamos, comúnmente llamada destino.

Naciendo, viviendo, muriendo y renaciendo, una y otra vez, el hombre adquiere experiencias, aprendiendo que el amor es el camino más suave para acercarse a Dios.

Las vidas que se repiten, del mismo espíritu, aunque en diferentes cuerpos, lugares y familias, el Espiritismo llama Reencarnación.

De esta manera, hay personas que, por sus acciones, acumuladas y computadas en la balanza de la Justicia, con dos platos – bien y mal –, determinan por sí mismas desacuerdos y problemas, transformando los días en noches, tardando décadas, en lo que podría ser vivido en apenas unas horas...

En cuanto a quienes se comprometen en la Obra del Señor, plantando la caridad en el campo del amor, cosechando las bendiciones divinas - frutos que distribuyen a los necesitados -, éstos acortan el número de vidas terrenas, siendo trasladadas a mundos más felices.

Los seres que mejor aprovechan la inteligencia en el planeta encajan en esta configuración: amar al prójimo como a sí mismos. Podemos ser los afortunados inquilinos de esos mundos, ya que la Justicia Divina abarca a todos, sin distinción, ofreciéndonos gratuitamente el libre arbitrio, las mismas oportunidades y las mismas condiciones.

Esta transferencia depende únicamente de nosotros...

~ 0 ~

Ricardo, al momento de desmayarse, vio un espectáculo aterrador: un enorme orangután, enojado y violento, apareció frente a él y saltó sobre su cuerpo.

Ésta fue la razón del grito de terror.

En la última fracción de segundo que esperó el formidable golpe de la bestia, que seguramente lo liquidaría, se sintió mareado y perdió el conocimiento.

Se encontró en una ciudad diferente a la que vivía y escuchó a alguien llamándolo:

- ¡Ernesto! ¡Ernesto!

Como en un delirio, estaba seguro de dos cosas: nunca había estado en esa ciudad, pero la conocía bien y aunque nunca había visto a nadie que lo conociera, esa persona era su conocido...

Aturdido al razonar ante hechos tan anormales, pensó que estaba loco.

Aun se escucha:

-Te robaste a mi novia y la maltrataste, dejándola muerta.
¡Tienes que pagar, tienes que pagar, desgraciado!

~ 0 ~

Los antiguos hindúes decían que el Universo tiene un registro espiritual de todo lo que sucede, desde el principio: todos los hechos vinculados a la creación divina, terminan consignados a una memoria global, llamado *Logos* – Divinidad Solar. Para ellos, todo lo que recordamos y todo lo que nos sucede queda registrado por los siglos de los siglos. Los hindúes llaman a esta memoria histórica los "registros akáshicos."

Sin entrar en conflicto con tal concepto, el Espiritismo llama "pantalla mental" a la biografía completa de cada ser humano, incluyendo los hechos vividos en todas las vidas anteriores.

Ricardo probablemente vislumbró parte de otra vida, un proceso mediúmnico poco común, incluso según las intuiciones espirituales.

Cuando despertó y se identificó en un hospital, sufrió una grave crisis nerviosa, lo que obligó a los médicos a administrarle potentes sedantes.

Analizando el expediente del paciente, una junta médica eligió el Pabellón Neuropsiquiátrico del Hospital Militar para su internamiento. Allí sería mejor observar las reacciones contradictorias e inexplicables de aquel soldado, cuyo historial, procedente de su escuadrón original, indicaba claramente trastornos psicológicos. El incidente en el rancho, en el que resultó herido el soldado Norberto, fue narrado de forma ficticia, como debido a una agresión compulsiva, por parte de Ricardo, lo que generó la sospecha de psicopatía.

El Pabellón Neuropsiquiátrico fue llamado el "pabellón de los locos." La pasantía de Ricardo allí fue terrible.

Cada vez que lograba liberarse del letargo de los sedantes, veía delante de él monstruos terroríficos, tramperos, deseosos de alcanzarlo.

Entre el miedo y los mecanismos instintivos de defensa, actuó, luchó, lastimándose.

Las enfermeras, nunca solas de a tres, lo sometieron, primero con la fuerza de sus músculos y luego con nuevas aplicaciones terapéuticas sedantes.

Aunque sabían que Ricardo estaba en el hospital, sus padres no tenían grandes preocupaciones por él, su único hijo.

Ya hacía casi tres años que Ricardo vivía con sus abuelos paternos; pues, en su casa, el ambiente se había vuelto insoportable, dadas las constantes peleas entre sus padres.

El padre, un agente inmobiliario que siempre estaba de viaje, estaba en otra ciudad y cuando le informaron del problema del muchacho se limitó a hacer una rápida llamada telefónica a su mujer, sin pestañear.

La madre, vendedora de alimentos por cuenta propia, estaba advertida de lo sucedido por el soldado André Luiz, por orden del Capitán Andes, el mismo día de su ingreso al hospital. Sin embargo, ella estaba ocupada con las ventas por realizar y las deudas por pagar, sin la ayuda de su esposo, no pasó de la superficie del problema y lo dejó para visitar al hijo "después." Consideró que su hijo, a quien no veía desde hacía meses, ya había sufrido "ataques" similares y que ahora estaba en buenas manos... "Seguro que esta vez se curaría", pensó.

El Capitán Andes, al cabo de una semana, visitó a su subordinado. Fue la primera visita que Ricardo recibió.

Andes era un hombre íntegro y una de las características de su personalidad, que enmarcaba sus astutas acciones, era precisamente su dedicación e interés por el bienestar de sus subordinados.

En el Hospital se informó que Ricardo se encontraba en el Pabellón de Neuropsiquiátrico y que no se encontraba bien.

Pidió ver al soldado de su Compañía, lo cual los médicos autorizaron.

Se informó que los padres aun no habían visitado el hospital. Conducido al desafortunado pabellón, quedó sorprendido por lo que vio: Ricardo, en posición desarticulada sobre un colchón sin cama, babeaba y gruñía.

Mantenido más o menos tranquilo con sedantes, el paciente era un desastre humano.

Andes tuvo una impresión favorable de Ricardo, ya que desde que lo vio, al inicio de su servicio militar, se dio cuenta que era considerado un joven educado y que en los días siguientes demostró que estaba lleno de ideales y sueños. Alegre y comunicativo, ese soldado se integró rápidamente en el grupo, haciendo varios amigos.

Aturdido, regresó a su cuartel. Pensó:

- "Jesús, ¿cómo en una semana un ser humano se transforma así? ¡Dios mío! ¿Qué se puede hacer para ayudar a ese joven? ¿Casi un niño?"

Inmerso en estos pensamientos, tardó un poco en darse cuenta que el soldado André Luiz estaba en la entrada de su oficina, saludando.

Por segunda vez el soldado pidió permiso para entrar.

- Entre.

Luego de la presentación reglamentaria, André, con calma, hizo una pregunta que causó un tremendo impacto en el oficial, además del shock que le causó:

- Mi comandante, con su permiso, quisiera hablarle de Ricardo, ya que llevo una semana pensando en qué se podría hacer para ayudarlo...

Apenas disimulando su sorpresa, por la coincidencia con sus pensamientos, Andes preguntó:

- ¿Lo entiendes bien? Cuéntame sobre su familia y cómo es su vida?

- A Ricardo lo conocí aquí en el cuartel. Ya visitó a mi familia varias veces y a mis padres les gusta mucho; me dijo que sus padres siempre están muy ocupados con los negocios y lamentablemente están en proceso de separación matrimonial.

- ¿Algún otro dato importante en la vida de Ricardo...?

André pensó un rato y luego dijo:

- Bien... Ricardo tiene novia. Bueno, la tenía...

- ¿Cómo así?

- Antes de venir al Ejército, conoció a Carla, una chica muy hermosa, y se hicieron novios: ella es pianista, finalmente viaja con la Orquesta Sinfónica. Casualmente, Carla es conocida de mi familia desde hace algún tiempo y nos visita de vez en cuando. Después que Ricardo se convirtió en soldado y su novia fue contratada como solista de la orquesta, su relación se enfrió. El problema es que Ricardo todavía la ama... pero no es correspondido, según me dijo hace unos diez días.

- ¿Sabes cómo era su vida antes de llegar al cuartel?

- Sí, me dijo que le gustaban los deportes, la música moderna y el baile. Siempre fue un bailarín talentoso, muy buscado por las chicas. Pero después de conocer a Carla, solo tuvo ojos para ella. Y ahora, parece, ya no hay posibilidad que vuelvan a estar juntos.

- ¿Has hablado con Carla sobre lo que está pasando?

- Sí, señor. Lo pensé...

Andes, que había elegido la música clásica como su pasatiempo y ocio favorito, reflexionó:

"Ciertamente la joven escuchó en el alma la voz de la Música, hablando más fuerte que la voz del muchacho y Ricardo, sintiéndose postergado para un competidor tan poderoso, se rindió a la apatía de las últimas semanas. De lo contrario, ¿cómo podemos explicar que cuando llegó aquí era tan vibrante y de repente se volvió taciturno, empezando a tener tantos y muchos desequilibrios?

Y finalmente: habiendo perdido el cariño de sus padres, aparentemente ahora en una disputa familiar, este chico termina apoyándose en su novia; cuando la perdió, no soportó el golpe.

¡Y ya está!", concluyó su pensamiento.

- ¿Crees que el divorcio de sus padres y esta relación tan sencilla pudieron haber afectado tanto a Ricardo?

- Sí, mi comandante, lo creo. De hecho, estoy seguro. Ricardo siempre fue emotivo. Su apatía de las últimas semanas solo puede ser un reflejo de la tristeza que lo ha invadido. Parece un no-muerto. Estos desequilibrios no son más que el resultado de la infelicidad interior que carga.

Pensando detenidamente en las palabras, adujo:

- Señor: aquí es donde la gente más necesita calor humano. Aquí vine a pedirle permiso para ir a visitar a Ricardo, ya que sé que sin permiso no podré acercarme a él.

Hubo preocupación por unos momentos, luego el comandante habló:

- Estás autorizados a formar algunos grupos para visitar a Ricardo. Como no ha recibido apoyo de sus padres, al menos recibirá el nuestro mientras dure su enfermedad.

El militar experimentado y el soldado se miraron fijamente, ambos llenos de admiración y respeto mutuos.

El resplandor que se podía ver en esos dos ojos tenía el brillo incomparable de la conciencia cristiana, en el cumplimiento del deber para con los demás.

Ese mismo resplandor debió ver la donación de la hospedería, en el samaritano que lo coaccionó, envió a un herido vagabundo, para que se curara, haciéndose cargo de los gastos...Y así, en los días siguientes, el soldado Ricardo, que hasta entonces no tenía visitas, incluido su Comandante, comenzó a ser vigilado por grupos de cinco o seis compañeros, diariamente.

En el Hospital, donde tal situación escapaba a la rutina de los internos, lo que más llamó la atención fue que el Comandante estaba autorizando tal movimiento...

Los médicos y enfermeras comentaron:

- Si el propio Comandante autoriza y aparentemente está tan interesado en este soldado, no tenemos nada en contra.

André Luiz, siempre que fue posible, formó parte de ese grupo de visitantes.

Ricardo, en la primera visita de sus compañeros, no mostró ningún consuelo ni alegría por esto. Pero, posteriormente, las visitas comienzan después comenzaron a proporcionar alguna mejoría en su estado depresivo.

En el Hospital, esas visitas habían tenido un impacto enorme: los propios médicos y enfermeras, hombre, pasaron a mirar el interno con atención diferenciada.

Como reflejo del interés despertado, los sedantes casi fueron suprimidos...

Ricardo había dejado de gruñir, gritar y temblar.

Solo lo asaltaron pequeños temblores, cada vez a intervalos más grande.

Después de otra semana, se produjo una gran recuperación y el paciente, quince días después de la hospitalización, pronunció la primera palabra inteligible, cuando reconoció a André Luiz:

- ¡Por el amor de Dios, André, sácame de este infierno!

Sus ojos, hablando más alto, estaban llenos de lágrimas.

Una enfermera, presente en la visita, notando el buen humor que allí se instaló, abrió valientemente la celda, permitiendo el paso de los soldados, para abrir el aire al amigo que regresaba de las tinieblas de la locura.

Cirineos Modernos

Los soldados que, durante la semana, muestran falta de interés y, en consecuencia, falta de utilidad en el entrenamiento, son asignados a servicios los fines de semana, como castigo blando. Los días de semana, el horario es apresurado; es decir, todos están llamados a trabajar al servicio de la seguridad.

Los militares también serán castigados, pero con mayor rigor, cuando actúen de forma irrespetuosa. El castigo, en este caso, será mayor, ya que los pilares básicos de la vida militar se basan en la disciplina y la jerarquía.

Considerando que los cuarteles necesitan centinelas y de guardia, a tiempo completo, las veinticuatro horas del día, durante todo el año, los militares nunca pueden asumir compromisos sociales, ya que un horario increíble podría impedirlo.

André Luiz, después de casi tres meses de instrucción, el ejército no tuvo castigo alguno en sus asentamientos militares.

Su comportamiento fue considerado ejemplar, reflejo del ambiente doméstico, en el cual era un hijo dedicado, atento y humilde.

El día que Ricardo fue detenido en el cuartel, un jueves, André Luiz mencionó el hecho a sus padres.

Al igual que Ricardo, también era hijo único.

Jansen y Marina, sus padres y él mismo eran espíritas convencidos.

El padre, después de escuchar el relato, reflexionando unos instantes, interrumpió la cena:

- Creo que es un proceso de sintonía con espíritus desencarnados infelices.

Y concluyó:

- En la reunión mediúmnica del próximo martes, de hoy a doce días, nos centraremos en este caso, si Dios lo permite. No lo haremos la próxima vez, ya que otros servicios solicitados ya están comprometidos.

El matrimonio, cercano a los cuarenta y cinco años, se había conocido en un seminario de Doctrina Espírita, hacía veintidós años. Provenientes cada uno de ciudades lejanas, formaron un grupo de estudio responsable del tema: "Fatalismo, Azar, Destino."

La afinidad de todos los jóvenes con Jansen y Marina fue grande.

Al finalizar el seminario, al exhibir su mural, este grupo fue aclamado unánimemente como el mejor trabajo que habían realizado, entre los demás presentados.

En su presentación, el grupo definió la fatalidad como, estrictamente hablando, solo el momento de la muerte. Su existencia se debe siempre a una elección hecha por el espíritu, antes de reencarnar. Ah, también lo hay, la definición del destino: el individuo mismo es quien lo traza, aun en la espiritualidad, la visión de las deudas contraídas en su existencia, considerando todas sus vidas anteriores. La casualidad, definitivamente no existe - concluyó el grupo.

Al finalizar, los participantes se despidieron, regresando a sus ciudades.

Jansen y Marina intercambiaron sus corazones, cada uno guardándose el del otro...

Fueron necesarios algunos meses. En un día se casaron. Dos años más tarde nació André Luiz, nombre elegido de común acuerdo, simple homenaje de la pareja al espíritu del mismo nombre, autor espiritual de innumerables obras de renombre de la literatura espiritual, siendo la primera: *Nuestro Hogar.*

Marina, que se había trasladado a la ciudad de su marido, aunque frecuentaba con él el Centro Espírita, cerca de su casa, sentía desde hacía mucho tiempo el deseo de iniciar, por sí misma, una nueva etapa de la vida, en actividades caritativas.

Eso es porque el centro al que asistí no tenía eso.

Al hablar de ello con su marido, se dio cuenta que él también tenía que hacerlo un objetivo.

Una voz habló en su conciencia que los llevó a creer en un proyecto emprendido por ambos, poco antes de volver a encarnarse...

No obstante, esto no fuese consciente, sin duda los martillaba en el subconsciente.

De hecho, el Espiritismo les enseñó que todas las personas tienen un camino de vida, para cada etapa terrenal.

Su proyecto era precisamente ser responsables de una institución de asistencia que atendiera, de manera prioritaria, a madres ancianas. Con valentía y determinación lograron construir un Centro Espírita con modestas instalaciones.

El tiempo y los nuevos colaboradores se encargaron de hacer prosperar la obra, tanto en el área espiritual - reuniones doctrinarias - como en el área asistencial - atención a jóvenes necesitados... y mujeres embarazadas.

En el albergue, las jóvenes, muchas de las cuales habían sido abandonadas por sus familias y parejas, tuvieron allí a sus hijos, acogidos en un ambiente de fraternidad.

Las canastillas infantiles, modestas pero acogedoras, tenían en su textura algo más que suavidad: al ser confeccionadas con cuidado y amor, por decenas de voluntarios, allí en el Centro Espírita, conservaban fluidos de paz, muy beneficiosos para los bebés. Estos bebés, que llegaron al mundo en medio de tribulaciones, cansados de la irresponsabilidad sexual de tantos jóvenes...

El martes mencionado por Jansen, justo después de la oración de apertura del encuentro se leyó un extracto del libro *El Evangelio según el Espiritismo*, de Allan Kardec. Como había prometido, Jansen mencionó el caso del soldado Ricardo, al considerar que aquella sesión espiritual estaba destinada a abordar casos específicos de desobsesión.

Estos encuentros, muy serios, con médiums, especialmente entrenados y dotados de una gran capacidad de donación fraterna, están destinados a asistir a los espíritus desencarnados, en sintonía con los encarnados, por infelices lazos del pasado.

Los desencarnados, que generalmente se consideran víctimas, promueven serios trastornos en la vida de sus enemigos, generando todo tipo de problemas, la mayoría de los cuales son ineludibles. Esto puede durar años, décadas, siglos... insoluble hasta que, en la humildad de algún Centro Espírita, ante la prueba irrefutable de la reencarnación, se les demuestra que, lejos de ser víctimas, fueron generalmente los primeros en pecar. Tales soluciones, en vista de la Ley de la Justicia Divina, ocurren por razón directamente de los méritos de sus beneficiarios.

La luz de la sala de reunión era difusa.

La música suave y relajante.

Jansen, un psíquico atento, poseía la mediumnidad de la clarividencia; es decir, en determinadas condiciones espirituales, conseguía ver los espíritus.

Un médium psicofónico, capaz de prestar su aparato vocal a los espíritus, señalaba, mediante tenues movimientos físicos, la aproximación de una entidad espiritual, que Jansen consideraba absolutamente necesaria.

Intuitivamente se dio cuenta que se estaba convirtiendo en enemigo del soldado Ricardo. Amable, inició un diálogo:

- ¡Bienvenidos, en el nombre de Jesús!

- No soy bienvenido y no quiero estar aquí. ¿Quién eres? ¿Dónde estoy? ¿Qué quieres de mí? ¿Como llegué aquí?

- Esta es una casa de Dios, hermano mío. Somos cristianos nos reunimos para orar y recibir visitas. De ti solo queremos tu amistad.

- ¿Por qué?

- Porque cuantos más amigos tengamos, mejor.

- ¿Para qué?

- Para unir nuestros esfuerzos y buscar ayudar a quienes lo necesitan.

El diálogo, al principio, fue relativamente equilibrado, el visitante hacía preguntas breves, siempre en tono agresivo y las respuestas le eran transmitidas con serenidad y objetividad.

Sin embargo, maquiavélico, el espíritu visitante dominó la agitación y dijo, en voz baja:

- ¿Desde cuándo un asesino merece ser ayudado...?

Su tono estaba lleno de comprensión y superioridad moral. Jansen, pensando elevado a Jesús, respondió:

- Hermano mío, hermano mío: todas las criaturas humanas sufren de sed, hambre y frío, incluidos los asesinos...

- Pero, ¿dónde está la justicia?

- ¡En Dios!

- Pero Dios dijo: "no matarás."

- Es verdad, éste es uno de los Mandamientos Divinos que más se desobedece.

- ¿Entonces?

- Si hace cuatro mil años hombres buenos recibieron esta recomendación, no podemos olvidar que hace dos mil años Jesús lo complementó, sugiriendo que el perdón debería ser de "setenta veces siete veces..."

- ¿Y quién ya ha hecho esto?

- Los espíritus que evolucionaron e incorporaron el perdón en su equipaje moral.

- ¿Dónde están?

- Siempre ayudándonos. De hecho, fueron ellos quienes te trajeron aquí...

Llegados a este punto del diálogo, Jansen consideró oportuno profundizar en el tema:

- Querido invitado, ¿quién asesinó a quién?

- Me asesinó: tu amigo. ¿No ves las heridas causadas por el disparo?

- Solo un detalle más, para que podamos atender inmediatamente sus heridas: ¿quién crees que te disparó?

- Ahora, no actúes como si no entendieras. Todos aquí saben muy bien que no será el uniforme lo que lo liberará de mí.

Jansen confirmó sus pensamientos que realmente era un enemigo de Ricardo. Él consideró:

- Querido compañero: si ese soldado te mató, ¿cómo puedes estar hablando ahora con nosotros?

La pregunta, directa, implicaba una serie de suposiciones por parte del desencarnado. Realmente, reflexionó, reflexionó y explotó:

- Este es mi infierno. Sé que morí porque me dispararon y hasta ahora, después de tantos años, nadie me ayudó, nunca sanaré, ni la sangre dejará de fluir.

Es el infierno - repitió, empezando a llorar convulsivamente.

Jansen puso sus manos sobre la cabeza del médium y habló con compasión:

- Sí, mi querido hermano, en todos los casos en que la venganza está presente, realmente empezamos a vivir en un infierno individual... Jesús, en su infinita caridad, permitió hoy tu presencia entre nosotros, solo para que puedas ser ayudado.

Al terminar estas palabras, Jansen aplicó un pase longitudinal al médium, ya que el destinatario era el espíritu visitante. Manteniendo los músculos cerca de la región torácica durante aproximadamente dos minutos y restaurar los líquidos anestésicos proporcionará alivio a las penas y dolores de los desencarnados. Éste, mientras se secaba, como de milagro, se emocionó y se mostró muy receptivo a la sugerencia que escuchó:

- Ora a Dios, da gracias a Jesús por la gracia recibida. Y Deja en paz a nuestro amigo soldado, que ya tiene suficientes problemas.

Al recibir la intuición de los protectores espirituales presentes, Jansen adujo:

- Quizás no lo recuerdes, pero también disparaste a otras personas, en la guerra en la que fuiste atacado. Quien acertó, murió, días después, durante la misma pelea. Si hoy está uniformado, esta condición es temporal, ya que pronto dejará allí la vida militar. Ya ha renacido más de una vez desde su desafortunado encuentro contigo, pues se ha liberado de los recuerdos que alguna vez te esclavizaron. Tu lesión, en verdad, no fue más que un cuadro mental que fijaste negativamente y has ido alimentando, con ideas de venganza, durante tantos años...

Al notar que el visitante se había quedado en silencio, tal vez debido a la información recibida, Jansen le dijo:

- La guerra, amigo mío, siempre es desafortunada, para perdedores y para los ganadores. Luchando por una bandera, por un deber, el combatiente, el que va al frente, no siempre puede razonar, ni escapar del compromiso que no ha contraído, so pena de convertirse en desertor. El único factor atenuante a su favor es el hecho que las leyes terrenales todavía le obligan a hacerlo.

Y concluyó:

- De esa forma no te asesinaron. Perdiste la vida en combate, al igual que miles de personas más, hasta matar a otros, sin siquiera conocerse...

La entidad, suavizada por el remordimiento:

- Buen hombre, que Dios te pague. Dejaré al soldado en paz, esperando que me perdone. Y se fue.

Jansen observó cómo dos amables enfermeras le aplicaban un suave sedante que lo adormecía, para llevarlo a un lugar donde pudiera renovar su espiritualidad.

Luego, después de unos momentos en los que solo se escuchaba música suave en tono bajo, se manifestó otro médium psicofónico:

- ¡Ah, caramba! Ahora: ¡¿usted están tratando de proteger a ese canalla?!

Como es habitual en aquellas reuniones de desobsesión espiritual en aquel Centro Espírita, otro adoctrinador, colocado en la secuencia en la que se encontraba Jansen, se dirigió al nuevo visitante:

- Que la paz de Nuestro Señor Jesús esté contigo.

- Nada de tonterías: no deberías involucrarte donde no te llamaron. La cosa es entre el soldadito y yo...

- Amigo mío, la verdad es que nos enteramos hace poco del problema que te vinculaba con tu compañero militar, pero eso no significa que se nos pueda considerar una intromisión, ya que la intención es solo para ayudarlos, a él y a ti.

- ¿Ayudarme? No me hagas reír...

- No hermano. No quiero hacerte reír. A diferencia de eso, buscamos en este contacto evitar dolores que podrían, en poco tiempo, obligarlo a llorar de amargura...

- Él es que va a llorar aun más...

- Sí, sabemos que está sufriendo. ¡Pero ¿por qué tanto resentimiento?!

- ¿Entonces no sabes que me robó a mi prometida, a quien tanto amaba? ¿Y que después de conquistarla la hizo su esposa, dejándola casi morir, sin ayudarla? ¿Quieres más desgracias y aun más maldad?

Evandro, el adoctrinador que lo asistió, captó todo el drama que el pasado había escondido y que aquel bendito encuentro ahora sacó a la luz.

A cambio, un ser herido intentaba vengarse de quien le había hecho daño. Entendiendo el Espiritismo, supo que, superiores al tiempo y a la materia, las consecuencias nocivas de los crímenes, cometidos varias veces en vidas pasadas, ¡permanecen vivas gracias a la poderosa combustión del odio!

Y siempre que haya configuración tal configuración, la venganza amanece para la víctima con la única alternativa posible.

Éste es el mérito de las reuniones de desobsesión espírita: buscar las causas, situadas en otras vidas, para poderlas sanar y frenar sus efectos, que siempre son perjudiciales para ambas partes. Cómo tener una ética infalible, no hay nada que se compare con una lógica evangélica de aclaración al obsesor, en la cual quedará plenamente demostrado que "la plantación es libre, pero la cosecha es obligatoria..."

Es más. Hay que inculcar más a quienes hicieron de la venganza su proyecto más grande que solo con auto reforma, con perdón, con trabajo a favor de los necesitados, el espíritu redime sus deudas, reanudando su evolución. La vida, sabia, le había puesto personas y condiciones necesarias frente a él para que el demoledor de ayer sea el constructor de hoy... Considerando que Dios es la Justicia Suprema, ningún mal! que nos visita es inapropiado: si las causas no están en el presente, hay que buscarlas en el pasado, en otras vidas. La persona que nos ataca, que nos hace daño, es siempre un hermano enfermo. De su parte, al causarnos daño, al mismo tiempo que nos está ayudando a compensar nuestras faltas, se está dañando a sí mismo, contrayendo deudas que tiene que indemnizar.

Tal es la Ley de Igualdad, de la que nadie puede escapar.

Así adoctrinaba Evandro.

Usando el poder de la oración, pidió a los mentores espirituales presentes que mostraran escenas del pasado, para convencer a quien allí se creía víctima, que, en realidad, él también era destinatario de la Justicia Divina.

Alzando los ojos a la altura de la frente del médium que caritativamente prestaba condiciones al visitante espiritual, Evandro descubrió que de pronto aparecía aterrorizado, gimiendo:

- ¡Nuestra Señora! ¿Qué hice? ¿¡Cómo es posible!? ¿Estoy siendo víctima de un hechizo? Pero ¡ay! ¡No! Soy yo mismo. ¿Cómo podría robar tanto? Y las familias que desencarné... No, no...

El adoctrinador, tranquilo, intentó tranquilizarlo:

- Hermano que nos visitas: nuestro pasado es siempre fiel a nuestras acciones. Nadie es perfecto y todos somos deudores. No hay nadie aquí que tenga su dedo acusador dirigido a ti, porque nosotros también somos fracasados, somos débiles, somos criminales. La bondad de Dios nos cobija y nos ofrece infinitas oportunidades de reconstrucción cuando cometemos errores. Fuiste traído aquí, con permiso del Padre y del Purísimo Espíritu de María, nuestra Madre Celestial, a quien acabas de orar, con la sublime oportunidad de resolver tu caso con quien te hizo daño. Los hechos que acabas de ver y que tanto te angustiaron, a pesar de ser tuyos, te exigen que perdones, para que también seas perdonado.

Sollozando amargamente, el espíritu preguntó, ya humildemente:

- ¿Qué tengo que hacer?

- Aléjate de él, no le guardes rencor, encomiéndalo a la Justicia de Dios, porque "a cada uno según sus obras"; es decir, él también tiene que reconstruir lo que fue destruido, tarde o temprano... Tantas son las aflicciones de cada familia, que es prudente que nadie agregue nuevos dolores a los que ya están sufriendo...

- Bueno, con un amigo hipnotizador logramos varias veces hacerle creer que un gorila enojado le saltaba encima. Hubo un tiempo en que pensaba que el gorila era un vampiro... Ahora me arrepiento y voy a ponerle fin.

- Que Dios los bendiga a ustedes y a tan santo propósito. No te olvides del perdón...

- ¡No lo olvidaré! Dios me perdonará y mi Santísima Madre me ayudará. El hipnotizador, que vino conmigo hasta aquí, también les dice que va a cambiar de vida. De hecho, ambos estamos siendo invitados por un... negro... que brilla... para ir con él a una ciudad donde tendremos refugio, comida, trabajo y estudio. Lo vamos a aceptar.

- Lleven en sus corazones las vibraciones y fraternidades de nuestro grupo. ¡Jesús nos bendiga a todos, hoy y siempre!

La reunión continuó y otros dos casos no fueron atendidos, aunque no pudieron resolverse inmediatamente por igual.

Los procesos obsesivos generalmente solo conducen a una solución a mediano o largo plazo, ya que el vínculo entre observador y obsesionado se fortalece con el tiempo con sentimientos negativos, de parte de ambos. Al ser recibido en la reunión de desobsesión, el espíritu negativo ligado a una capa recibirá un verdadero "baño fluidico" de energías balsamizantes y reconfortantes, resultantes de la donación que hacen los médiums de ese grupo.

Es entonces comprensible la necesidad que las personas desencantadas sean conducidas por los espíritus protectores al grupo espírita, cuyos médiums experimenten los preceptos evangélicos de la fraternidad. La acogida en un ambiente así permite a los visitantes, llegados allí en estado de necesidad, comprender las instrucciones que se les darán y también la protección que les brindarán los espíritus protectores. Reequilibrados, aunque sea por poco tiempo, los espíritus siguen unidos a las cosas terrenas o las personas, lamentablemente, tienen las condiciones para decidir sobre un cambio de comportamiento. Y eso en el clima terrestre, en cuya sintonía aun quedan - muchos todavía creen que están encarnados -, resulta más fácil inducirlos a la recuperación, a través de una jornada fraterna, guiada por un médium adoctrinador.

Así, otro de los méritos de las reuniones mediúmnicas espíritas es sensibilizar a los espíritus desencarnados inmersos en la obsesión - generalmente como obsesores -, informándoles que lo mejor manera de recuperar la tranquilidad perdida de la mente es el perdón. Una vez alcanzado este objetivo, aunque sea parcialmente, los espíritus bondadosos casi siempre los conducen a las instituciones de ayuda del plano mayor, para recogimiento y mejores instrucciones.

Los responsables del Centro Espírita o del trabajo de desobsesión tienen también el deber de evangelizar a los encarnados a quienes se les ha pedido ayuda - la otra parte del proceso, y que también están sufriendo - para la necesaria reforma íntima.

Como estaba previsto, puntualmente, finalizaron los trabajos.

Al día siguiente, en el Hospital Militar, el soldado Ricardo apareció curado...

Los médicos que atendieron el caso consideraron que el tratamiento había producido buenos resultados.

De hecho, excelentes resultados...

En verdad, la Medicina terrenal es una gran bendición de Dios para sus hijos. Es imprescindible recurrir a ella en todos los casos en los que el organismo se vea afectado. Sin embargo, comenzaron a aparecer luces en el horizonte, anunciando un nuevo amanecer para la curación de las enfermedades: ¡su origen, en el espíritu!

Al recibir la visita de sus amigos y recuperarlos, a los dos días Ricardo se consideraba totalmente "recuperado", pudiendo continuar en el servicio militar activo.

Como resultado, fue dado de alta del hospital, regresando al cuartel, a la instrucción militar, a la convivencia con el mundo...

Horizonte Perdido

El primer fin de semana que estuvo libre, Ricardo concertó una reunión con Carla.

Más por lástima que por otra cosa, la joven accedió a recibir a su antiguo novio, ya para ella casi olvidado.

La ruptura de la relación fue, para ella, un hecho consumado pero nunca formalizado adecuadamente. ¡Carla, por lo tanto, vio esa oportunidad como una oportunidad para aclarar de una vez por todas la ruptura! Estaba de acuerdo con la visita de Ricardo, dispuesta a constatar su desinterés por cualquier compromiso que no sea la música.

Naturalmente, lo haría con tacto y amabilidad, sabiendo que Ricardo debía estar debilitado y no quería lastimarlo, ni siquiera perjudicar su recuperación, como André Luiz le había mencionado la hospitalización de su amigo.

Por la noche, Ricardo se dirigió a la residencia de la mujer que amaba.

Estaba feliz que Carla hubiera aceptado su invitación.

Cuidó mucho su ropa, intentando dar la mejor impresión posible a Carla, a quien no veía desde hacía algunas semanas. Estaba lleno de esperanza: soñaba con ser acogido, tal vez Carla pidiéndole perdón; ya sentía las emociones de los besos ardientes y apasionados que luego se intercambiarían.

- "Últimamente – pensó –, su vida estuvo llena de problemas, desencuentros; Carla sería su ancla."

No podía entender lo que había sucedido recientemente.

Recordó que hacía unos cuatro meses se había perdido la hora y se había despertado en la habitación, que estaba vacía. ¿Por qué le prepararon una ambulancia ese día? Recordó las veces que se fue a dormir y que durante la noche tuvo una pesadilla, con un vampiro intentando matarlo. Dijeron que había tenido una crisis... También recordó que se peleó en la cafetería, terminando desmayado en la enfermería, cuando nuevamente una ambulancia casi lo lleva al Hospital Militar. Estaba sucio por eso y era inocente... Cuando terminó su castigo, un lunes, se desmayó durante la instrucción, despertando en el terrible "pabellón de los locos..."

¿Cuántos días estuvo inconsciente? Decían que fueron muchos... Y en aquel pabellón, ¿por qué sabía de las cosas, de la realidad, a veces no recordabas nada, excepto delirios o pesadillas? Allí sentía intensas ganas de salir, otras veces simplemente apatía; Quería vivir y al mismo tiempo morir... En el cuartel, durante mucho tiempo, se sintió marginado por varios compañeros, que lo evitaban cautelosamente. Para aumentar su sufrimiento, la distancia, el tiempo y el espacio lo separaban cada vez más de Carla. "Realmente - completó su reflexión -, me ha estado pasando algo muy grave. Gracias a Dios ahora renací y creo que es hora de definir mi vida. Creo que le voy a proponer matrimonio para que nos comprometamos..."

Sabía, íntimamente, que no contaba con las condiciones materiales necesarias.

Primero comprobaría la "atmósfera" y, si es posible, oficializaría el compromiso.

Este era su panorama.

Carla, de alma generosa y sensible, intuyó que Ricardo, ya debilitado por las recientes dificultades, sufriría más que ella con el fin de su relación. Pero no sería justo continuar con esa frágil conexión.

Hasta que llegara un futuro lejano, para modificar el presente, solo la Música sería consagrada.

El piano sería su compañero en el camino de este amor, el único y total.

De su pasión por la Música, perpetuada ante los horizontes previstos, surgirían algunos acontecimientos: las ejecuciones artísticas en varios conciertos.

Sí: en su vida no había lugar para las citas, el matrimonio, la pasión, solo para la música.

Triste, pero sincera y realista, decidió no prolongar el romance con Ricardo que para ella era un problema.

De sus proyectos e ideales de futuro, el que un día había sido su amor, ahora ya no formaba parte de él. En verdad, entre él y ella no había pasado más que uno de esos noviazgos que inauguran la juventud y que no prosperan, convirtiéndose en solo recuerdos, décadas y décadas después...

El encuentro entre los dos jóvenes fue doloroso.

Ricardo, al acercarse a la casa de Carla, escuchó los acordes del piano que ella tocaba: "*Sonata a la Luna*", de Beethoven.

La música, que salía por la ventana de la sala, donde estaba el piano, electrizó el aire y Ricardo, desde fuera de la casa, sintió que se le iluminaba el alma.

En trance, esperó los últimos acordes antes de tocar el timbre.

Carla se estremeció.

Se levantó del taburete, abrió la puerta de entrada e invitó a Ricardo a pasar.

El muchacho, automáticamente, quiso besar a la joven.

Luego de ser detenido, notó que ella no respondía, no le recibía el beso y con una voz muy diferente a la habitual solo decía "Hola, Ricardo", cuando antes siempre lo llamaba "Amor mío..." - Extendiendo su mano, solo permitió un saludo formal.

En el interín, Ricardo saludó a los padres de Carla.

Apenas entró, Ricardo, sintiendo un "clima glacial", tardó un siglo, o mejor, un minuto, en invitar a salir a Carla.

La inesperada invitación alivió a todos. Carla estuvo de acuerdo.

Los padres de Cada, informados previamente por ella, reservaron el área del joven, ante el desenlace que se formalizaría ese día.

Por tanto, estaban preocupados. Pero, dado el aire pesado que se instaló con la llegada de Ricardo, la partida de los dos jóvenes fue un alivio para todos.

Carla, en el recorrido a pie que hizo con Ricardo, fue directo al asunto, no dándole al ex novio la oportunidad de revertir la situación.

Ricardo estaba asombrado.

No esperaba un golpe tan rudo. Sintió el calor golpear sus pies.

Temía que, con cada palabra que Carla decía, su corazón explotara de dolor.

Cuando la joven concluyó la exposición de sus pensamientos, cuya base resultó ser más sólida que una roca, sintió pena por las lágrimas que vio en Ricardo.

Con los ojos abiertos, húmedos, dirigidos a lo lejos, como si no vieran nada, Ricardo reunió las últimas energías mentales que le quedaban en ese momento y dijo:

- No forzaré ninguna situación y ni diré alguna palabra que te haga cambiar de opinión, para mí, una verdadera condena. En el momento en que más necesito apoyo moral y calidez para mi corazón, ensayo esta cruel emboscada.

Caminaron unos pasos más en silencio y Ricardo concluyó:

- No creas que te condeno. Entiendo tus razones.

Deteniéndose lentamente en la corta caminata, casi había terminado.

Luego, pronunció las últimas palabras que su pecho aun insistía en decir:

- Carla: conocerás la gloria y yo la sombra. Luego, mucho más tarde, las cosas cambiarán. En ese día, que de repente será noche para ti, en el que llegue el dolor y seas infeliz, tal vez solo yo pueda iluminar tu camino...

Se dio la vuelta sin despedirse y se perdió en la noche, en una búsqueda inconsciente del "horizonte perdido", como la sombra de los negros pensamientos que pasaban por su alma.

Sorpresas del Destino

Al dejar a Carla, Ricardo se sintió devastado.

Tenía la impresión que todos estaban en su contra. Su angustia lo asfixió.

Las lágrimas más sentidas fueron ahogadas por su orgullo como hombre. Le parecía que la sangre de sus venas había sido cambiada por ácido.

Una cosa era segura, en un futuro seguro: la vida nunca volvería a ser la misma.

Deprimido y humillado, sintió que una fuerza tremenda estaba a punto de surgir de su interior. Fue el origen de la revuelta, un generador incomparable de odio... Sin estar preparado para el golpe que había recibido, blasfemó contra el destino, afirmando mentalmente que tal vez ni el tiempo sanaría una herida tan dolorosa que Carla le había abierto en su alma...

Al no tener adónde ir, se dirigió al cuartel, donde llegó a la nueve de la noche.

Cuando sus compañeros curiosos le preguntaron por qué había venido al cuartel, él simplemente respondió que estaba cansado y que allí se recuperaría mejor. Se dio cuenta, y se avergonzó aun más, que sus compañeros se limitaban a mirarse, ciertamente preocupados por una posible recurrencia de sus ahora "famosas" crisis...

Pero la noche del sábado fue trágica en el cuartel, como lo fue todo el domingo.

El lunes, la vida del Batallón retomó su rutina, con todos los soldados ocupados en sus diversas tareas, la mayoría en entrenamiento.

Según un estricto calendario, en tres días todo el cuartel debía moverse, para un ejercicio de entrenamiento.

De hecho, fuera del personal de seguridad que permanecería, los demás miembros de Batallón debían acampar durante una semana.

El lugar elegido, que contaba con una topografía acorde con los ejercicios previstos, se encontraba aproximadamente a ciento veinte kilómetros de distancia.

Había una emoción natural entre todos los soldados ante esta misión.

Ya el día anterior, junto con su estado mayor, el Comandante del Batallón inspeccionó todos los vehículos, todo el material de campamento, las municiones.

Respecto a las comidas diarias que se servirían, analizó el menú, aprobándolo con pequeños cambios. A continuación, ordenó pruebas en todos los fuegos de campaña y tras presenciar su completo funcionamiento, inspeccionó los alimentos, comprobando que se encontraban bien envasados. Se acordó que, como rutina, se comprarían diariamente alimentos perecederos en la ciudad cercana al vertedero.

Por la tarde se reunieron los comandantes de las cinco Compañías, compartiendo todo el plan de instrucción con ellos.

Al final del horario comercial del miércoles, se consideraba que el Batallón estaba en "orden de funcionamiento." El "amanecer" sería a las cinco, el turno a las seis. Por lo tanto, todos los miembros debían permanecer en los cuarteles. Y así se hizo.

Al día siguiente, estrictamente siguiendo órdenes, el primer vehículo del convoy cruzó la puerta principal del cuartel, dirigiéndose hacia la "zona de maniobras."

El tiempo, límite cronológico entre la noche y el día: seis horas.

El comandante del Batallón, de pie, respondió al centinela que estaba en condiciones de "presentar armas", con el fusil frente al pecho, sostenido por los músculos, en una posición rígida "al alcance de la mano."

La mirada del centinela, casi hacia arriba, parecía querer ver el destino de la tropa, tan lejano...

La banda de músicos, situada junto a la puerta, en el interior del cuartel, elegantemente dispuesta, interpretó el Himno de Infantería, coincidiendo la primera nota musical con la salida del primer vehículo... Civiles, hombres y mujeres, con numerosos niños, todos curiosos, desde fuera de la puerta, observaron con entusiasmo el desfile de vehículos militares, dejando al cuartel.

El vehículo que iba delante, un vehículo ligero, con la bandera de mando ondeando sobre el guardabarros, impuso un tono solemne a aquella ceremonia, ya que el Coronel - en una postura majestuosa - parecía más bien una estatua griega.

Siguieron los demás vehículos, con personal y material, formando una extensa fila, cuyo principio y fin estuvieron separados casi por una "breve eternidad..."

Dentro de los vehículos, los soldados llevaban sobre el pecho, algunos por curiosidad, pues era la primera vez que esto ocurría; otros, pensando en sus familias, ya los extrañan; otros más, el dolor de la separación de sus amores; la certeza que cumplirían fielmente sus obligaciones, en todos los niveles de mando, era inherente a todo el personal militar profesional, desde los soldados comprometidos hasta el Coronel al mando.

Solo un buen hombre quedó debilitado: Ricardo. No podía vibrar, como los demás.

Como para armonizar a todo el personal, de modo que ninguno de los hombres chocara con el ambiente general de entusiasmo, ocurrió un incidente de menor importancia; una perrita que siempre deambulaba por el cuartel, siguió valientemente el tren, que viajaba a una velocidad de 45 km/h. Después de unos cinco kilómetros, la determinación del animalito hizo que un cabo se compadeciera del cansancio que presentaba: aprovechando un momento en que la velocidad disminuía, en una curva cerrada, saltó rápidamente del vehículo e introdujo al vehículo a la perrita "Cereza."

Esta perrita recibió el apodo de "Cereza" porque se presentó en el cuartel, hacía meses, pintada de rojo. Ciertamente huía de alguien malvado, buscando refugio entre los soldados... Y, verdaderamente, la trataban con cariño y respeto, por lo que eligió el cuartel como su nuevo hogar. Le encantaba el ejército. Todo. Solo se enfurecía cuando veía a alguien del campo. Se había vuelto exageradamente "militarista."

Al encontrarse en medio de tantos soldados, "Cereza" festejó uno a uno, tras lo cual saltó al regazo de... Ricardo.

- ¿Qué fuerzas extrañas y desconocidas llevaron a la perrita a juntarse con Ricardo?

Como consecuencia, Ricardo sonrió y acarició a la nueva compañía de viajes, quien, por cierto, nunca lo soltó...

El viaje, a un ritmo regular y reglado, transcurrió sin sorpresas.

Al llegar al campamento, los soldados fueron recibidos por un pelotón de precursores instalados allí desde el día anterior.

Así, absolutamente según lo previsto, en poco tiempo se levantaron todas las tiendas de campaña, cuya ubicación ya había sido marcada por los precursores.

Esforzándose por no mostrarse dolido, Ricardo recordó a Carla, cuyo comentario fue más para el chuvazo que los callos que tenía en el hábil manejo de azadones y mazos, en la preparación e instalación de la carpa de su pelotón.

.'Cumplió correctamente sus funciones, siempre "vigilado" de cerca por "Cereza", ahora su inseparable compañera. Pensando en el hecho que ella estaba allí y Carla estaba a diez millas de distancia, el campamento tenía para él el sabor de un picnic a la orilla de un volcán, a punto de hacer erupción. Aunque estaba rodeado de cientos de compañeros, solo el pequeño animal era capaz, de alguna manera, de comunicarse con él. La instrucción estaba planeada para la primera noche de ese ejercicio en el campo.

Ricardo, cerca de la medianoche, todavía no había podido dormir. Se levantó y buscó la fosa séptica que había ayudado a instalar, a unos cincuenta metros de las otras tiendas.

Una vez satisfechas sus necesidades fisiológicas, se sentó en medio del camino y comenzó a contemplar las miles de estrellas que allí arriba brillaban, solemnes, altivas, silenciosas...

"Cereza", solidaria con él...

En pensamientos polémicos, a veces Carla era un ángel y a veces un demonio... •

Fue "Cereza" quien lo alertó que había gente cerca. Ricardo se levantó asustado y vio a tres compañeros que se le acercaron disimuladamente. Su instinto le advirtió que algo andaba mal. Uno de los soldados, al verlo, hizo una señal de silencio y le ofreció una botella, cuyo fuerte olor le indicó que tenía aguardiente. La oferta fue aceptada. Una dosis; otro; otra más... Se abrió una segunda botella...Al poco tiempo, los cuatro soldados estaban semi ebrios.

Incapaces de caminar, se tumbaron en la hierba.

Ricardo, emocionado por los pensamientos de su dolor, comenzó a cantar en voz alta.

Sorprendidos, varios soldados se acercaron para comprobar lo que estaba sucediendo.

¡Se estaba cometiendo una grave transgresión: militares embriagados, en un ejercicio de maniobra! ¡Inaceptable!

El flagrante desprecio de las normas disciplinarias era indiscutible

Todo el personal militar había sido advertido sobre la prohibición del consumo de bebidas alcohólicas en instalaciones militares o en cualquier otro lugar de instrucción.

Esa transgresión fue deliberada, consciente.

El sargento de patrulla ordenó que los infractores fueran conducidos a la tienda de material, donde fueron abandonados, con un centinela con instrucciones de no dejarles salir, bajo ningún pretexto.

A la mañana siguiente, muy temprano, como se encontraban en pésimas condiciones, pues habían vomitado sobre sus uniformes, los cuatro fueron obligados a darse una ducha.

La temperatura era muy fría y el agua estaba helada.

No por eso se salvaron: de hecho, eso fue lo que los despertó, completamente.

La tienda material se convirtió en una tienda de prisión, porque todas las noches eran recogidos allí los cuatro transgresores, permaneciendo escoltados hasta la mañana siguiente.

En solidaridad, "Cereza" también se retiró a esa tienda, durmiendo bajo la cama plegable de Ricardo.

Se llevaron a cabo todos los ejercicios, la planificación y así, después de una semana, los militares retornaron al cuartel general de acuartelamiento.

La llegada de las tropas al cuartel, la misma ceremonia que la salida se repitió, con la banda tocando el mismo himno y con cientos de visitantes admirando todo ese movimiento.

Los soldados infractores, que se habían emborrachado, fueron sujeto a normas disciplinarias. Fueron encarcelados quince días, sin realizar ningún trabajo; es decir, debían permanecer recluidos a tiempo completo en las instalaciones carcelarias internas del cuartel.

- "Cereza", ahí, no pudo ser acogida...

El comportamiento de los cuatro fue degradado de "bueno" a "insuficiente."

Todos los participantes del ejercicio después de la descarga, recogida de todos los equipos y de las reservas de material de los subtenientes, fueron dispensados.

Mientras iban ansiosos a encontrarse con sus familias y sus novias, "el cuartel del amanecer", como llegaron a llamarse Ricardo y sus tres compañeros de borrachera, se quedaron encerrados.

Los tres soldados que habían ofrecido de beber a Ricardo lloraban casi día y noche, más de noche, descontentos por "tan grande desgracia."

Ricardo, no - ¿que tenía en la vida? ¿Familia? ¿Novia? ¿Amigos? ¿Por qué llorar? ¿Llorar para qué...?

En medio del castigo, una noche la prisión fue registrada, por la guardia. El sargento comandante de la guardia, apoyado por el cabo de la guardia y tres soldados más, todos armados, entraron en la celda. Ordenaron a los presos que colocaran todas sus pertenencias en el suelo. Ricardo, con expresión vaga, como si no tuviera el alma, obedeció mecánicamente. Colocó todo lo que tenía en el suelo: objetos personales, como un peine, cepillo de dientes, pasta de dientes, jabón, desodorante, toalla, navaja, un pequeño radio transistor, ropa interior, calcetines y piezas de uniforme.

Después de buscar en el armario de cada prisionero, el equipo de guardias se fue.

Ricardo volvió a guardar sus pertenencias en el armario. Encendió la radio en voz baja.

Justo en ese momento comenzó, la emisora sintonizó "*Sonta a la Luna*", en piano solo.

Ricardo sintió un escalofrío recorrer todo su cuerpo.

El sargento, que ya estaba fuera de la celda, se detuvo. Le gustó mucho esa música y se detuvo a escuchar una parte.

Al ver a Ricardo con la radio en la mano le dijo:

- Soldado, por favor suba un poco el volumen.

- No - respondió Ricardo.

Dirigiéndose hacia los barrotes, como queriendo liberarse de un recuerdo tan doloroso que la música lo perseguía, ofreció la radio al comandante de la guardia.

Psicológicamente, tal vez, pensó que la radio que salía de la celda también le provocaría su problema: extrañar a la persona que tanto amaba...

La música, que infunde tristeza y nostalgia, parece haber sido hecha solo para reflejar su sufrimiento, por lo que, con solo escucharla, resurgían sentimientos controvertidos, a veces de amor, a veces de odio...

El gesto inusual de un soldado encarcelado tratando con amabilidad al sargento comandante de la guardia impresionó al graduado.

Efectivamente, el sargento Balduino recibió la radio. Permaneció en el lugar, escuchando la música hasta el final.

Luego, devolvió el dispositivo y en un gesto espontáneo de agradecimiento, extendió la mano por entre los barrotes y saludó a Ricardo.

Quienes vieron la insólita escena quedaron asombrados, no captando su origen en el sentimiento que supera cualquier barrera: la fraternidad.

Desde allí, desde donde estaban, separados solo por los barrotes de la puerta de la celda, ambos miraron instintivamente al cielo: allí estaba la Luna, alta en el cielo, toda iluminada; la luz que la envuelve, la distribuye generosamente a todo el término. Aunque pálida, comparada con el Sol, fue majestuosa al conquistar la oscuridad del vacío terrenal, que alivió con todo lo mejor que tenía para ofrecer: ¡la luz de la Luna!

Despertar de la Mediumnidad

Al ser recibido por el sargento Balduino, al roce de sus manos, Ricardo sintió una corriente eléctrica recorrer su columna.

Esa sensación. Sintió por primera vez en su vida, le provocó una repentina sensación de malestar.

Sintió una oleada de calor en su cuerpo y sin poder detenerla, por compulsión, sin siquiera saber lo que decía, dijo mecánicamente:

- Tu hija está muy enferma...

Balduino, por su parte, sintió un fuerte shock emocional: hacía una hora su esposa, Armanda, lo había llamado para informarle que su hija, Claribel, padecía una fiebre intensa y ya no podía hablar. No le estaba yendo bien. Armanda dijo además: buscaría urgencias, porque en algún momento ya no encontraría médico en el consultorio. Entonces volvería a informar.

El sargento estaba ansioso, esperando nueva información en cualquier momento.

Solo él, en el cuartel, sabía de la enfermedad de su hija. Temblando, balbuceó:

- ¿Cómo lo sabes?

Ricardo, ahora con los ojos vidriosos, sin pestañear, respondió:

- Está medicada. Ya está en casa, durmiendo. La crisis ha pasado...

- ¿Cómo lo sabes? - Insistió Balduino alzando la voz. Ricardo permaneció erguido.

En un gesto brusco el graduado pasó sus brazos por entre los barrotes, lo agarró por los hombros y gritó:

- ¡¿Cómo lo sabes?!

Como si despertara de un trance hipnótico, el soldado se despertó y se asustó.

Será una reacción, miró al Sargento que actuaba violentamente y respondió:

- No lo sé... No lo sé... Cuando me dio la mano escuché dentro de mi cabeza que su hija estaba enferma, poco después vi a su esposa saliendo de un hospital con ella.
Entonces vi que estaban en casa, con la chica durmiendo.

Respirando profundamente, añadió:

- No puedo explicar nada, nunca he visto a tu familia y sé que es su esposa y su hija...

Balduino estaba sin aliento.

Estaba trastornado.

Soltó al soldado y se dirigió al teléfono, pensando en llamar a casa.

En ese preciso momento sonó el teléfono.

Con pensamientos turbados Balduino respondió: ¡era su esposa! Su corazón, momentáneamente, se detuvo.

Con emoción escuchó la feliz noticia que su hija ya había sido atendida en el hospital: había tenido un severo ataque de amigdalitis, que ya había sido superado con antibióticos y antipiréticos, aunque se vio obligada a regresar a casa. Al cabo de una semana los médicos le extirparían las amígdalas, tal como diagnosticaron. Se encontraba fuera de peligro, durmiendo tranquilamente en ese momento.

- Gracias a Dios - dijo Balduino, colgando el teléfono.

Con los ojos húmedos, de tanta alegría y emoción, regresó a la celda, la abrió y abrazó a Ricardo por un largo rato.

Sin pronunciar palabra, todos adivinaron la noticia recibida.

Más aun porque Balduino, en un gesto irreflexivo, besó las manos de Ricardo.

El Sargento lloró.

Claribel, hija única, era su mayor tesoro.

Sin entender lo que estaba pasando, Ricardo, también conmovido, comenzó a llorar. Los otros soldados fueron igualmente incapaces de contener sus emociones y, sorprendidos, vieron lágrimas obstinadas corriendo por los rostros de los demás...

En un cuartel, en una noche de servicio, todos los espíritus están predispuestos a prestar mayor atención a los hechos; es por eso que la gente de guardia, junto con los prisioneros - que estaban conmovidos por la falta de libertad -, se volvieron espiritualmente emocionales en ese momento, participando de la alegría de aquel padre.

Los rostros jóvenes de los soldados, empapados de lágrimas, presentaban una imagen singular de la unión de almas dispares...

~ 0 ~

La semana previa a las celebraciones de la independencia del país, el cuartel vivió un ambiente festivo. Habría solemnidades, actos militares combinados con acciones cívicas.

Del lado militar, se realizaría una graduación general, en uniforme de gala, con un desfile de hombres y vehículos por las calles de la ciudad, junto a otras unidades militares.

Se planificaron algunas actividades deportivas, entre equipos militares, de varios otros cuarteles, intercaladas con equipos civiles, de diversas escuelas, asociaciones culturales, clubes deportivos, etc.

Después del desfile, las competiciones. Después de éstas, almuerzo.

Los actos de celebración culminarían con una noche de gala, en el salón principal del cuartel, con la presencia de autoridades militares, civiles y eclesiásticas.

Para esta noche tan especial estaban previstos actos musicales, al piano, una charla alusiva a la fecha, seguida de un baile, con vestimenta formal. Los preparativos estaban casi terminados: ya se habían enviado todas las invitaciones; el personal del cuartel prepararía y serviría el cóctel; la orquesta del baile ya estaba contratada; orador invitado - erudito de culto de la historia militar -, este confirmara su presencia.

Solo faltaba el pianista...

La persona encargada de los arreglos fue el oficial de relaciones públicas.

Estaba comentando a otro oficial sobre la dificultad para conseguir al pianista, cuando André Luiz, que estaba presente en ese momento, escuchó el comentario. Se acordó de Carla.

Prudentemente buscó a Ricardo y le dijo que en el cuartel buscaban un pianista:

- ¿No podríamos invitar a Carla?

- Invítala. A mí no me importa y no me gusta recordarla... Además la fiesta es de los oficiales y por la noche pretendo estar muy lejos de aquí.

Ante la respuesta, André buscó al oficial a cargo y se ofreció a llevar la invitación a su conocida, una pianista clásica, ahora en ascenso.

Carla ya tenía su nombre siendo publicitado positivamente en la ciudad como pianista. El oficial realizó estos controles y decidió invitarla.

André, al entregar la invitación a la amiga, tuvo dificultades para convencerla de aceptar tan honorable tarea. Solo lo logró cuando le informó que Ricardo no estaría presente, ya que al baile solo asistirían oficiales, invitados especiales y sus familiares.

~ 0 ~

Un tanto desconfiada, temerosa de ver a Ricardo, Carla llegó al cuartel.

Fue recibida por el Capitán Andes, maestro de ceremonias.

El ambiente festivo, impregnado de civilidad, predisponía a la gente a un estado de ánimo agradable. Por eso, ni Carla ni Andes, en el primer momento que se vieron, se dieron cuenta inmediatamente que algo los rodeaba, en un aura de sentimientos, extraños, pero de una suave magia...

El calor que les invadía se atribuía al astral reinante.

Luego que la orquesta interpretara el Himno Nacional, la cual estuvo acompañada de los presentes, fue el turno del pianista de interpretar sus temas.

Era brillante.

A continuación, la conferencia cívica.

Cuando empezó el baile, Andes buscó a Carla para bailar con ella, lo cual les gustó a ambos, tanto que se repitió, hasta el término...

Por extraña coincidencia, Ricardo fue designado centinela ese día.

Esto ocurrió inesperadamente, debido a los cambios en la escala realizados el día anterior. Estaba en una estación alejada de la puerta de entrada, por lo que no vio la llegada de los invitados. Eran las cuatro de la madrugada cuando, saliendo de su puesto, tras cumplir otro turno de guardia, se dirigió al cuartel de la guardia.

Al escuchar los últimos acordes de la orquesta, finalizando el baile, en una mezcla de curiosidad y atracción, se posicionó estratégicamente, de manera no ser visto, pero pudiendo ver a los invitados que se marchaban.

Escuchara, horas antes, desde el cuerpo del guardia, sin poder apartarse, el maravilloso sonido del piano que tocaba su ex novia. En el fondo pensó que tal vez se había ido, justo después de la presentación musical.

Entonces, para calmar sus sentimientos de una vez por todas, vio a Andes y Carla salir de la noble mansión de la mano y dirigirse hacia el estacionamiento. Los siguió, escondido.

Hubiera sido mejor no tener tiempo libre, ya que vio cómo el oficial atraía hacia sí a la bella pianista, intercambiando con él un beso muy apasionado...

El flagrante fue un terrible fracaso para Ricardo.

Incapaz de sofocar el dolor de tan grande decepción en su pecho, su cerebro, por un fugaz momento, no logró controlar sus acciones y dejó caer el arma, haciendo ruido sobre el asfalto.

La pareja, incluso en la embriaguez de la pasión que los dominaba de forma tan inesperada y poderosa, estaba asustada.

Andes, tomando la iniciativa, corrió hacia donde venía el ruido, tenso y alerta, para asegurarse de qué se trataba. Al ver a Ricardo, ambos se miraron atónitos: no había palabras, de ninguno de los lados, que pudieran justificar las escenas de los últimos segundos.

Antes que se pronunciara una palabra o se hiciera cualquier gesto, Carla también se acercó y, al encontrarse con Ricardo, no pudo contener su asombro, soltando un grito de sorpresa.

Andes la apoyó, temiendo algún daño.

Tomando la iniciativa, ordenó al soldado que regresara al cuerpo de guardia, del que no debería haberse desviado, y fue prontamente obedecido. Luego llevó a Carla a su residencia. Ninguno de los dos estuvo en condiciones de comentar lo sucedido.

Al día siguiente Andes dispuso que el vehículo del pianista fuera entregado a su dueña.

También ese día Ricardo fue castigado; ahora, por haber dejado caer el arma, dañándola. El hecho, considerado descuido con armas bajo su responsabilidad, derivó en una pena media: ocho días de detención, además de tener que indemnizar el arma que se rompió al caer.

Por todo esto, se volvió más enojado y taciturno. Varios compañeros se alejaron de él.

Solo André Luiz y la perrita "Cereza" no lo abandonaron...

El Capitán Andes, por su parte, actuando con seriedad y honor, no cuestionó a Carla sobre la sospecha que expresó al ver a Ricardo, intuyó que ella era la novia que su mando había perdido, pero que no podía olvidar...

Carla, en ese momento de tanto romanticismo, de incomparable sensibilidad, al reencontrarse con su antiguo novio, no pudo evitar que sus emociones chocaran, traicionándola.

En casa, aunque ya había pasado la noche, no podía dormir.

El amor que inesperadamente la visitó. Había roto, de manera devastadora, las barreras que ella había construido en su corazón.

No podía explicar cómo se había enamorado tan rápidamente de Andes.

¡Y, menos aun, cómo había sido tan cruel el destino, al poner a Ricardo como testigo ocular de esta pasión!

Cuando el Sol ya se había hecho cargo de la luz del mundo, se levantó.

Pasó el día meditando, meditando...

Por la noche llamó a André Luiz. El sincero amigo de Ricardo lo sabía. En pocas palabras narró lo sucedido. Le dio vergüenza saber que Ricardo había sido castigado, de una forma u otra, por su culpa.

En la rutina militar, el incidente entre el Capitán y el soldado quedó superado, ya que no hubo novedades y ambos no se dijeron nada al respecto. Ricardo cumplió con sus deberes. No se sentía mal por su Comandante. Nunca pensó en interrogarlo, sobre todo porque, además de ser absolutamente contrarios a la disciplina militar, los hechos olían a coacción a lo privado, a lo sentimental. Toda su revuelta estuvo dirigida contra Carla:

- "¿Cómo pudo ella traicionarlo, igual que el Capitán? ¿Se conocían? No, no, se debieron conocer en el baile, y entonces, ¿cómo es que a las pocas horas se estaban besando así? ¿Se merecía su sufrimiento?"

Su angustia crecía día a día por el castigo que debía ejecutar.

Le dolía mucho el alma: pensaba que no amaba más a Carla; sin embargo, con solo verla, todos los sentimientos que creía muertos se reavivaban en su corazón...

Sin embargo...los celos, incomparable creador del odio, lo dominó completamente.

Así, de amor, se transformó en odio lo que sentía por Carla. Y este odio, procedente de las tortuosas fuentes de la pasión, se extendió como un incendio en un campo de bosque seco, que comienza con una chispa y luego llega a zonas lejanas, causando siempre daños incalculables.

Efectivamente, Ricardo decidió que de ahora en adelante nunca más volvería a enamorarse de ninguna mujer...

Semejante necedad, con cada amor contrario, ya debe haber cansado los cielos...

Andes decidió que no interrogaría a Ricardo sobre Carla.

Escuchado como testigo en la investigación iniciada para investigar los daños al arma de Ricardo, se limitó a declarar que había sorprendido al centinela lejos de su puesto y del cuerpo del guardia. En cuanto al incidente con el arma, no hubo evidencia de intención, solo falta de atención.

Esa noche después del baile, casi de madrugada, tampoco pudo dormir.

Pasó el día pensando en Carla, recordando las agradables conversaciones que mantuvo con ella, su depurada técnica de piano, su bella figura de mujer, su calidez, ese beso...

- ¿Y Ricardo? ¡La reacción de Carla demostró claramente que ella era la novia por la cual él tanto sufría.

Soltero, correcto, digno, alma sensible, a sus veintisiete años, nunca una mujer le había impresionado tanto. Y más aun: nunca antes se había enamorado. Sí, porque ahora, pocas horas después de conocerla, sabía que la amaba.

En los días posteriores al baile, literalmente noche y día, día y noche, solo veía a Carla en sus pensamientos.

Después de una semana, decidió buscarla.

Llamó a la chica, mostrándole, incluso desde la distancia, lo feliz que ella estaba con su llamada e invitación a una reunión.

Se encontraran.

Tímidos, al principio, en menos de dos horas de caminata a pie en la avenida iluminada, se dieron la mano.

Sus auras ya estaban entrelazadas durante mucho tiempo...

Pero, al tocar el cuerpo, el amor acabó definitivamente con cualquier duda: estaban enamorados el uno del otro.

Es notable cómo habla el cuerpo, no siempre a través de las cuerdas vocales...

Llegaron a una plaza y se sentaron.

La fuente iluminada por la Luna, toda decorada, coloreaba el centro de la plaza. Un altavoz, ciceante, pero romántico, ofrecía bellas músicas.

Las aguas, en delicados matices, subiendo y bajando, con matices que se mezclaban, formaron el fondo de las primeras notas musicales de la "*Sonata a la Luna...*"

Andes y Carla se dieron la mano con fuerza.

El calor que emanaba de sus cuerpos, reflejo de las luces íntimas que brillaban más que las de la fuente frente a ellos, significaba una declaración recíproca.

Temblando de pasión, vibrante de las más dulces emociones, Andes besó a Carla durante un largo rato.

- ¡Te amo! - Dijo.

- ¡Te amo! - Escuchó.

La fuente de luz, aliada de los amantes, congeló el tiempo para ambos.

Estos son esos segundos que se convierten en siglos de felicidad, ya que representan el reencuentro de dos almas con ideas afines, unidas en una escritura celestial similar, que se remonta a la antigüedad.

De esta bendición divina - la de la mitad complementaria de cada alma - nació la expresión "almas gemelas", aunque es seguro que una vez alcanzada la evolución terrena, llegaría a la angélica, el ahora senil amor por todo y por todos, y no, la mayoría de ellos serían diferentes por un solo ser. Porque es imposible creer que un espíritu puro pueda amar a alguien, particularmente, de manera diferente a otros hermanos, hijos de Dios que todos somos.

Es justo pensar que el amor universal, el amor de Jesús por ejemplo, es el mismo para todos, sin excepciones.

Considerando que tal vez sean centenares de vidas sucesivas las que nos conducirán a la emancipación de nuestros defectos y de nuestros malas tendencias, hasta se puede comprender que en este largo caminar el alma que nos acompaña puede ser, "provisionalmente", llamada "mitad – eterna."

~ 0 ~

En una mañana, cuando los soldados se disponían a ponerse en forma, siguiendo la orden del sargento de la Primera Compañía, algunos soldados, al ver a Ricardo mareado, se burlaran:

- Mira el loco, mira el loco... Tú, loco: ¿cuándo te va a dar otro ataque? ¿Vas a rugir más fuerte esta vez...?

Y se hicieron algunos chistes más desafortunados.

Era la primera vez que sus compañeros le faltaban el respeto, casi hasta el punto de agredirlo.

Tomado por sorpresa, Ricardo sintió que cada frase cortaba su alma como un cuchillo afilado corta la carne. Miró al suelo, miró al cielo, a la izquierda, a la derecha... Sus pies, inmóviles, pegados al suelo. No pensó en escapar. Ni responder. El corazón rápidamente entró en taquicardia. Nervios tensos, pupilas dilatadas, estaba al borde de una reacción grave, tal vez violenta, tal vez un síncope...

En ese preciso momento, André Luiza, acercándose y dándose cuenta de lo que estaba pasando, de toda la vergüenza de Ricardo y de toda la crueldad de sus compañeros, intervino:

- Paren con eso.

La voz incisiva, sin dulzura, sin que implique petición, era una orden.

Ya sea por la superioridad moral de André o por miedo a complicaciones, el grupo de irrespetuosos se disolvió.

Ricardo, estaba lívido.

Le faltaban la voz y la razón.

André, compasivo y protector, puso su mano en el hombro de su amigo y, a modo de consejero, le instó a mantener el equilibrio:

- No prestes atención al mal.

Al salir de su letargo, Ricardo se realineó. Miró a André como si lo viera por primera vez, agradecido pero enojado:

- Me las van a pagar.

- Nada de eso, nada de eso: el mal vuelve a quien lo practica, sin necesidad que nadie se vengue.

Para consolarse un poco, Ricardo se calmó.

Como de costumbre, el Sargento, agitado, determinó que en treinta segundos quería ver formada la Compañía.

Bueno, en menos de veinte, el pedido se cumplió...

De hecho, faltarle el respeto al Sargento a primera hora de la mañana, era sinónimo inexorable de un castigo terrible: estar de guardia en el cuartel el próximo fin de semana.

Semejante norma, si por un lado rayaba en la arbitrariedad, por otro resultaba manteniendo - ¡hace muchos años! -, en excelentes niveles cronológicos, las graduaciones de la Primera Compañía...

Tres días después, olvidado casi por completo del desafortunado incidente con los colegas, nuevos hechos vinieron a reavivarlo:

Cuando Ricardo fue a jugar al fútbol, durante las clases de educación física, alguien gritó entre los soldados:

- Ey loco, ¿vas a rugir o no?

Ricardo se mordió el labio. Sabía que esas palabras eran para él.

"Definitivamente quieren pelea", pensó.

No tenía idea de quién había pronunciado esas palabras, que no se repitieron.

Su revuelta solo encontró una fuente: proyectos mentales de venganza.

André Luiz, al notar el estado de exaltación en que se encontraba su amigo, lo invitó, fraternalmente, a cenar con su familia ese día.

No admitió evasivas.

Un tanto apático, Ricardo aceptó.

Después de cenar, hablando con los padres de André, le informaron sobre el encuentro mediúmnico realizado cuando se encontraba en el Hospital Militar. Agradecido, comprendió que las fuerzas espirituales lo habían liberado de una dura prueba, y que se lo debía a esa bondadosa familia. Reflexionando sobre todos los acontecimientos relacionados con sus crisis, empezó a comprenderlas mejor, porque hasta esa noche vivió buscando una explicación.

La pareja le aconsejó que no se dejara dominar por la venganza.

- Joven - le dijeron -, seguramente tu vida te depara mucha felicidad, con alguien a quien amas.

Se retiró, tranquilizado por la fraterna acogida.

Días después, aun meditando los consejos de los padres de André, decidió que buscaría a Carla, para tener un último diálogo con ella. Si fuera necesario, pediría perdón por lo ocurrido la noche del baile. Incluso le confesaría que aunque la amaba, quería que fuera feliz... tal vez con el Capitán Andes.

Por tanto, sus propósitos eran elevados.

El sábado siguiente, sin previo aviso, fue a casa de Carla:

Había perdido su amor, pero pretendía recuperar su respeto.

Con confianza, mantuvo esa pequeña llama de esperanza que tal vez ella no estuviera saliendo con nadie... especialmente con el Capitán Andes.

Tocó el timbre.

Moacir, padre de Carla, lo atendió. Sin siquiera detenerse un segundo a pensar, inmediatamente dijo, con rudeza:

- ¡Bueno, bueno! ¡Mira solamente! ¿Qué deseas?

- Ver a Carla...

- Carla está ocupada.

- Por favor, solo un minuto...

- Pero ya dije que está ocupada. No insistas. Vete.

- Por favor... al menos quiero verla...

- Estás siendo descarado y no lo toleraré. ¡Retírate!

- Señor Moacir, necesito ver a Carla...

- Lo que realmente necesitas es un buen psiquiatra...

Llegados a este punto, con los ánimos excitados, los interlocutores ya hablando exageradamente alto, casi gritando, las últimas palabras del padre de Carla demostraron que conocía las recientes tribulaciones de Ricardo.

Al darse cuenta de inmediato, el joven bajó el tono y reuniendo las que quizás fueron sus últimas fuerzas para no explotar, preguntó:

- ¿Por qué psiquiatra...?

- Porque has estado haciendo algunas locuras desde que te uniste al ejército...

- Por favor, señor Moacir, no es cierto.

- Incorrecto o falso, el simple hecho que hayas venido aquí a buscar a Carla demuestra que estás realmente loco...

- No diga eso, señor Moacir. ¡No estoy loco!

Profundamente herido, Ricardo llora o solloza.

- Muchacho... muchacho... loco: o sales o llamo a la policía - concluyó Moacir en voz alta.

La amenaza descontroló a Ricardo.

Voló hacia el cuello de Moacir para atacarlo, cuando éste quedó atónito, vio que desde el interior de la residencia venían Andes, Carla y Jussara, su madre.

En un segundo captó todo: Carla y Andes estaban saliendo.

Definitivamente, él, Ricardo, era una carta fuera de la baraja...

Derrotado, se giró y, como queriendo desterrar de su mente aquella escena y los personajes que quedaban ante él, se retiró rápidamente, sin decir palabra.

Jussara abrazó a Moacir y le rogó que se calmara.

Los amantes comprendieron el alcance total de lo sucedido. De hecho, cuando Ricardo tocó el timbre, Moacir, Jussara, Carla y Andes estaban en la cocina tomando un pequeño refrigerio.

El dueño de la casa estaba dispuesto a ayudar. Por eso los vecinos tardaron un poco en darse cuenta de la anomalía en la entrada. Solo cuando el hombre levantó la voz lo suficiente y se les dio la alarma, inmediatamente acudieron a comprobar lo que estaba pasando.

Apenados, Andes y Carla, todavía llegaron a la vereda para armonizar un poco a Ricardo. Anteriormente ya habían decidido hablar con él sobre su relación, solo esperando una oportunidad adecuada. Quizás no era exactamente el momento adecuado, pero, en un rápido intercambio de ideas, decidieron que lo mejor sería aclararlo todo, ahí mismo, enseguida. Al ver a Ricardo doblar la esquina, corrieron para alcanzarlo, pero solo vieron una figura que desaparecía en la oscuridad...

Los Caminos son Varios...

"Hay varios caminos que conducen al Señor..." Modernamente, también se puede decir que hay varias maneras, vehículos y, velocidades por los cuales y con los cuales los caminos pueden ser recorridos.

Aunque en sentido figurado, esta afirmación encaja perfectamente con la forma de vida de cada uno de nosotros.

Normalmente, cuando un ser humano está molesto, u ofendido, reacciona en igual o mayor grado ante la ofensa recibida.

Cuando se trata de violencia física, la víctima siempre tiene el deseo de atacar también y, si es posible, no solo pagar con la misma moneda sino también añadir algún interés...

En el campo de las ofensas morales, o del vacío existencial, donde más se daña el espíritu, el hombre, con gran infelicidad, ha reaccionado, a lo largo del tiempo, de diversas maneras:

- Cuando alguien los odia, algunos llegan a grandes extremos en una venganza maquiavélica; no les importa destruir a más personas, siempre y cuando se destruya al infractor; no les importará gastar grandes sumas; no se importan en perjudicar aun más, mientras que la venganza se consuma.

- Otros, cuando la vida, en su opinión, se convierte en su madrastra, se cierran en sí mismos; la psicología busca explicar esta reacción, llamándola una "escape psicológico", en la que el ego se esconde en el alma, como el avestruz. que esconde la cabeza en la arena para escapar de un problema, o de cualquier peligro; dando lugar a neurosis o psicosis, es un paso; daño físico, casi siempre, se hacen presentes.

- Hay los que ahogan sus penas en la bebida; el daño, en este caso, lo involucra a él mismo, a su familia y, por extensión, a lao sociedad; para mantenerse alejado del problema, se emborrachan, a veces durante las veinticuatro horas del día; se instala la dependencia, con ella, más tarde o temprano, la salud física y moral puede provocar la muerte.

- Al igual que los alcohólicos detrás hay muchos que, por falta de un ideal, frustrados, se lanzan al oscuro mundo de las drogas, para compensar la descompensación, acción motivada por la falta de objetivos.

Hay otros errores.

Todos los que los dirigen, sin excepción, se vuelven tristes porque son infelices.

Las venganzas no aceptadas, las pruebas de la vida, conducen necesariamente al hombre a la infelicidad.

Si ya hay daño, las acciones físicas o las actitudes morales llevadas a cabo bajo rebelión, como las mencionadas anteriormente, no resuelven el problema. Al contrario: añaden nuevos ingredientes al ya desagradable caldo.

No en vano hace casi dos mil años, dividiendo la Historia de la Humanidad, Cristo aconsejó: *Perdona a quienes te ofenden. Venid a mí todos los que les estáis afligidos, porque yo os haré descansar. Mi yugo fácil es mi carga. Cualquiera que quiera el Reino de los Cielos, toma tu mano y sígueme.*

El Maestro, al enseñar de esta manera, dando sabios consejos, sabía que nosotros - sus hermanos menores - somos un domicilio constante para el dolor. Sabía que el dolor, aunque es en sí mismo un maestro obligado, que enseña muy bien, ha estado al lado de los alumnos testarudos, como invitado, nunca como anfitrión. Las invitaciones que le hacemos - al dolor - lo envían nuestras debilidades, entre ellas la venganza, el egoísmo, el orgullo y la vanidad.

Y es de la Ley de Causa y Efecto que tales co-invitaciones sean irrecusables...

- ¿En el origen del hombre el dolor ya estaba con él?

- ¡Pero que! ¿Cuál fue ese origen?

- ¿Quién sabe?

Es posible que estas preguntas no encuentren respuestas adecuadas dentro del alcance del conocimiento humano. Los misterios de nuestro planeta, la Tierra, respecto al origen de la vida, están mucho más allá de la capacidad humana para descifrarlos.

Sin embargo, en la conciencia cada ser está bien iluminado con la certeza que la Justicia Divina nunca castigará a nadie sin que exista una deuda previa.

De hecho, con Jesús se derrumbó la concepción de un Padre vengativo, siempre dispuesto a castigar a sus hijos, cuando se equivocaban; o para conceder premios a los justos y caritativos. La cuestión fundamental de la infelicidad o la felicidad del hombre en la Tierra fue abordada magistralmente por una mente juiciosa cuando proclamó que "a cada uno según sus obras...." Así, si hay castigo, éste no proviene del Padre, sino solo del castigado, quien, haciendo uso de su libre albedrío, optó por buscar asilo. Por el contrario, aquel que actúa correctamente, que es virtuoso, que "ama a su prójimo como a sí mismo", es el mayor de los premios, que se obtiene igualmente mediante la entrega de sí mismo: ¡la paz de espíritu!

Allan Kardec, dieciocho siglos después de Jesús, al codificar la Doctrina de los Espíritus - el Espiritismo -, equiparó la Reencarnación en acción, como el mecanismo por el cual el espíritu, en varias vidas sucesivas, adquiere conocimientos, pagando deudas. Y este mismo espíritu, al reencarnarse varias veces, teniendo en cada vida un cuerpo diferente, trae consigo un equilibrio de lo que fue y lo que hizo.

~ 0 ~

Ricardo, sumamente, humillado y disgustado, sintiendo que le faltaba el suelo en los pies, caminó sin rumbo durante mucho tiempo, conquistando cuadras, campos, barrios.

No sabía que hora era cuando escuchó sonidos de atabaques y tambores.

Como saliendo de un bosque oscuro, donde se había perdido, buscó identificar de dónde venían esos sonidos. Sabía que ya era tarde en la noche. No era normal que alguien se distrajera así en ese momento. Se dirigió hacia la dirección de donde provenían los sonidos - un gran salón -, y entre fastidio y confusión, vio el cartel encima de la puerta de entrada:

Carpa Umbanda Caboclo Flecha Azul

Debía haber mucha gente adentro, ya que había mucho ruido.

En la puerta de la Carpa, un señor mayor, de rostro amable, saludó a Ricardo, quien le correspondió.

El joven estaba a punto de pasar cuando sintió, en lo más profundo de su pecho, que un repentino calor lo envolvía. Inmediatamente recordó los disturbios que había sufrido: desmayos en el alojamiento, una pelea y desmayo en la cafetería, otro desmayo en la instrucción, además de varios problemas en el cuartel.

"Sin duda – pensó -, estaba a punto de desmayarme otra vez…"

Reaccionó mentalmente, diciéndose a sí mismo que esta vez no se desmayaría…

Sin embargo, se tambaleó, invadido por un leve topor.

Sin perder el conocimiento, pero sin poder caminar, su espíritu entró en gran angustia. Sintiendo sus piernas tambalearse, ahogó un grito que casi se le escapa. Fue sostenido por el portero de la Carpa, quien amablemente lo ayudó, el hombre pidió ayuda y pronto dos personas salieron del interior de la habitación, corriendo hacia el llamado. Condujeron al extraño al interior de la Carpa, donde las actividades religiosas no fueron interrumpidas. El olor a velas y aguardiente era fuerte. Un hombre de mediana edad, con símbolos pegados al cuello. Se acercó a Ricardo: él era el jefe de la reunión. Los hombres que habían ayudado a llevar a Ricardo al interior dijeron algo al oído del hombre. Por orden suya, colocaron al visitante en una silla y se alejaron.

El *babalorixa* - pai-de-santo - de la Carpa, con gestos lentos, alzó las cejas al cielo y empezó a dar vueltas alrededor de la silla en la que estaba sentado Ricardo. Después de caminar varias veces, se quitó un collar del cuello y se lo colocó al visitante, quien fue considerado "atacado" por locuras espirituales negativas. El collar estaba hecho de dientes de lobo, semillas de "ojo de cabra" y algunos higos de hueso, incrustados en pequeños anillos de oro. A su señal, el repique de tambores y tambores cesó. Mujeres y hombres dejaron de cantar. El silencio fue total.

El *pai-de-santo* se paró frente a Ricardo y le colocó sus gorgueras sobre los hombros. Comenzó con gestos amplios y longitudinales, similares a un masaje de pies a cabeza, chasqueando los dedos en la cabeza del visitante.

A su orden, los instrumentos volvieron a sonar en vivo y algunas personas comenzaron a cantar.

Mujeres, con vestidos largos, puestas de pie, cantaban "soplones" cabalísticos.

En el salón, excepto Ricardo, todos vestían de blanco.

En la pared del fondo, un altar decorado con flores y cintas de colores, junto con algunas velas encendidas, enmarcaban la imagen de un "Guía", de tamaño mediano y pintada en color negro brillante.

Debajo del altar, pintada en la pared, se encuentra la imponente figura de un indio, armado con arco y flecha. La flecha era de color azul... El recinto era un salón rústico, de grandes proporciones: en el centro había una sartén con brasas, unas botellas de aguardiente, velas encendidas y varios dibujos y carteles garabateados en el suelo, con tiza. Alrededor de ese punto central, algunos hombres y mujeres giraron rápidamente. De vez en cuando, un puñado de hierbas específicas, echadas en la sartén, exudaban aromas fuertes, como un incensario.

Fue allí que Ricardo, lanzando un grito lastimero, saltó como un tigre hacia aquel grupo.

Nadie se asustó.

Como los demás, daba vueltas como loco... En un momento dado cogió una botella de aguardiente y bebió una gran dosis.

Bajo la nueva orden del *pai-de-santo*, las demás personas formaron un gran círculo alrededor del grupo que estaba girando, incluido Ricardo.

Al cabo de unos minutos, todos los giros se detuvieron. Necesitaban permanecer de pie, sin moverse de su lugar, pero balanceando el cuerpo con movimientos rítmicos. El *pai-de-santo* se acercó a Ricardo.

El joven, sin abrir los ojos, sintió la sensación más extraña e inexplicable de toda su vida: sin saber cómo ni por qué, comía o añadía cosas que consideraba de carácter imperioso.

Su voz estaba bien y lo que dijo nunca se le había pasado por la cabeza...

Pero las imágenes eran demasiado claras y le resultó útil distinguir lo que veía.

Tuvo una extraña impresión: ¡era él quien hablaba!

Pero, ¿cómo...? ¿Cómo podría ver si tenía los ojos cerrados...? ¿Cómo estaba hablando de cosas que no sabía...?

Comenzó a sentir pánico, porque pensaba que era víctima de algo poderoso que lo dominaba. Pensó en hacer prevalecer su voluntad.

Tan pronto como tuvo este sentimiento, sintió una fuerza fuerte entregada por una mano invisible, arrojándolo al suelo, enviándolo a tres metros de donde estaba.

Se habría sentido herido si no hubiera habido manos que lo ayudaran. Inmediatamente dejó de hablar.

La mala impresión de "ser dos a la vez" desapareció y, muy asustado, "despertó" en los brazos del sargento Balduino, que lo sostenía firmemente, y el *pai-de-santo*, frente a él, que mirándolo amablemente le preguntó:

- Entonces, hijo mío: ¿estás mejor?

- Sí señor...

Había mil preguntas por hacer. Pero ni siquiera hizo la primera.

A un gesto del *pai-de-santo*, los tambores, atabaques y ahora dos panderetas volvieron a sonar y hombres y mujeres comenzaron a cantar, a una sola voz, un "punto", con lo que continuó el encuentro.

Una hora más tarde, ya atendidas otras personas, de forma más o menos parecida a la de Ricardo, se produjo el cierre.

Era las once de la noche.

Cada uno siguió su propio curso.

A la salida, completamente aturdido por todo, Ricardo iba alejándose cuando fue alcanzado por el Sargento Balduino:

- Ricardo, ¿qué viniste a hacer aquí?

- Nada, Sargento, nada... Estaba deambulando y no pude explicar cómo llegué a ese lugar. Cuando pasé por aquí sentí una sensación repentina y me sentí transportado hacia dentro.

- Muy bien, muy bien. ¿Y ahora?

- ¿Y ahora qué, sargento?

- ¿Hacia dónde vas?

- No sé, Sargento. Estoy demás en este mundo...

Balduino, intuitivamente ya había comprendido la angustia del soldado, a quien admiraba por los acontecimientos ocurridos allí en el cuartel prisión, cuando su hija había estado enferma. Las últimas palabras, incluso para un oyente poco atento, casi siempre suenan como una advertencia peligrosa y pueden ser sustituidas por: "Estoy pensando en morir..."

Balduino era un hombre bueno. Lo que yo sabía sobre "las cosas entre la Tierra y el cielo", aprendido en la Carpa Umbanda, a la que asistía hacía unos años, indicaba que aquel soldado era un *cambono* - un médium no desarrollado, capaz de contactar con espíritus desencarnados. Es más: esta mediumnidad, si no se desarrolla, siempre entraña el riesgo de graves trastornos, que a veces culminan incluso en el suicidio.

Con esto en mente, fraternalmente lo invitó:

- Vamos a mi casa, porque tomaremos una cerveza fría...

- Eso estaría bien, Sargento, pero lo dejemos para otro día.

- No señor: vámonos ahora mismo.

- ¿Es una orden? - Bromeó Ricardo.

- Claro...

Uniendo voz tras voz, Balduino pasó su brazo por encima del hombro de Ricardo y lo condujo hasta su auto.

En el camino, que no fue muy largo, ninguno de los dos dijo una palabra.

Al llegar a la residencia, Balduino intentó dejar a Ricardo a gusto.

La esposa, Armanda, muy hermosa, miró con curiosidad a Ricardo. Balduino lo presentó:

- Querida, este es el soldado Ricardo, el que "vio" a Claribel cuando la llevaron al hospital y poco después me dijo que había regresado a casa, fuera de peligro. Nos visitó en la Carpa y lo invité a venir a ver nuestra casa.

Armanda sonrió ampliamente y le tendió la mano a Ricardo, quien se sentía a gusto en aquella casa.

Sin hogar para vivir, ya que sus padres nunca lo habían tratado con atención y menos con cariño, en esa sencilla casa, en un minuto, casi veinte años de desamor familiar fueron reemplazados por la amistad.

Se sirvió cerveza y algunos bocadillos.

A Balduino le resulta muy difícil explicar el significado de todos esos hechos y fenómenos allí en la Carpa Umbanda.

- Eres un "caballo" y los espíritus te utilizarán.

Así aclaradas las cosas, Ricardo comprendió que tenía "un don", el de "recibir espíritus."

Solo se dieron otras explicaciones, sin que Ricardo las entendiera del todo.

- La mediumnidad es como una herramienta - dijo Balduino, completando -, si no se usa se oxida, pero también hay que usarla para el bien, porque si se usa para el mal, termina rompiendo y lastimando a quien la manosea.

"Interesante - pensó Ricardo -, los padres de André Luiz dijeron lo mismo, pero con palabras diferentes; es decir, intentaron advertirme que la mediumnidad es una herramienta preciosa que Dios da a los hombres. Creo que me estaban diciendo que soy médium.

Aun pensativo, se reprendió: "¿Cómo es que no presté más atención a lo que decían?" Y luego, disculpándose para sus adentros: "Pero además, cuando estaba allí cenando con ellos, Carla se había apoderado de mi cabeza... ¿Cómo podía escuchar algo, y más aun, cosas tan misteriosas?

El caso es que ahí, en ese preciso momento, Ricardo entendió, siendo esta una certeza indiscutible, que algo diferente estaba dentro de él.

Recordando los desmayos y las horribles visiones, finalmente vio explicados los problemas que tanto le habían perjudicado: era médium y como tal, para librarse de ellos, debía practicar la mediumnidad.

Al verlo pensativo, Balduino añadió:

- Lo que tienes es un regalo de Dios. Se debe utilizar únicamente para el bien - insistió.

En las primeras horas de la mañana, después de tomar unas cervezas, Balduino invitó a Ricardo a pasar la noche, sobre todo porque a esa hora ya no circulaban colectivos.

- Y además, mañana, cuando despiertes, conocerás a Claribel... o mejor dicho, la volverás a ver - bromeó el sargento.

¡No pudo controlar su curiosidad por confirmar si la visión había sido cierta! Cuando "vio" a la hija del Sargento en el cuartel, Ricardo aceptó la invitación.

~ 0 ~

Esa noche los sueños fueron extraños: Ricardo se vio en otro lugar, en otro tiempo...

Él mismo tenía otro cuerpo y otro nombre: Ernesto.

Algunas personas se dirigían a él por ese otro nombre, pero estaba seguro que era con él con quien se estaban metiendo.

El tema que estaban tratando era absolutamente extraño, su estado actual tampoco era del todo desconocido: socios reclamaban su parte, robada por él, Ricardo-Ernesto; marido, acusándolo de hacer infeliz el hogar al quitarle a su esposa y convertirla en su amante; alguien le rezó mil maldiciones, por el dolor que sentía cuando era atropellado por un coche, cuando era empujado por él...

Todos lo acusaron.

Todos querían venganza.

Le dio gracias a Dios cuando despertó.

Se consoló cuando se dio cuenta que todo había sido un sueño, o mejor dicho, una pesadilla...

"Ernesto... hum..." - pensó irónicamente.

En el café de la mañana conoció a Claribel.

Sí: era a ella misma a quien había visto "mediúmnicamente..." ¡Solo que en persona era mucho más bonita!

¡Mirando a Claribel, tan hermosa a sus catorce años, su juventud floreciendo, maravillosa flor, tuvo la impresión que ya la conocía!

"Probablemente debe ser por la visión del cuartel, cuando estaba preso..." - pensó.

"Además – conjeturó –, en términos de sensaciones extrañas, en las últimas veinticuatro horas, la dosis ha sido elefantina...: comenzó con el padre de Carla, un padre tan grosero de una hija tan educada y amable, tan amada todavía por él...; después, en la Carpa - ¡Dios Santo!, qué "acceso" tuve...; encontrando al Sargento y él invitándome a su casa, es mucha casualidad... ¿o tal vez no fue casualidad? Y ahora, al ver a esta pequeña frente a mí, creo que es la criatura más hermosa que he visto en mi vida... y encima, esta impresión que ya la conozco...."

Si Ricardo hubiera expuesto sus pensamientos, le habría causado un gran shock a Claribel, pues ella pensaba exactamente lo mismo; es decir, que "ya lo conocía desde hacía mucho tiempo..."

La despedida, ya fuera de casa, ya que no quería abusar, quedándose a almorzar, Ricardo le contó a Balduino la pesadilla que tuvo esa noche.

Escuchando y leyendo pensativamente por unos instantes, Balduino miró directamente a los ojos de Ricardo y nuevamente, en gesto fraternal, puso sus manos sobre los hombros del joven y dijo:

- No puedo aclarar completamente este sueño. Aunque tengo razón que hiciste un viaje al pasado, donde tu consciencia revivió escenas de otra vida, escenas vividas por ti y por todas esas personas...

Concluyó, objetivo:

- Si quieres conocer las explicaciones correctas de todas estas cosas, tendrás que visitar la Carpa. Allí podrás hablar con tu Guía y todo quedará aclarado. Además, es bueno estar atento en la vida, porque la mediumnidad que se tiene debe desarrollarse rápidamente, de lo contrario...

Ricardo entendió.

La calma y sinceridad de su amigo y superior jerárquico no dejaron dudas sobre la veracidad de sus palabras.

- "¿Otra vida?"- pensó perturbado.

Como adivinando sus pensamientos, el Sargento filosofó:

- Hay un momento en el que la gente siente que la vida es una línea sin fin. En ese momento, el concepto de eternidad, nunca antes sospechado, se convierte en una certeza cristalina. Eso, la línea; sin embargo, es tortuosa y está llena de trampas, todas ellas tendidas por nosotros mismos. Resulta que tales trampas, hechas para atrapar a otros, acaban avanzando hacia nuestros caminos futuros. Es así, al pasar de una vida a otra, lo que hicimos a la siguiente, obligatoriamente regresa al origen; es decir, nos alcanza.

Esta ley es de Dios y se llama "causa y efecto."

Ricardo inmediatamente comenzó a incorporar a sus convicciones que cada persona vive muchas vidas.

Con un razonamiento brillante, preguntó:

- Y cuando vemos a alguien por primera vez y tenemos la impresión que ya lo conocemos: ¿es eso una prueba que hemos vivido juntos en el pasado...?

Pensó en Claribel.

- Claro - respondió Balduino sin pestañear. Absorto en la pregunta y la respuesta, instintivamente

Efectivamente, Balduino iba a preguntar a su vez a quién se refería, pero prefirió esperar. El tiempo, gran descifrador de misterios, sería el encargado de aclarar la duda.

Contento con la respuesta, pero igualmente acomplejado, Ricardo se despidió elogiando la hospitalidad y agradeciendo el cariño recibido en aquel acogedor hogar.

~ 0 ~

Todos los soldados sueñan con el día de su "baja", su permiso de licencia.

Eso, desde el primer día que pusieron un pie en el cuartel.

Porque ese día tan esperado estaba cerca.

Durante un ejercicio nocturno, protegidos por la oscuridad, dos militares le faltaron el respeto al Sargento Balduino, quien convocaba a un pequeño grupo. Ricardo, que participaba allí del ejercicio, en solidaridad con su amigo graduado, desafió a los bromistas a luchar. La pelea, dos contra uno, ya había comenzado cuando intervino Balduino. Terminando la pelea y al conocer los motivos detrás de la misma, sacó la compostura de la pelea, dirigiéndose más hacia los dos provocadores. Los demás integrantes del grupo defendieron a Ricardo y condenaron a los otros dos. Ellos, en un gesto de arrepentimiento, pidieron disculpas al Sargento y luego a Ricardo.

Allí quedó sellada una sincera amistad entre Ricardo y Balduino, amistad que ya tenía bases sólidas.

Los demás militares, en un gesto de admiración y reconocimiento, elogiaron a Ricardo, como si estuviera a gusto con el ambiente del cuartel. Este incidente llamó la atención del Comandante de Batallón, quien publicó expresivos elogios en el boletín diario del cuartel, hecho que significaría mucho para Ricardo, ya que, al estar en el comportamiento "aislante", difícilmente podría obtener licencia en el primer contingente.

Llegó el día de la baja.

El otorgamiento de licencias se haría en tres grupos, para que el cuartel mantuviera personal operativo, en caso de alguna emergencia.

El último grupo obtendría la licencia cuando los reclutas del año siguiente ya se hubieran unido.

En esta primera clase, para seleccionar a los destinatarios se tendrían en cuenta en primer lugar aquellos con comportamiento bueno, sin que esto se convierta en una regla fija, ya que también se considerarían las especialidades de los que quedarían. Ricardo fue incluido, ya que el Capitán Andes escuchó del Comandante de Batallón que sería prudente presentarlo en la primera ronda. El Coronel consideró que esto compensaría su actitud digna durante el ejercicio nocturno, ¡además de convertirlo en un lastre! Traumatismo capaz de provocar recaídas en crisis neuróticas.

Andes aceptó la sugerencia, porque la consideró válida y además porque no tenía nada contra Ricardo. Desde el baile, entre ellos solo había una atmósfera de malestar, pero insuficiente para influir en las decisiones del Capitán.

Con el cuartel de celebración, todos los soldados devolvieron al encargado del material - el subteniente de sus Compañías - las piezas del uniforme y demás objetos de uso permanente que habían recibido, al incorporarse al Ejército. La mayor parte de la ropa sería incinerada o reutilizada durante la limpieza. Invariablemente, muchos soldados habían perdido algunas de las piezas que recibían: el cubierto articulado - tenedor, cuchillo, cuchara -, el cinturón de guardia, el cinturón para caminar, la taza, la cantimplora, la yugular del casco e incluso el propio casco...

Resultado: tuvieron que compensar tales pérdidas.

En verdad, muchos soldados se quedarán con tales objetos, como souvenirs...

El importe que debían compensar se deducía de las cuotas, pagadas estrictamente el día de la concesión de la licencia.

También ese día recibirán sus certificados de reservista. Los cabos y soldados que se hubieran distinguido por acciones valientes o por conducta ejemplar, también recibirían certificados de "honor al mérito."

Al igual que hace once meses, cuando el primer día entraron al cuartel vestidos de civil, el día de su baja, el último día del servicio militar obligatorio, regresaron vestidos de civil. Luego de su graduación, el contingente licenciado desfiló por última vez frente a la Bandera Nacional.

Luego, siempre en marcha ordinaria, los estudiantes marcharon hacia la puerta principal... Una vez que la cruzaran, ya no tendrían la obligación de regresar...

Una vez que cruzaran la puerta, ya no serían personal militar activo.

Se convertirían en reservistas de "primera categoría", habiendo servido en el Ejército como tropa.

La banda de música, perfilada, inflamando los corazones, interpretó el "Vals de despedida" a paso de marcha.

Decenas y decenas de jóvenes, con sus corazones sanos y funcionando desde hacía menos de dos décadas, lloraron lágrimas abundantes, inconquistables...

Lo que más querían, al ganar, paradójicamente los hacía llorar.

Es que, superior a la alegría y la emoción, al cumplimiento del llamado al servicio militar, en el pecho de aquellos jóvenes la vida dijo que habían cumplido con su deber como ciudadanos.

Y más, como una lección inolvidable: la convivencia humana es una de las mayores emociones de la vida.

En el fondo, inconscientemente, sintiendo que esa convivencia difícilmente volvería a suceder, lloraron...

Ricardo, en ese, su último día en el cuartel, al pasar frente a su Compañía, volvió a leer las frases grabadas en la pared, que tanto le habían impresionado desde su primer día como soldado:

"La disciplina militar me proporciona,

No se puede aprender, señor, en la fantasía.

Soñando, imaginando o estudiando,

Sino viendo, tratando y peleando."[1]

Camões

---

[1] Canto decimo, 153va estrofa de "Los Lusiadas"

En el Camino, pero en Sentido Contrario

Cuando dejó el Ejército, tras haber sido dado de baja del servicio activo, Ricardo estaba confundido sobre dónde vivir: antes de dejar las Fuerzas Armadas vivía más con sus abuelos que en su propia casa. Durante el tiempo que estuvo uniformado, utilizó la residencia militar gratuita varias veces. Y además, él y tres soldados alquilaron una habitación en una residencia cercana al cuartel, donde, sin dificultad, podían cambiar su uniforme por ropa de civil. Cuando no se quedaba en el cuartel, allí dormía. En ese lugar, los fines de semana solía reunir a otros escolares para hacer una asado o escuchar música. El asado era sencillo: solo carne, sal gruesa, fuego y cerveza, todo en la proporción de los participantes.

El alquiler del cuarto era barato, aun dividido entre cuatro.

Ahora que habían sido licenciados, los cuatro, Ricardo, después de meditar bastante, decidió vivir allí. Asumió solo ese gasto, cuyo valor, por bondad, no fue aumentado por los dueños de la casa.

Tomó esa decisión para ahorrar a sus abuelos, ya bien avanzados de edad, no queriendo tampoco residir ni con el padre ni con la madre, ya separados judicialmente.

No tuvo dificultades para convencer a los dueños del cuarto a permitir que Cereza viniese a vivir con él. La pareja, sin hijos, tenía un espacioso jardín y vio con buenos ojos la presencia de la perrita que les serviría como centinela, pero cuya responsabilidad de cuidado se definió como perteneciente al inquilino...

Empezó a buscar trabajo.

Había terminado la secundaria, era mecanógrafo, tenía relativa facilidad para manejar existencias de materiales y sabía un poco de mecánica automotriz.

Después de una semana de búsqueda, con sus pequeños ahorros ya agotados, no habían encontrado nada.

Hablando con el matrimonio de propietarios, les explicó sus dificultades para conseguir un trabajo. El señor Rodrigues, cauteloso, le preguntó:

- ¿Qué tipo de trabajo estás buscando?.

-¡Oh! Señor Rodrigues, cualquier trabajo, cualquier trabajo que hacer y ganar dinero.

-Bueno... no sé si te agradará, pero hoy fui a arreglar la llanta pinchada y en la llanta escuché que necesitaban un asistente.

- ¿Dónde está la tienda de llantas?

- Esto está cerca de casa. Si quieres, vamos mañana.

- No puede ser ahora

- Perfectamente.

- Así que vámonos y se lo agradezco mucho.

Aunque no entendía nada de neumáticos, Ricardo consiguió el trabajo, primero por recomendación de Rodrigues, un antiguo cliente, y segundo por su voluntad de aprender.

Considerando que la necesidad es una de las mejores maestras existentes en el mundo, no pasó mucho tiempo y el ex soldado, que siempre había gozado de buena salud, pronto aprendió a reparar neumáticos pinchados, convirtiéndose en un eximio llantero.

El salario pequeño. Las propinas; sin embargo, lo compensaron. Con lo que ganó logró mantenerse sin deudas.

Simultáneamente con la licencia del Ejército y su trabajo como llantero, Ricardo comenzó a frecuentar la Carpa Umbanda "Caboclo Flecha Azul", donde siempre veía al Sargento Balduino.

Pasaron unos meses y allí en la Carpa aprendió el significado de los rituales y desarrolló su "don de recibir espíritus."

Atento y muy perspicaz, en poco tiempo se convirtió en un elemento destacado de aquel grupo religioso, sobre todo porque sus cualidades de médium demostraron cada vez más el poder de su "Guía."

El Sargento Balduino le había indicado, desde el principio, que siempre debía complacer al Guía. El mayor placer era darle lo que le gustaba. Un día, una buena aguardiente; por otra parte, enciende hermosas velas, en número de siete, durante siete días, siempre a las siete de la noche; cuando sea posible, ofrezca al Guía la sangre de un pollo negro y bébela.

Ricardo cumplió más o menos estas instrucciones: el aguardiente, mezclada con tierra, la bebió con facilidad, sin marearse nunca. Dato curioso: a pesar de beber la bebida durante ceremonias y rituales, Ricardo no soportaba el aguardiente y disfrutaba únicamente de la cerveza. También encendió varias de las velas de colores. Pero matar el pollo y beber la sangre no bastaría y estaba seguro que nunca lo haría, sobre todo porque siempre le gustaron los animales. Si el Guía insistiera, ofrecería algo más como reemplazo.

Sin embargo, curiosamente, el Guía nunca había pedido ninguna ofrenda, tampoco había pedido nunca ningún regalo.

Ricardo, sin embargo obedeciendo las normas de la Carpa, que promovía tales donaciones a entidades protectoras, continuó dando obsequios a su Guía. La entidad espiritual que lo usó como "caballo" era un anciano negro, similar al del cuadro en la pared de la Carpa.

Al menos así lo consideraron los médiums psíquicos de la Carpa y el propio Ricardo, quien al cabo de unos meses empezó a verlo también.

Así, no tardó en convertirse en ayudante del *pai-de-santo*, el señor Nazile, como aprendiz de consultor para solucionar los diversos problemas que presentaban los mecenas, desesperados, en busca de soluciones rápidas, si es posible, milagrosas. soluciones... Nazile encargó a Ricardo que comenzara a responder consultas sobre los casos más simples, que él seleccionó. El joven se comprometió a ello con gran interés y responsabilidad.

Los consultores que frecuentaban la Carpa siempre buscaban al *pai-de-santo*, quien a través de su Guía - "Flecha Azul", los asistía con bondad y bondad.

"Flecha Azul" era una entidad espiritual que hablaba como un indio, realizaba gestos guerreros, resolvía disputas matrimoniales, desempleo, compras o ventas, cobraba deudas de malos deudores, mudanzas, viajes, angustias, amores rotos y otros problemas "materiales."

Actuando como asesor del Sr. Nazile, Ricardo a menudo pronunciaba palabras que dictaba su propio Guía. En estas ocasiones, el consejo era singularmente claro, sencillo e invariablemente, exhortando a la oración, a la acción, a la humildad, a la limosna para los pobres.

Poco a poco se empezaron a escribir o solicitar consultas al guía de Ricardo.

El indio y el viejo negro se entendían muy bien y su "aparato" por igual.

Después de un tiempo, la gente regresó, ya adaptada a su espíritu, bendiciendo la Carpa y consultando al Guía de Ricardo.

Hacía un año que Ricardo había sido admitido en la Carpa.

Las consultas, cada vez más numerosas, se repartieron entre él y Nazile.

Como el *pai-de-santo* no siempre asistía los días de consulta, por motivos de salud, el joven cargó solo con toda la responsabilidad.

El desfile de los necesitados, cada vez mayor, expuso todo el problema del ser humano: orgullo, odio, venganza, egoísmo, soledad...

Algunos casos se referían a problemas matrimoniales: esposas mal tratadas, maridos despreciados, celos, infidelidades, etc., fueron la tónica de estos casos .Cuando Nazile respondió, recomendó varias medidas: ahora obsequios, ofrendas al "santo", velas encendidas, flores, inciensos y, de ser posible, donaciones de artículos o dinero para la asistencia social de Carpa. Cuando Ricardo era el "consultor", los recomendaban igualmente oraciones y limosnas, pero principalmente el perdón.

La gente, agradecida, siempre hacía generosas donaciones a Carpa, y cuando era dinero, se destinaba a los gastos administrativos del edificio: alquiler, electricidad, mobiliario, limpieza, agua, pintura, etc. Lo que sobró se utilizó para la adquisición de alimentos para donarlos a los necesitados; Cuando la gente donaba alimentos o artículos personales, inmediatamente se pasaban a los pobres.

Hubo un gran número de familias necesitadas que acudieron hasta allí en busca de ayuda. En la medida de lo posible, fueron ayudados.

Ricardo estaba en pareja con Nazile, "recibiendo" a sus respectivos guías simultáneamente, asistiendo a decenas de consultas por noche.

Las consultas fueron diarias, de lunes a jueves; los viernes, y solo los viernes, se dedicaron consultas a casos de enfermedades.

Hasta entonces, un año después, Ricardo observó y concluyó que todos los problemas se abordaban de alguna manera, excepto los relacionados con la enfermedad. En estos casos, los únicos que asistieron fueron Nazile y su Guía "Flecha Azul", quienes siempre sugirieron buscar ayuda médica. El joven, aunque presente, no consultó, quedando solo como "asistente." Con el paso del tiempo, nació en él una gran compasión por los enfermos. Angustiado, reflexiona íntimamente sobre la impotencia de la Carpa para aliviar tanto sufrimiento y a tantos enfermos. Porque al aumentar el número de personas que acudían a consultar allí, las consultas por enfermedades aumentaron significativamente, y quienes acudían generalmente ya estaban desilusionados de la

Medicina. O, simplemente, venían en busca de medicinas o dinero para los costosos tratamientos dictados por los médicos. Algunos asistentes hicieron donaciones ocasionales de medicamentos y la propia Carpa ayudó económicamente en lo posible. Pero esa disponibilidad no siempre estuvo disponible.

Nazile, "incorporado" o no, sacudió la cabeza de un lado a otro y casi disculpándose despidió a estas personas, sin poder ayudarles. Estos, quedaban más desesperados.

Madres afligidas derramaron lágrimas ardientes de amargura cuando la entidad espiritual engañada por tales consultas les informó que no se podía hacer nada más que oraciones.

Ricardo se solidarizaba cada vez más con estas personas.

Entonces sucedió: una noche, en medio de las consultas, un niño muy enfermo, cuya madre lo había traído para ser bendecido, tuvo un problema respiratorio. Claramente se percibió el estado febril, era percibido, además de la pus que salía de las fosas nasales. La respiración era bastante difícil y la garganta estaba hinchada.

Al irrumpir tal crisis, la madre estaba agitado y algunos presentes cayeron en trance, girando mucho, al son de tambores que aumentaban su cadencia.

Los ojos del niño se tornaron morados y todo indicaba un probable síncope, tal vez fatal.

Nazile, que atendía el caso y no estaba "incorporado" en ese momento, sugirió a la mujer que llevara a su hijo a una sala de urgencias.

Solícito, comenzó a buscar a cualquiera que tuviera un automóvil disponible.

La madre; sin embargo, entró en estado de shock y a su vez empezó a dar vueltas con el niño en su regazo.

Fue entonces cuando, actuando rápidamente, Ricardo, que estaba bajo el mando espiritual de su guía, rápidamente tomó al niño de los brazos de su madre. Todos quedaron atónitos y no sabían qué hacer.

En ese momento - en ese preciso instante -, por atroz indecisión, Ricardo levantó al niño en sus brazos y exclamó:

- Estas son personas enojadas sin fe...

Nazile, entendiendo que Ricardo en ese momento estaba de "caballo" para un *Orixá* – deidad -, respondió humildemente:

- Tu bendición, mi padre.

- Nuestro Señor bendiga a todos. ¿Por qué no estás orando?

- Mi padre: este niño casi se está muriendo...

- ¡Este es precisamente el momento de orar!

- Le pedimos a *Omulu* - Orixá de las enfermedades, también llamado "*Obaludie*" u "*Obaluaie*" - que cure a este niño. ¿Podrías ayudarnos?

- Quien cura es el Gran Padre. *Omulu* también reza a Nuestro Señor, el Gran Padre...

El niño, en brazos de Ricardo, estaba casi inconsciente - pasándolo a las manos de Nazile, éste colocó sus manos cariñosamente sobre el pecho del paciente y, pronunciando palabras ininteligibles, comenzó a masajearle el pecho y la garganta.

En cuestión de segundos el niño se calmó, dejó de luchar y volviendo al color normal.

¡En dos minutos ya estaba plácidamente dormido!

- Ya no se enferma - dijo el Guía -. Hubo animales que mató. Éste aquí - refiriéndose a Ricardo -, podría ayudar al enfermo de ahora en adelante. *Oxalá* – Jesús - permíteme y eso es lo que me gusta del Gran Padre *Olorum* - Dios.

- Tu bendición, mi padre. Perdona a este pequeño trabajador, pero ¿podemos saber tu nombre?

- Jeroboão... *Axé* - saludos "¡salud!" - para el joven y todos ustedes.

Ricardo se estremeció.

Asombrado, sorprendido, aturdido, pero absolutamente feliz, le dijo a Nazile:

- Un hombre negro le pidió permiso a mi Guía y casi entra a mi grupo... Lo vi claro... Lo que él pensó que yo sabía todo... Lo que él vio, yo también lo vi...

- ¿Y qué vieron "ustedes dos"?

- Esta criatura tenía baba negra pegada a sus pulmones y muchos animales saltaban en esa baba. Horrible, horrible... - Respirando profundamente, añadió:

- La mano del negro, dentro de mi mano, quemó todos estos bichos y la sustancia negra se convirtió en humo maloliente.

Los presentes comprendieron que acababan de presenciar un fantástico caso de curación espiritual.

La madre, saliendo del trance y viendo a su hijo dormido en brazos de Ricardo, que lo mecía, se arrodilló frente a él y lo besó en los ojos.

La escena se hizo en absoluto silencio, ya que todos los "caballos" y los tocadores de los atabaques se acercaron, maravillados por todo lo que veían.

Nazile, ahora mediumnizado, habló incisivamente:

- A partir de hoy se dirigirá a este lugar "Flecha Azul", junto con el otro Guía que hasta ayer se encontraba con el joven. Ahora la Carpa del Pai Jeroboam, que empezó a dar consultas aquí solo en casos de enfermedad, ya que el joven tiene esta misión. Era hora de un cambio porque la salud del "viejo hombre blanco" - en referencia a Nazile - ya no es buena... El nuevo *Babalorixa* - jefe terrenal de Carpa - será el joven. Esa es una orden de Mãe Iansã - mujer Orixa, en Brasil identificada como Santa Bárbara. *Axé*.

Y así se hizo: a partir de entonces, solo Ricardo atendió a los consultores, que cada vez se multiplicaban.

Las curas logradas hicieron famoso a Ricardo.

Como pai-de-santo, permaneció humilde y dedicado durante algún tiempo...

Pero el dinero - siempre el dinero - provocó su desacuerdo con la fraternidad. El desapego entonces demostrado fue sustituido por el interés financiero. Continuó asistiendo a todas las personas que acudían a él, pero, recibiendo muchos regalos de quienes tenían mejores condiciones, se encontró en el derecho de quedarse con algunos de ellos.

Su "poder espiritual" estaba en su apogeo y las curas se sucedían.

~ 0 ~

La llantería todavía lo tenía, pero no como empleado. La compró directamente y ahora solo gestionaba los servicios, llevados a cabo por tres empleados competentes.

Preguntándose acerca de los neumáticos, le preguntó a su Guía si esto sería el camino para mejorar su condición económica. El guía respondió sabiamente que "mejorar tu condición siempre es bueno, por cualquier motivo, para cualquier persona, en cualquier momento." Y añadió; sin embargo, que "si en la Tierra las mejores personas son las más ricas, en el Cielo las mejores personas son las que cumplen con las leyes de Dios." Y concluyó: "sí, es bueno aprender todo sobre neumáticos, ya que trabajar con neumáticos es una profesión digna, como tantas otras."

Sin entender todas las recomendaciones, Ricardo dedujo que era una "orden de su Guía" de estudiar todo lo relacionado con los neumáticos.

Entonces, buscó libros que trataran el tema y preguntó a varios expertos sobre las técnicas más modernas. Leyó y anotó con mucha atención, todo lo que había escrito caía ante sus ojos. Incluso creó un pequeño cuadernillo, donde anotaba datos relativos al origen del caucho, del árbol del caucho, extracción del látex, técnicas de reencauchado de neumáticos e incluso las formas más sofisticadas de vulcanización.

Se convirtió en "doctor" en el tema.

Conoció que la vulcanización se realiza mezclando azufre, en forma de diferentes productos químicos, con caucho, para evitar daños causados por el calor, el frío o los ácidos que se disuelven;

Esto lo hizo por primera vez en el siglo pasado un estadounidense llamado Goodyear.

Pensó: "seguramente se hizo muy rico, porque hasta el día de hoy hay neumáticos cuya marca llevan su nombre..."

Sabía de memoria todas las marcas de los fabricantes, todas las dimensiones, todas las características de qué coches o en qué ubicación se deben utilizar tales o cuales neumáticos.

En menos de seis meses, desarrolló un intenso deseo de ampliar su negocio de caucho. Confiado, empezó a comprar máquinas utilizadas para el reencauchado y comenzó a realizar pequeñas actividades en este ámbito.

Muy popular en el barrio, no había dificultad en comprar neumáticos usados, pero en buen estado, para reacondicionarlos y revenderlos posteriormente obteniendo una buena ganancia.

Dispuesto a ampliar su negocio, realizó prácticas en una gran empresa de vulcanización de la Capital, donde recibió y practicó todas las enseñanzas sobre el tema. El dueño de la vulcanizadora era un *pai-de-santo*, quien correspondía con la ex Carpa Caboclo Flecha Azul, ahora llamada "Carpa Pai Jerobõao", razón por la cual, gentilmente, le transmitió, además de las técnicas, todas los "secretos comerciales." de la industria.

Hubo personas que acudieron a la misma Carpa exclusivamente para consultar con el guía Jerobõao, quien hablaba por boca del joven.

Sin embargo, el ex soldado atendía los casos de enfermedad solo los viernes.

Casi siempre era pasada la medianoche cuando atendía a los clientes.

Recibió obsequios y solo dio obsequios de poco valor a la Carpa, para su redistribución entre los pobres.

Solo se transfirió una pequeña cantidad de dinero al tesoro. Siempre lo invitaban a cenas. Y aceptaba.

Se convirtió en líder absoluto de la Carpa.

Comenzó a vestirse con esmero, pues recibía ropa, zapatos, cinturones, etc., de excelente calidad... y alto costo.

Cada noche, cuando llegaba a la Carpa, su cuidado personal en su vestimenta contrastaba con la sencillez de los demás presentes. Durante las reuniones religiosas todos vestían de blanco y solo en esto eran iguales, ya que Ricardo vestía ropa hecha de telas costosas, confeccionados por honorables sastres y mantenidos impecablemente planchados por voluntarios de la Carpa.

Un año después, Ricardo había mejorado sus consultas: cualquiera que tuviera los medios era atendido sin demora, delante de decenas de personas de gente pobre que formaba las filas. Había una secretaría para organizar el servicio y preparar formularios. Quienes pudieron recibir asistencia recibieron en sus hogares solicitudes de colaboración con la Carpa, que invariablemente cumplieron.

Los obsequios personales son muy bienvenidos. Si eran en dinero, mejor, alimentos, bebidas, ropa usada, muebles, etc., los dejaba en la Carpa; objetos de valor y dinero, gran parte del cual continuó guardándolo para sí. Cuando alguien, en agradecimiento, anunciaba la donación de ropa, informaba a su maniquí y sus colores favoritos. Su Guía, Jerobõao, disgustado con tal composición, amenazó con abandonarlo, informándole que aun no lo había hecho, en vista de que los servidos tenían tal mérito. Advirtió; sin embargo, que de seguir así no volvería a venir a Carpa ni a Ricardo.

Éste, por un tiempo, permaneció distante.

Una noche, una pareja guapa visitó la tienda. En lo alto de la Carpa, con el conductor, estaba estacionado el imponente vehículo que había traído a la pareja. El buen hombre estaba en crisis.

Sangre gastrointestinal y vómitos. Estaba sudando profusamente, pálido, con ininterrumpidas ganas de vomitar, lo que indicaba un síncope inminente. En su estómago no quedaba nada más que sangre, probablemente por la rotura de algún tejido. Una saliva espesa y sangrienta goteaba de las comisuras de sus labios. El dolor debió ser colosal, como lo demostraban claramente los gemidos y las contracciones faciales.

El caso requirió una intervención urgente.

Ricardo, al darse cuenta que era una persona adinerada, se cuidó mucho, mostrando una atención exagerada.

Eso mientras ordenaba las acciones...

Casi al instante, se volvió médium, y su Guía le prestó una visión espiritual que le permitió ver el estómago y el duodeno del "cliente", donde sangraba una herida.

Entonces sucedió algo sorprendente: colocó sus manos sobre el abdomen del paciente y, frotando, frotando, apretó fuertemente la zona con los pulgares. Sin entender lo que estaba sucediendo, el médium tuvo la clara impresión de haber tocado con sus dedos la herida, dándola ya desde el interior del cuerpo del paciente. El hombre aulló de dolor, ya que sentía como si dos brasas tuvieran en su estómago...

Siempre pronunciando palabras cabalísticas, Ricardo también "sentía" que sus dedos brillaban cuando "tocaba" la herida.

Todo sucedió rápido, pero fue suficiente para que el joven se diera cuenta que las heridas habían sanado de inmediato.

El hombre se desmayó. Su expresión; sin embargo, denotaba alivio.

La esposa entendió claramente que había presenciado un milagro: la curación de una úlcera de diecisiete años, que hasta entonces se resistía a dos cirugías y a cualquier tratamiento.

La mujer estaba atormentada por lo que acababa de presenciar. Feliz, supo que su marido ya no sentía dolor. Y más: sabía que de estar absolutamente segura, lo cual era completamente inexplicable, fue curado.

¡El mal, la enfermedad de diecisiete años, ya no existía!

Se regocijó con una alegría profunda y sincera.

Amaba a su marido y su sufrimiento era también su sufrimiento.

Miró con ternura a Ricardo y sus ojos transmitían gratitud.

"¿De dónde lo conocía?" - pensó.

Una palabra logró escapar de sus labios.

El paciente, adormilado y con rasgos tranquilos, dejó mostrar que allí había ocurrido un verdadero milagro.

- El hermano ha sido curado por el Gran Padre y la Santa Madre. Nanâ -abuela de Carpa, diosa de la lluvia, identificada como Santa Ana - escuchó las oraciones y ayudó - dijo el guía Jerobõao.

Luego, autorizó a la mujer a llevarse a su marido. El chófer privado de la pareja fue llamado y ayudó a transportar al patrón, aun en estado de inconsciencia.

Se fueron.

Las consultas continuaron y muchas horas después Ricardo terminó el trabajo regresando a su casa.

En el camino e incluso después de llegar a la habitación en la que vivía, no pudo olvidar el momento que había "cumplido" y sentido íntimamente condenado por no haber identificado al paciente, porque siendo rico podría ayudar a Carpa...

Le llevó un tiempo acostumbrarse.

Sudando profusamente y con taquicardia, se despertó bruscamente en mitad de la noche, escuchando todavía a Jerobõao:

- Ricardo, hijo mío: sé humilde. No olvides que el amor no se puede vender. El dinero solo es bueno cuando proviene de un buen trabajo. Sal del carril equivocado tan pronto como sea posible porque el desastre es inexorable...

Reencuentros

Ricardo, en la mañana siguiente, hojeaba el periódico cuando la noticia le causó un nuevo revuelo: vio la foto de Andes y Carla, que se habían casado hacía dos días y se habían ido de luna de miel.

Fue demasiado: en un segundo, todo el anhelo reprimido en su pecho explotó, un anhelo que había sido difícil de mantener anestesiado.

Sintió una punzada en el corazón, casi desmayándose.

Estaba tan frustrado y asqueado que ni siquiera se fijó en la cabina del mismo vehículo que había visto el día anterior, de noche, allí en Carpa.

Imaginó que era un cliente más entre tantos.

Al identificar al conductor particular y ver, sentados en el asiento trasero, a la mujer y al hombre que había atendido, se acercó a ellos.

La pareja salió del coche, después que el conductor abriera ceremoniosamente la puerta. Sonriendo, el hombre le tendió la mano a Ricardo y lo abrazó.

- Buenos días, muchacho

- Buen día...

- Vinimos aquí para conocerlo mejor y ver qué podíamos hacer para devolverte el favor que me hiciste.

Entre feliz e interesado, Ricardo recordó las palabras de Jerobõao, en plena noche anterior. Pero pronto ahogó ese recuerdo. Asimismo, reemplazó los pensamientos en Carla, poniendo orden en su cabeza.

No dijo nada.

Miró largamente al hombre, saludó a su mujer y al chofer. Tenía la impresión que conocía a esa pareja, que había visto ayer por primera vez... "¿De dónde?"

Miró el coche: ¡era realmente lujoso!

- Mi nombre es Alburquerque. Vivo en São Pablo. ¿Qué puedo hacer por ti, Ricardo?

Intrigado por el hecho que ya sabían su nombre, Ricardo lo miró con curiosidad, sin decir nada.

Adivinando los pensamientos del joven, Albuquerque añadió:

- Sé tu nombre y lo que haces. Estamos en esta ciudad de camino a Brasilia, por negocios. Hoy debo continuar mi viaje. En el hotel donde nos hospedamos mi esposa y yo trabaja un miembro de su religión, Carlitos, y fue él quien recomendó su Carpa. Ayer por la tarde tuve el comienzo de la crisis allí en el hotel y ni siquiera el médico que vi alivió el dolor, que iba en aumento.

De hecho, yo padezco este problema, o mejor dicho, sufría, desde hace diecisiete años, y en ese tiempo la Medicina me ha ayudado poco. Por la noche, al venir a traernos la cena al apartamento, al ver mi estado, este chico me sugirió una consulta con ustedes.

Ahora Ricardo volvió a estar intrigado: "ustedes", había dicho el hombre.

¿Quiénes serían "ustedes"?

Aun en silencio, el joven esperó a que Albuquerque hablara más. Y efectivamente dijo:

- Bien, jovencito, no sé cómo explicarte la coincidencia, pero yo también me ocupo de neumáticos.

Otro susto para Ricardo. Imagínate: "Estoy pasando un susto en este momento... ¿podría mi corazón ayudarlo?."

Aun pensando, Ricardo reflexionó mentalmente: "este buen hombre vive de neumáticos y es rico... Este auto suyo le alcanza para comprar cinco talleres como el mío..."

Alburquerque dijo:

- Cuento con una gran representación de neumáticos, nacionales e importados, y también algunos talleres de vulcanización. He estado en este negocio desde que era niño y me encantan los neumáticos y todo lo relacionado con ellos...

- También me gustan los neumáticos. Gracias a ellos que vivo.

El hombre se rio de buena gana. Volvió a abrazar a Ricardo. Los siguientes minutos los dedicaron a hablar de neumáticos. Solo sobre neumáticos. Albuquerque se dio cuenta que estaba en presencia de un "experto." "Igual o mejor que él mismo" - pensó.

Ricardo fue "intimado" a almorzar con los Albuquerque en el hotel, sin que se permitieran negativas.

Durante el almuerzo, el joven habló de su vida, de su tristeza por la separación de sus padres, de sus planes de futuro para ampliar la tienda de neumáticos, de su participación en la Carpa; en definitiva, de sus dificultades y de sus ideales.

Allí fue él quien más habló.

Esa noche, en la Carpa, Ricardo recibió un mensaje de Albuquerque: necesitaba hablar con él, preferiblemente durante el desayuno de la mañana siguiente, allí mismo, en el hotel.

Ricardo respondió.

Llegó al hotel sobre las siete y Carlitos le dio la bienvenida informándole que la pareja ya llevaba media hora esperándole.

Después de los saludos, la pareja tomó su café matutino.

Sin dudarlo y sin rodeos, Albuquerque y su esposa le ofrecieron a Ricardo el mayor regalo de su vida: gratitud, honor y una fantástica propuesta comercial.

Alburquerque dijo:

- Ricardo: presta atención a lo que te vamos a contar. No tenemos hijos, aunque hicimos muchos intentos. Dios da testimonio de cuánto lo intentamos...

La esposa, Herminia, se sonrojó. La intimidad, incluso sin malicia, la avergonzó un poco. Albuquerque continuó:

- Sabemos que eres un hijo único, de padres separados y nos damos cuenta, por lo que tú mismo nos contaste, que tienes poca convivencia entre ustedes. No nos interesan las dimensiones de esta distancia que dejamos atrás. Es nuestra intención, en este momento de nuestras vidas, demostrarte nuestro agradecimiento por el bien que has hecho por nosotros, o mejor, que has hecho por el mundo en particular. Hacía más de diez años que no podía comer un buen filete. No bebía un buen vino. Ayer, milagrosamente, algo me aseguró que podría volver a estos pequeños placeres de la vida.

Llenándose el pecho, continuó:

- Me comí un filete con vino al vino. Dormí maravillosamente y estoy muy bien. Gracias a ti y a tu Guía. Y, lo más importante de todo, durante años he tenido dolores y calambres diarios, que desde antes anoche desaparecieron.

El joven entendió quién eran "ustedes."

- No hice nada. Fueron *Omulu* y el Guía Jerobõao quienes lo curaron. Es a ellos a quienes debes estar agradecido.

Herminia interrumpió:

- Fue *Omulu* quien autorizó la cura... respondiendo a mis oraciones a Nanâ.

- Lo sé, lo sé - respondió Albuquerque, terminando: para ella voy a enviar muchas cajas de champagne rosado, ya que Carlitos me informó que la bebida favorita de la *Orixá* es el agua dulce con espuma de rosas; para *Omulu* y para la Carpa tengo preparado un cheque listo, para obras de caridad, en el que se les pide que aconsejen cómo utilizar el dinero para compras; para el Guía, también quiero que se enciendan velas y se coloquen flores en el altar; durante unos pocos días.

Respiró hondo, suspiró y luego dijo con calma:

- Lo que más quiero, de hecho queremos, es ayudarte.

Otro shock en el corazón de Ricardo. Él permaneció en silencio, esperándolo.

- Gracias a ti me curé. Sé que tu Guía no pensará que es malo lo que voy a hacer... Quiero nombrarte mi representante en esta ciudad; vamos a abrir aquí una gran tienda de neumáticos, más grande que todas las que ya existen juntas. Tú construyes la tienda y la llenas de neumáticos para poder intercambiarlos. Esta región es estratégica, lógicamente se sitúa como "peón" de tres estados y el éxito comercial está garantizado. Nos dirigíamos a la Capital para comprobar las condiciones para instalar una sucursal; sin embargo, después de lo sucedido aquí, ya no tenemos dudas: nuestra sucursal estará aquí mismo.

Y concluyó, emocionado;

- Todo está a tu nombre: el alquiler del edificio, la financiera, las máquinas de vulcanización, los fermentos y un gran stock de neumáticos, incluidos los de vehículos agrícolas. Me pagarás lo que puedas con las ganancias. Esta ciudad está mucho más cerca de la sede y por eso siempre podremos vernos.

En ese momento Albuquerque no pudo contener las lágrimas. Herminia, igualmente sensibilizada, comenzó a sollozar.

Los dos estaban muy conmovidos. Se levantaron y abrazaron fuerte a Ricardo.

Herminia tomó la cabeza de Ricardo y lo besó en la frente.

Abrumado por tan grande muestra de cariño y agradecimiento, el joven no pudo evitar que todas sus estructuras emocionales se rompieran. Feliz, creyéndose en un sueño dorado, en tránsito hacia el paraíso, lleno de amor y gratitud, tampoco él pudo contener las lágrimas abundantes que rodaban por su rostro.

La escena, si no fuera por un excelente significado espiritual, sería incluso cómica: cada uno de los tres lloraba más alto que los otros dos.

Y el tono del llanto iba aumentando, aumentando...

Para un observador menos atento, la escena parecería un grito patético.

Carlitos - psicólogo sin título, como casi todos los mayordomos... -, intervino decidida y correctamente, ofreciendo champán rosado al trío de gritos, que ya ahuyentaban a los demás invitados, que eran los más cercanos.

El señor Albuquerque, un huésped muy rico y por lo tanto muy bien tratado, había ordenado que se sirviera "champagne rose", treinta minutos después de la recepción a su invitado Ricardo.

Efectivamente, Carlitos vino con su pequeño coche, ¡encima del cual la cubitera, tres copas y champán, demostraron que el pedido se estaba cumpliendo, justo antes de la hora acordada!

La anticipación, en este caso, probablemente fue muy bien aceptada por Albuquerque, porque no contaba que antes de treinta minutos, él, su esposa y Ricardo, estarían lidiando con no declarado, pero efectivo campeonato de llanto.

La presencia del mayordomo no hizo nada por los tres, ya que, como saliendo de un trance, recobraron el sentido y detuvieron sus lágrimas fundidas...

El champán selló la contracción verbal de la fanática oferta de la familia Albuquerque a Ricardo.

~ 0 ~

En los meses siguientes, Albuquerque materializó sus promesas. Sus dolores habían desaparecido.

Agradecido con Ricardo y feliz con la vida que llevaba a duras penas por casi dos décadas de sufrimiento excedieron lo prometido. Alquiló y rehabilitó un gran edificio en una zona privilegiada de la ciudad e instaló allí un gran centro comercial de neumáticos.

Ordenó que se decorara bellamente la tienda, trasladando un gran stock de neumáticos nuevos de la sede al almacén de ventas;

En un anexo a la tienda instaló y equipó un excelente taller de reparación y vulcanización de neumáticos usados.

La tienda también presentó una gran cantidad de accesorios para automóviles, incluidos equipos de música, tapizados, llantas extravagantes - tan populares entre los jóvenes - y muchos otros artículos superfluos de embellecimiento de los vehículos.

Todos los gastos corrieron por su cuenta.

Durante la instalación de la tienda, Ricardo viajó varias veces a la Capital para conocer información sobre la venta de llantas.

Actualizó y mejoró sus conocimientos sobre vulcanización. En estos casos, siempre se quedó en la casa de los Albuquerque.

El departamento jurídico de la empresa de Albuquerque, siguiendo sus órdenes, redactó un contrato detallado, que Ricardo y su benefactor firmaron, en una emotiva ceremonia íntima, en la residencia de la pareja.

Ricardo empezó a vivir en un departamento grande, cerca de su nueva firma.

Con gran tristeza se separó de su perra Cereza, quien se quedó con los Rodrigues.

Invitó al Sr. Rodrigues, como forma de agradecimiento, a cuidar su tienda de neumáticos y se acordó que recibiría una parte de los ingresos cada mes. El ex arrendador aceptó la invitación, sobre todo porque al estar jubilado tendría en qué ocuparse y además, sin ningún gasto ni inversión, ganaría algo de dinero. Durante la fase de instalación de la firma de Ricardo, Carpa Pai Jerobõao recibió semanalmente importantes donaciones de suministros, por encargo de Albuquerque. Ingenuamente, el donante enviaba delicias, que, en ocasiones, los pobres que las recibían ni siquiera sabían utilizarlas. "champiñones", embutidos en conserva, quesos muy delicados - "llenos de agujeros" -, espárragos, cerezas en almíbar, mousses, chocolates granulados, patés, etc. etc.

Nadie tuvo el valor de decirle al amable donante que esos alimentos eran incluso "nocivos", como dicen muchas personas pobres que al ingerirlos tuvieron reacciones alérgicas, ya que fueron consumidos sin seguir las especificaciones técnicas de preparación.

Cien días después del champagne en el hotel, se inauguró la tienda de Ricardo.

El establecimiento se denominó *"Ricar Neumáticos Ltda."*

El nombre ocultaba un secreto del dueño: estaba formado por las primeras sílabas de los nombres Ricardo y Carla, demostrando que la antigua novia aun inspiraba algo en el pecho del joven.

Sin embargo, todos pensaban que "Ricar" era una abreviatura de Ricardo.

Los Albuquerque, en estos poco más de tres meses, fueron una presencia constante en la ciudad y en la Carpa.

A la inauguración asistieron decenas de invitados, entre autoridades y amigos de Ricardo y Albuquerque. André Luiz, junto a sus padres y su prometida, Angélica, además de varios ex compañeros del Ejército, formaron un grupo que Ricardo recibió con emoción.

Cuando le presentaron a Angélica, el joven empresario tuvo una claridad mental en la que veía a la bella madre como a su hija...

La visión no duró ni un segundo y el enorme movimiento de gente impidió a Ricardo ahondar en conjeturas.

La sorpresa de Ricardo allí; sin embargo, como ella, también se sorprendió, creyendo conocerlo "desde hacía mucho tiempo", se mantuvo discreta, pero intrigada.

También había asistido Balduino, esposa e hija.

Aunque Ricardo no se había recuperado de la sorpresa de conocer a Angélica, se llevó otra grata sorpresa: Claribel, a quien no veía desde hacía dos años, se había transformado en un sol radiante, iluminando dondequiera que estuviera, gracias a su belleza.

¡Estaba bellísima! ¡Fue impresionante!

El cabello negro y ondulado, que caía abundantemente sobre su espalda, parecía una cascada, donde el ébano, en contraste con el bronceado de la piel, la hacía parecer una escultura viviente de una diosa pagana.

Su cuerpo, exuberantemente esculpido, llamó la atención...

La muchacha, de espíritu evolucionado, y por tanto sin vanidad, sonrió como quizás sonríen los ángeles cuando se sienten admirados.

Libre de toda afectación, esto la hacía aun más bella, más atractiva.

En ella, la sensualidad era espontánea y la sexualidad natural. Sabía que era atractiva, pero nunca se había considerado una coqueta.

El caso es que la belleza de Claribel iluminó lo más íntimo de Ricardo, que a partir de ese momento, cristalizó su imagen en el corazón.

Estaba entusiasmado con Claribel; sin embargo, consideraba que la pasión era lo que en realidad era el destello del amor. Tras la solemne inauguración tuvo lugar un cóctel, seguido de visitas a las instalaciones comerciales de "Ricar."

Terminada la reunión social y comercial, Albuquerque abrazó a Ricardo durante un buen rato, sin decir palabra.

En la fiesta todos se rieron, excepto dos hombres: Albuquerque y Ricardo, emocionados, sin poder hablar, con los ojos llenos de lágrimas. Fue así que, sin siquiera despedirse, que Albuquerque se fue, junto con su esposa.

Serenándose, el joven buscó al Sargento Balduino y su familia. Se propuso tratarlos con especial deferencia.

Al despedirse, se lo dijo a su ex superior militar.

- Sargento Balduino: aprecio mucho su amistad, le agradezco su presencia y noto que no ha estado mucho en la Carpa. Hoy, cuando veo a tu esposa y a tu familia, siento cuánto los quiero a todos, desde aquella noche en que fui acogido en tu casa. Creo que ha llegado el momento de retribuir. Me gustaría que dejara trabajar a su hija en mi empresa, ya que recientemente supe al hablar con ella que está buscando trabajo. Me habló de la dificultad para conseguir trabajo, ya que sigue estudiando por la mañana y solo quiere trabajar por la tarde.

Balduino, contento y feliz, accedió de inmediato.

Claribel, al escuchar la franca presentación de Ricardo, se alegró y en su alma surgieron sentimientos indefinidos hacia el joven empresario.

Claribel inició su labor como secretaria de Ricardo, quien personalmente le enseñó el servicio. Como la empresa estaba en sus inicios, el hecho no llamó la atención; sin embargo, como la preocupación del empresario por la secretaría era exagerada, los empleados, aunque discretos, pronto se dieron cuenta que había algo entre ambos... De hecho, pocos muy pocos, aceptaron que Claribel solo trabajara a tiempo parcial y encima tuviera el salario que tenía. Ricardo permaneció cerca de la joven el mayor tiempo posible.

La relación laboral, como se pensó en este caso, facilitó esa coexistencia.

La niña, demostrando una gran inteligencia, pronto aprendió todas las funciones de su puesto. De espíritu franco y desarmado contra cualquier maldad, en particular contra la seducción, no rechazó los innumerables regalos que le hizo su jefe a menudo le daba.

Fuera del trabajo, ya sea en la calle, en la escuela, en el club o dondequiera que fuera, se divertía, casi infantilmente, con los innumerables avances galantes de compañeros, chicos e incluso hombres que no conocía.

En estas ocasiones; sin embargo, sin mostrar desprecio, nunca alentó ninguna continuidad, saliendo con gran cortesía.

Tal procedimiento enardeció la codicia de tantos posibles pretendientes...

Después de dos meses de trabajo, Ricardo llamó a Claribel para la sala presidencial. Quedaban cinco minutos para el final del día.

- Tengo algo importante que decirte. ¿Tienes prisa hoy?

- No. Acabo de aceptar ir al cine con un colega, aprovechando las vacaciones escolares. De hecho le dije a mi madre que me encontraría con este amigo de aquí en el trabajo, yendo al cine sin tener que ir a casa a cenar.

En ese momento la sirena de la empresa anunció el final del trayecto diario.

En la firma solo quedaron Ricardo, Claribel y dos guardias. Ricardo le ofreció un refrigerio, que la muchacha aceptó. Pensando y sopesando cada palabra, dijo:

- Clari - así la llamaba -, me gustaría hablar contigo, fuera de aquí, porque necesito confesarte algo.

Claribel, sin saberlo, se sintió muy incómoda. Respondió:

- Señor Ricardo, ¿por qué no va a la casa y habla con papá? Quizás él pueda ayudarte con lo que necesitas.

- No, Clari. Lo que tengo que decir, quiero que tú lo escuches.

Dicho esto, sin poder controlar sus emociones y el ardor de sus impulsos emocionales, se puso de pie.

La joven, de inmediato, no entendió la actitud y las intenciones. Deteniéndose frente a la chica, le miró a los ojos.

El shock fue enorme: Claribel sintió que a Ricardo le ardían las manos y que temblaba.

Mirando al jefe, ahora muy cerca de su frente, también vio que tenía los ojos inyectados en sangre, con un brillo extraño. Claribel se levantó, intentando liberar sus manos de las de Ricardo.

El hombre, incapaz de contener su deseo, donde lo animal prevalecía sobre lo racional, enlazó a la joven al encuentro de su cuerpo.

La besó en la boca, suavemente.

Sorprendida por lo inesperado del acto, Claribel no reaccionó de inmediato. ¡Su cerebro no asimiló inmediatamente el significado vil de todo eso.

Hasta entonces admiraba a su patrón, viéndolo como un amigo, un protector, que le había proporcionado un trabajo, cuyo salario cubría sus gustos con ropa, productos de belleza, algunas joyas y tantas otras cosas que todas las personas aprecian.

Además, la amistad de Ricardo con su padre impidió que se albergaran prejuicios o sospechas sobre su conducta durante esos dos meses.

Ahora ese hombre, atento y amable, intentaba brutalmente invadir su pureza. En sus ensoñaciones de soñadora, incluso tenía sobrepasado en su corazón surgieron sentimientos contradictorios, entre el agradecimiento y un cariño más profundo hacia Ricardo. Por eso la joven no reaccionó de inmediato, como hubiera sido fácil en otras circunstancias.

Ricardo, al no sentirse repelido, se animó a continuar. En el menor tiempo que tuvo, sin negarse, intentó caricias más intensas. Estaba ardiendo de deseo, rebosante de sensualidad. En él, el imperio exaltado de la cámara condujo a la razón, en detrimento de la conciencia.

La libido desorganizada le dio el doble de fuerza muscular, no intentó someter a esa codiciada presa...

~ 0 ~

¡Nadie tiene derecho a cometer vileza y quien actúa así nunca está solo!

Los mecanismos espirituales de sintonía y atracción, en tales casos, actúan a pesar de los encarnados. El agente malvado encarnado firma contrato indeleble con espíritus desencarnados, aun ávidos de sensaciones terrenales.

Tales espíritus, actuando en grupo, se precipitan rápidamente hacia los escenarios terrenales donde se produce la ignominia, fomentándola de manera fantástica.

A través de los hilos del pensamiento, tejen capas poderosas con la infeliz criatura encarnada, comenzando a guiar sus pensamientos y, por defecto, sus acciones.

Nadie ignora que el mal, una vez iniciado, es difícil de detener. Esta ruptura violenta en el ritmo de la vida de alguien necesariamente trae culpa al agente y consternación a la víctima; en ese caso, sin embargo, ante la divina balanza, uno asume deuda y éste redime la culpa, o adquiere conocimiento en tal prueba.

Como una piedra que rueda desde la cima de la montaña hasta un pueblo pacífico, solo una fuerza formidable podrá detenerla, evitando sus desastrosas consecuencias; así como una piedra que rueda desde arriba provoca una avalancha, al desalojar otras piedras que antes estaban inertes, así también un espíritu maligno, en su caída, arrastra a otros pares hacia el abismo de la desgracia humana.

Esta fuerza, capaz de hacer el mal, está en toda la Naturaleza: ¡y en el bien! ¡Y la Naturaleza realiza maravillas que los hombres llaman milagros! Ella, la Naturaleza, tiene la grandeza de lo macro y la pequeñez de lo micro, ambas proposiciones son insondables e inalcanzables para la mente humana: las estrellas, miles de veces más grandes que nuestro Sol, fueron creadas por el mismo Arquitecto que forma los componentes de cada átomo; de gota en gota la fuente forma el gran río o el gran lago; grano a grano la arena forma el dibujo; momento a momento, milenios sumados a milenios, la erosión destruye una montaña o la sedimentación construye otra; la lluvia - cualquier lluvia -, por abundante que sea, en cualquier momento y en cualquier lugar, siempre comienza con una primera gota de agua...

Dios, Arquitecto del Universo, Causa Primera de todas las cosas, Inteligencia Suprema, Bondad Integral y Justicia Absoluta.

Creó Leyes Naturales tan perfectas como la Perfección misma, por tanto sin modificaciones, en el tiempo ni en el espacio, para su aplicación en todos los cuadrantes del cosmos infinito.

Una de estas Leyes, que la Doctrina de los Espíritus, el Espiritismo, llama Ley de Justicia, impide que el inocente sufra, tanto como impone un débito al culpado; para juzgar las cuestiones humanas Dios concedió a todos los espíritus la consciencia, que para los primeros da paz, y a los segundos, tarde o temprano, despierta y reeduca.

~ 0 ~

Ricardo, en el caso, asesorado por invisibles compinches, perdió el control, ya no sabía más lo que hacía.

Si la ley de atracción y sintonía atrae apoyo al mal, de la misma manera la criatura buena no carece de protección.

Si Ricardo tenía un duplicado, a Claribel le pasó lo mismo: se liberó abruptamente de la agresión sexual, "metabolizando" y considerando la forma adecuada de interrumpir tal brutalidad. Invisible para quienes están en la cama, viniendo del espacio y atravesando el techo, un rayo de luz lo envolvió, primero su cerebro y luego todo su cuerpo.

Dos lágrimas rodaron por sus mejillas...

No existe ningún mecanismo en el mundo que pueda medir la vibración positiva en toda la atmósfera planetaria, provocada por una sola lágrima de un hombre justo.

Claribel esperaba todo menos eso, cuando fue hacia la oficina del patrón, convocada por él, al terminar el horario de trabajo.

Dos lágrimas, mueven "casi todo el Universo..." La lágrima se detiene, como el rocío sobre el pétalo de la rosa, con tanta majestuosidad, que diariamente el Sol, en primer lugar, le saluda. Admirador apasionado, casi enamorado.

Si quieres mirar, al amanecer, el entrelazamiento del primer rayo de sol con la gota de rocío, te darás cuenta que entre ellos hay algo trascendental...

Si la ley de atracción y sintonía atrae apoyo para los malvados, de la misma manera, a la criatura buen no le faltará protección.

Si Ricardo tuvo sus fuerzas duplicadas, lo mismo sucedió con Claribel, se soltó bruscamente de la agresión sexual "metabolizando" y definiendo la manera de interrumpir tal sensualidad. Invisible a los encarnados, viniendo del espacio y atravesando el techo, un hato luminoso le envolvió primero el cerebro y después todo el cuerpo.

Dos lágrimas cayeron por sus mejillas.

No hay en el mundo mecanismo que pueda dimensionar la vibración positiva en toda la atmósfera planetaria, provocada por apenas una lágrima de un justo.

Dos lágrimas, entonces, enternecen a "casi todo el universo…"

La lágrima pura, así como el rocío sobre el pétalo de una rosa, tiene majestad, que diariamente el Sol, en primer lugar, a ella se dirige, como sincero admirador, casi apasionado.

Quien mira el amanecer, la unión entre el primer rayo solar con la gota de rocío, percibirá que entre ambos hay algo trascendental.

~ 0 ~

Cuando Ricardo, en loca y desenfrenada sensualidad, intentó darle un vacío total a sus innegables deseos, sintió las dos lágrimas de Claribel en su rostro.

La lujuria que se había apoderado de su cuerpo sufrió un impacto formidable, conteniéndola.

Más eficiente que cualquier extintor, en un instante las lágrimas apagaron ese fuego apasionado.

Sus miradas se cruzaron: nuevas lágrimas estaban a punto de brotar sobre la muchacha, cuyo rostro parecía iluminado por focos ocultos.

Los manos aun estaban unas sobre as otras, los cuerpos unidos.

Sin poder explicar lo que sentía, Ricardo detuvo su procedimiento y se arrodilló, aun sosteniendo las manos de aquella inocente criatura:

- Clari, Clari… ¡perdóname!

La joven, ya ahora experimentando el malestar y el dolor de algunos matices de la frontera entre el bien y el mal, hasta entonces solo conocidos leyendo algunas novelas, no dijo una palabra. Las lágrimas brotaron de sus ojos, pero no sollozó ni lloró...

Retirando sus manos de las de Ricardo, salió de la empresa en estado de shock.

Pesadillas al Despertar

"Ricar" prosperó rápidamente. Ágil y emprendedor, Ricardo aseguró que las ventas siempre aumentaran. Implementó ventas en consorcios de cinco o diez personas; organizó, capacitó e introdujo en el mercado un gran equipo de vendedores locales y viajeros que viajaron a ciudades cercanas, hasta aproximadamente dos decenas de kilómetros; en la tienda las promociones eran constantes, atrayendo siempre un gran público comprador; creó un departamento especializado en licitaciones públicas, que en poco tiempo comenzó a competir en varios estados, ganando varias veces. Fue así como en dos años pudo pagar al señor Albuquerque todas sus deudas contractuales, convirtiéndose en propietario de una empresa sin deudas y en claro progreso comercial.

Con un envidiable stock de material y una inusitada capacidad de comercialización, Ricardo se hizo rico, aunque aun era joven.

Tenía entonces veintitrés años.

Ricardo, desde los tristes acontecimientos con Claribel, empezó a tener un constante mal humor.

Tuvo escasamente contacto con mujeres, en relaciones casuales y absolutamente sin compromiso.

Las chicas con las que finalmente salía eran elegidas por unas horas o, como mucho, por unos días.

En la Carpa, donde continuó realizando curas, siendo acosado por muchas de las mujeres que allí acudían a consultar, empezó a combinar lo que para él era "lo útil con lo agradable..."

De manera velada, al principio, comenzó a involucrarse apasionadamente con hombres y mujeres, cuyos dramas, deseos y angustias conocía, a través de las consultas que realizaba. Todo porque su amor por Carla se había convertido en odio y lo que consideraba pasión por Claribel, en frustración.

Incapaz de anular tales sentimientos negativos, tomó una decisión que resonará durante años inimaginables en su espíritu: nunca entregaría su corazón, su amor, a ninguna otra mujer. Eligió una "solución" para las decenas y decenas de infelices. asuntos amorosos que llegaron a su conocimiento, a través de las confesiones íntimas que le hicieron varias mujeres.

De esta manera, cada vez que una mujer le decía, en ambiente de consulta, que fue lastimada por su esposo, prometido, novio o pareja, Ricardo le señalaba la solución, en tres pasos no excluyentes:

- el primero era olvidar el dolor, porque su Guía "visitaría" al amante no correspondido y lo llevaría a los brazos del consultante;

- el segundo sería el pago, en efectivo, de este favor, que incluía oraciones con cita previa, equipos para cantar y sumar puntos, bebidas, etc. etc.; en ese momento se dijo cuánto se debía pagar, lo cual se podía hacer en cuotas;

- el tercero, se incluía a él mismo, Ricardo, como socio, en caso que el interrogante quisiera vengarse del marido ingrato, infiel o indiferente...

Exigente, escogía para sus atenciones amorosas solo muchachas o mujeres jóvenes, pero que fueran hermosas y tuvieran posesiones.

Inició un desafortunado desafío ante su propio ego: cada vez que alguien, una hermosa mujer, entraba a la Carpa, su conquista se convertía en una meta inaplazable.

Su Guía y protector, Jerobõao, le advirtió varias veces, exhortando a todos a excluir el odio de su corazón y evitar tales relaciones con las mujeres.

El paisano, creyéndose por encima de las circunstancias, no hizo caso de tales advertencias: y su cuenta bancaria ya era considerable.

Una vez reunida toda la Carpa, el Guía, a través del propio Ricardo, que no pudo evitarlo, amonestó: "en todo 'caballo' debía estar primero la caridad y después la moral, por eso, si esta situación continúa; entonces "saldré de la Carpa."

Jerobõao dijo además: "no habrá paz ni armonía para el hombre. Porque terribles tormentos están a punto de caer sobre él, a menos que se arrepienta y abandone el camino del bien."

Fue entonces cuando los asesores de la Carpa, en una reunión, decidieron solucionar el asunto Ricardo, pues su mal comportamiento ya era comentado por todos.

Cuando lo interrogaron, Ricardo ignoró cualquier consejo.

En los días siguientes tuvo incluso reuniones más espurias con consultores, como en una caída libre hacia un abismo, que aumentaba cada vez más, más la desafortunada velocidad de inmersión: si antes se estaba relacionado solo con las mujeres solteras o separadas de sus maridos, comenzó a contaminar el aire, encontrándose también con mujeres casadas.

Para culminar sus acciones imprudentes y desafortunadas, como administrador mal aplicado y desobediente de las fuerzas espirituales del bien, Ricardo llevó a cabo una triste venganza: el padre de Carla, Moacir, fue llevado a la Carpa por Carla y Andes, su marido, ya que se encontraba muy mal de salud, con terribles dolores, aunque ya estaba desilusionado de sus doctores. La decisión de buscar a Ricardo había sido muy difícil. Solo el ardor filial y la esperanza de una curación lograron derribar los altos muros que el pasado había levantado entre Carla y su antiguo amante, ahora un *pai-de-santo* famoso por las curas que realizaba.

Ricardo, analizando los expedientes que su secretaria le había sometido a su consideración, para las consultas de la noche, sintió cólera al ver el nombre de quien una vez lo había expulsado como un maldito perro.

Sorprendiendo a todos los presentes, por lo inédito del procedimiento, el *pai-de-santo*, en voz alta, insultó al paciente y a sus acompañantes por atreverse a pisar allí. Por su cuenta, por venganza, expulsó y se negó a hacer caso a quien también lo había expulsado una vez de su casa.

Dos días después se supo que el enfermo había muerto, esa misma noche en que fue expulsado de la Carpa.

Lo que Ricardo no sabía era que el hombre había muerto asqueado por la enfermedad y jurando venganza contra el que casi se había convertido en su yerno...

Algunos consejeros presenciaron cómo Ricardo maltrataba a Carla, expulsando a su padre enfermo y a su marido que la acompañaba.

A la salida, Andes declaró que dejaba de tomar una actitud ante la agresión de Ricardo, solo considerando que se trataba de un ambiente religioso, además de preocuparse por la salud de su suegro, que claramente empeoraba. Pero dejó muy claro que no permitiría que eso volviera a suceder, advirtiendo a quienes lo escucharon que llamaría a la Policía si tuviera conocimiento de actos similares por parte del *pai-de-santo*.

La junta directiva, que llevaba días buscando una solución para frenar el terrible procedimiento del *pai-de-santo*, que ponía en riesgo la propia supervivencia de la Carpa, no tenía dudas sobre qué hacer y cómo actuar.

Cinco noches después del incidente, los consejeros preguntaron a Ricardo que se realice una sesión de mediumnidad para hablar con el Guía Jerobõao.

El "poderoso" *pai-de-santo* no pudo detenerlo, pues los consejeros le informaron que si él se negaba a ser el "caballo" otros estarían listos para esta importante misión.

En la reunión solo estaban presentes los otros "caballos" y los asesores de la Carpa.

Una vez que se hicieron los preparativos y comenzó la reunión, el espíritu de Jerobõao dominó los pensamientos y el habla de Ricardo.

Sin refutar, informó:

- *Oxalá* nos proteja. Esta es la última vez que comparezco aquí, ya que mi consejo fue ignorado por el "joven" y ahora ya es tarde. Se realizaron muchas curas y todas fueron realizadas por *Orixás* que el Gran Padre permitió venir aquí; todo trabajo necesita un "caballo" nato y el de aquí se hundió en un pantano de pecados; le costará salir; ahora él mismo necesita tratamiento...

- ¿Qué hacer? - Preguntó un consejero.

- Dejándolo vivir su vida, en compañía de la gente mala que encontró...

- ¿Mala gente?

- Sí, hijos míos, mala gente... de este lado de acá.

- ¿Hasta cuándo, padre mío?

- Hasta que se arrepienta, pida disculpas a su conciencia y trabaje duro para arreglar todo lo que rompió.

- Y en la Carpa, ¿cómo nos quedaremos?

- El Gran Padre cuida de todos, desde un niño hasta un hombre. Todos ellos son sus hijos. No hay necesidad de desconfiar. La ayuda continuará, solo que con otro "compañero" negro como yo, que trabajará con el "caballo" al que llaman "Lele." Y todo el mundo a estudiar el Evangelio, porque en él están todas las cosas buenas del cielo y de la Tierra. *Axé*.

Esa misma noche Ricardo recibió, incrédulo, la decisión de la junta directiva, prohibiéndole seguir "trabajando como un caballo" allí. Las funciones de *pai-de-santo* serían ejercidas por quien el nuevo Guía determine, en el momento oportuno.

Le aconsejaron que pensara mucho y cancelara todas y cada una de las reuniones con mujeres que pudieran frecuentar la Carpa. Explicaron que después de la decisión del padre Jerobõao, aparentemente nadie querría consultar más con él.

Si quisiera seguir perteneciendo a la Carpa tendría que someterse a un riguroso tratamiento espiritual para alejar a los innumerables *"exús"* - espíritus infelices - que su mala conducta había atraído.

Una puñalada no habría causado mayor daño: aturdido y herido, Ricardo se retiró a su lujoso apartamento.

Su autoestima, duramente atacada, le exigía no volver a poner un pie en la Carpa. "Nunca se ha visto semejante ingratitud en este mundo", pensó.

Entidades invisibles del plano espiritual invadían cada vez más su mente; se pretendía mantenerlo alejado de ese ambiente, donde quizás podría, en "recaída", recuperar el buen proceder.

En apenas unos días comenzó a sentirse débil, desanimado, sin restricciones ni siquiera para presentarte en su empresa.

Se enfermó.

Una semana después de haber sido "despedido" de la Carpa, Carlitos lo encontró temprano en la mañana, con fiebre y desmayado; éste último, por invitación, había abandonado el hotel desde la inauguración de la tienda de neumáticos y se había convertido en su criado.

Fue llevado de urgencia al hospital, con temblores y convulsiones.

"Anemia y pequeño foco cerebral", diagnosticaron los médicos. Los medicamentos administrados tuvieron poco efecto.

Permaneció hospitalizado durante cuatro días, durante los cuales se le realizaron innumerables pruebas clínicas y de laboratorio.

Al final, el paciente fue dado de alta sin conocer su enfermedad. De hecho, sintió lo mismo que cuando estuvo hospitalizado.

Le aconsejaron moderar su horario de trabajo, ya que la causa más probable de sus problemas era el agotamiento nervioso y la fatiga.

Fue a la Capital a visitar a la familia Albuquerque y también porque quería consultar a un guía de la Carpa del *pai-de-santo* que le había iniciado en el aprendizaje de los neumáticos. Allí encontró el apoyo que buscaba: un Guía le informó que sería acogido, como excepcional, durante un año, durante el cual no podría ser "caballo" de ningún Guía. Este fue el plazo que le dieron los *Orixás* para reconstruir lo que había destruido… Pero, que no se deje engañar: si al cabo de un año volvía al buen camino, la cura sería definitiva, de lo contrario…

Lleno de cismas y temores, Ricardo regresó a su ciudad.

"Carácter excepcional", "cura por un año", "reconstruir lo que había derribado", eran situaciones injustas, pensó.

El mayor cisma; sin embargo, fue precisamente la amenaza, la velada y contenida en el "sino…"

"Sino, ¿qué? ¿Qué le podría pasar?"

Recibió en su apartamento una agradable visita: Balduino.

El soldado acudió a agradecerle el trabajo encomendado a su hija, informándole que después de la "licencia" de treinta días ya no podría trabajar porque era alérgica al olor de la fibra de caucho.

Eso es lo que Claribel les dijo a sus padres, como justificación para dejar su trabajo...

Balduino conoció la "expulsión" de Ricardo de la Carpa. Discreto y amable, sin embargo no dijo nada.

En tono fraterno, buscando consolar y ofrecer una compensación, informó que había dejado de asistir a la Carpa, para dedicarse "en cuerpo y alma" a una institución de asistencia a los pobres. En esta institución, donde muchas familias fueron ayudadas con alimentación, vestido y atención médica, existía también un Centro Espírita. Conviviendo con los responsables del Centro, le gustaba la filosofía kardecista, tenía muchos libros sobre el Espiritismo, estudió mediumnidad y así eligió este nuevo camino que, como tantos otros, "conduce a Dios", incluida la Umbanda - añadió.

- Los padres de André Luiz son directamente responsables de la institución - añadió.

Y lo invitó:

- ¿Por qué no intentas ir allá uno de estos días?

Allá se hace el bien y lo principal: estudias mucho el Evangelio de Jesús y los cinco libros de Allan Kardec, quien codificó la Filosofía Espírita.

Ricardo dijo poco, limitándose a responder o comentar brevemente algo. Entendió que Claribel no les había contado a sus padres los verdaderos motivos que la llevaron a no volver a trabajar. Afirmando haber tomado licencia por treinta días, había trasladado inteligentemente el cuidado de diluir el hecho negativo al tiempo, y con ello, en ese tiempo, había eliminado cualquier contacto con él. Admiraba la sabiduría y el equilibrio de su antigua secretaria, que le había evitado así graves problemas, si decía la verdad...

Respecto a la invitación para visitar el Centro Espírita, no dijo ni sí ni no. Solo escuchó.

Balduino se despidió intrigado por el casi mutismo de su ex soldado.

Estando en casa, su esposa sugirió que tal vez era por la reciente enfermedad que había sufrido y también porque le habían prohibido asistir a la Carpa, por razones que no estaban muy claras.

Los padres notaron que Claribel, al enterarse de la noticia sobre Ricardo, mostró un ligero malestar.

~ 0 ~

Pasó un año.

Numerosas invitaciones hechas por Balduino a Ricardo para visitar su casa o asistir al Centro Espírita fueron todas rechazadas.

El Sargento concluyó que el empresario ya no tenía el recuerdo de los lazos que de alguna manera, en el pasado, lo unieron a él y a su familia.

Con el tiempo, dejó de invitar a quien rechazaba sistemáticamente. Mientras tanto; sin embargo, Ricardo había buscado a menudo a Claribel. Él la estaba esperando en el colegio, manteniendo distancia, pero en un lugar visible.

Invariablemente, la joven evitaba acercarse a él.

No despreciaba a su antiguo patrón; tampoco lo odiaba; ella simplemente permanece alerta y vigilante, con el objetivo de evitar el rechazo de una experiencia tan desagradable, cuando era su secretaria.

Para ella, Ricardo simbolizaba algo que había que rechazar, por considerarlo inmoral.

A la casa de Claribel, Ricardo no se atrevió a asistir por temor a que de esto surgieran complicaciones, pues temía que no fuera bien recibido por ella, llegando a trascender lo sucedido.

Por eso rechazó tantas invitaciones de Balduino.

Un año después de su infeliz relación con Claribel, poco a poco su imagen, señal de amor, empezó a invadir la mente del joven empresario. Incluso entonces evitaba mucho los encuentros con las mujeres, retirándose al celibato, abstrayéndose del mundo, presa infeliz de un amor que había sido desastroso desde el principio. Lo hizo por dos razones: primero, porque había sido advertido por los Guías de tener el correcto proceder con las mujeres y, segundo, porque verdaderamente en su corazón Claribel había tomado todos los espacios.

Al cabo de un año, de forma incipiente al principio, ese sentimiento apasionado se convirtió en un amor serio, devastador, dadas las circunstancias...

La conciencia culpable no da tregua a quien se equivoca y por eso Ricardo vivió con ansiedad, con dolor y, en consecuencia, con depresión.

Ahora que el tiempo había anestesiado parcialmente la gravedad de su mal acto con Claribel, después de mucho pensarlo decidió resolverlo definitivamente.

Su impase es con ella: pediría perdón y si lo alcanzaba iría a su casa, eso sí, y explicaría a sus padres su intención de salir con ella.

Armándose de valor, envió un mensaje al Sargento Balduino, pidiéndole si podía ir allí al día siguiente con su familia, aprovechando que era feriado.

Deliberadamente, el mensaje fue entregado a Claribel, según órdenes expresadas al mensajero, quien esperó el tiempo oportuno para cumplir con el pedido.

La nota, recién doblada, fue leída por la persona, aun en presencia del repartidor, quien fue agradecido y despedido sin comentar nada al respecto.

Balduino, al recibir la nota, notó que Claribel temblaba, pensando que tal vez eran "cosas del corazón, ¿quién sabe?..."

Feliz, el Sargento confirmó vía telefónica la visita a Ricardo, diciendo que sería un honor para ellos.

El propio huésped dedujo que no había "nubes oscuras en el horizonte", por lo que descartó cualquier temor y comenzó a esperar con impaciencia el día siguiente.

Tenía planeado observar las reacciones de Claribel, escuchar noticias sobre su vida, preguntarse si estaba comprometida en algún tipo de relación, en fin, solo expondría su intención si percibía un ambiente favorable. Solo pensar que tal vez tenía "otro" novio lo hacía sentir infeliz.

Esta duda lo había estado asfixiando durante meses, haciéndolo sufrir.

Sin embargo, el "destino", - siempre el destino - tiene sus propios rumbos, sus propios medios y sus insondables intenciones: apenas colgó la llamada telefónica de Balduino recibió otra, a larga distancia, del abogado del señor Albuquerque, informándole que había sido víctima de un accidente automovilístico, en compañía de su esposa, quienes fallecieron; el funeral sería a la mañana siguiente.

Ricardo estaba muy conmocionado.

Al mismo tiempo, dispuso su viaje a la Capital, con el fin de cumplir con el doloroso y nunca antes imaginado deber de despedirse de sus protectores, esta vez para siempre.

Quedó tan confundido por la noticia que olvidó olvidarse de la visita del día siguiente a la casa de Claribel.

Después de las ceremonias fúnebres, el abogado citó a Ricardo para reunirse con algunos familiares de los muertos, en su despacho, ese mismo día, a las cuatro de la tarde. Aunque era feriado, abriría su oficina para la reunión, el asunto era urgente y no debía faltar, a riesgo de sufrir grandes pérdidas...

Preocupado y sintiendo un gran malestar, el joven se dirigió al despacho del abogado, donde ya se encontraban varias personas, algunas de las cuales había visto un par de veces en la casa del señor Albuquerque y otras en el velorio en aquella mañana.

Todos ellos, de hecho, eran familiares de la familia Albuquerque.

El motivo de la reunión, explicó el Dr. Silva, fue notificar al joven protegido del "ya añorado Albuquerque" que algunas modificaciones comerciales serían realizados en el contrato suscrito entre ellos.

Ricardo no sabía que como el señor Albuquerque lo había favorecido tan generosamente, sus familiares al enterarse de esto tomaron medidas: buscaron un abogado - Dr. Silva -, para que pudiera orientarles sobre cómo proceder para proteger su futura herencia. Eso es porque los Albuquerque no tenían hijos, estaban "más allá que aquí" y, tarde o temprano, sus familiares heredarían su inmensa fortuna.

El abogado, acostumbrado a las grandes disputas testamentarias, solo se sorprendió de una cosa: la perfecta unidad de los miembros de la familia, tanto por parte de Albuquerque como por parte de Herminia, su esposa... Actuando con astucia, Silva había conseguido una copia del contrato mercantil, del cual esto resultó en la creación de la sucursal de la empresa de Albuquerque. Descubrió que las condiciones comerciales que le ofrecieron a Ricardo eran en realidad raras en estos días, incluso en el caso de "padre a hijo."

Concluyó con los futuros herederos que tenían razones de sobre para prevenirse. Incluso empezó a levantar sospechas sobre la prueba de la existencia de un testamento oculto, ¡y por eso! el joven desconocido del interior heredó toda o casi toda la fortuna que, por derecho, debería pasar solo a los herederos legales, los parientes consanguíneos de la pareja.

Esto enardeció aun más la codicia de las dos ramas genealógicas.

Decidieron sacar a Ricardo de sus protectores y uno de los medios sería sacarlo del negocio de los neumáticos - quizás, provocando su quiebra... Bueno, en quiebra, ¿no sería difícil para la propia Justicia desheredarlo, debido a una incursión, en este caso, de cualquier demanda testamentaria.

Invirtieron grandes sumas en la búsqueda de este probable testamento y con alivio dedujeron su inexistencia. Aun así, decidieron "dar una mano" en la quiebra de "Ricar."

Albuquerque y Herminia comentaban a veces que había llegado el momento de redactar un testamento...

Esta medida, siempre pospuesta, confirmó que "la muerte es la más precisa, pero menos esperada de todos los invitados de la vida..."

Analizando el contrato mercantil, los herederos comprobaron que poco o nada se podía hacer para cancelar lo existente, sobre todo porque tenían miedo que Albuquerque y su esposa notaran cualquier maniobra en ese sentido, lo que provocaría que se desagradaran y sí, incluso podrían desheredarlos. Preocupados, los familiares unieron recursos, intereses y estrategias para resolver el problema. Con maniobras deshonestas, al amparo del anonimato, del que Silva se encargaba, lograron comprar el inmueble en el que estaba ubicada la empresa de Ricar. El edificio pasó a ser de su propiedad, aunque en la escritura figuraba el nombre de otro propietario, en este caso, "testaferro."

El nuevo propietario del inmueble, bajo la dirección de Silva, exorbitó el alquiler, hizo exigencias irrazonables a "Ricar" y amenazó en varias ocasiones con requisar el edificio para su propio uso.

Además, la empresa fue constantemente llamada a comparecer ante el organismo responsable de la salud pública para justificar la contaminación que su empresa estaba provocando.

- ¿Qué contaminación? - Cuestionó el departamento jurídico de "Ricar".

- Contaminación ambiental: daños a la salud de las personas, causados por los humos venenosos de las vulcanizadoras, fue la respuesta.

Como resultado, se hicieron grandes inversiones para instalar filtros adecuados para eliminar los efectos contaminantes.

Los filtros más modernos, además de prevenir los daños a la atmósfera, tenían otro efecto: calmaban las denuncias, casi siempre anónimas...

Tales denuncias procedían, encubiertas, de los codiciosos familiares de Albuquerque, cuya única idea era "barrer" al intruso entre los restos de neumáticos.

El resultado accidental de los protectores de Ricardo les dio alivio inesperado. Actuando rápidamente, decidieron eliminar "Ricar." Imaginaban que desarraigando a Ricardo, inmediatamente si fuera posible, no podría reclamar ningún derecho, particularmente comercial, sobre los bienes de los extintos.

Ricardo fue recibido con frialdad por los participantes en la reunión convocada por el abogado. Éste, sin la más mínima preocupación por las buenas costumbres y menos aun por los sentimientos de las personas - los de Ricardo, en este caso -, informó a los presentes que estaba cumpliendo con ser la palanca profesional para legalizar la situación de "Ricar" con los herederos legales de la "pareja ya desaparecida..."

Informó a "todos" que el edificio donde operaba "Ricar" había sido permutado con una empresa constructora, bajo condiciones contractuales de derribar el edificio existente y construir un nuevo edificio de apartamentos en su lugar, algunos de los cuales se entregarían en pago a los propietarios de los terrenos.

Ricardo no podía creer lo que escuchó.

En estado de shock por la pérdida de queridos amigos, enterrados hace apenas unas horas, ¿cómo era posible que esto estuviera sucediendo? ¿Qué escuchaste? ¿Tendrá "Ricar" que abandonar ese excelente punto comercial? ¿Ir a dónde? ¿Cuándo?

Casi adivinando los pensamientos del joven empresario, el abogado continuó:

- El contrato de alquiler comercial de su empresa en el actual propietario establece, en uno de sus requisitos, que en el caso de uso residencial por parte del dueño del inmueble, el mismo podrá solicitarse, debiendo ser desalojado dentro de los sesenta días.

- Pero puedo alquilar o comprar una casa para el dueño del terreno, si la necesita - respondió Ricardo angustiado.

Y añadió:

- Mi empresa bajo ningún concepto puede salir de donde está. Eso me causaría un daño enorme. Hay equipos muy costosos instalados en él y es más, en mi ciudad ya no podría obtener una licencia para instalar vulcanización en un local comercial, porque tenía serios problemas de salud pública. Puede que incluso tenga que cerrar mi empresa.

Y concluyó. enfático:

- Sería mi ruina, o casi...

Triunfalmente, dijo Silva.

- No es su caso buscarle una casa al dueño del inmueble. Hay varios propietarios...

- ¿Quiénes son?

- Dijeron nosotros, los herederos legales del difunto, a una sola voz, o cuatro de los presentes, hasta entonces en silencio.

- ¿Desde cuándo?

- La propiedad es nuestra desde hace mucho tiempo y el contrato con la constructora se firmó hace una hora.

- Pero, ¿por qué quieres hacerme tanto daño?

- No queremos hacerte daño; Solo queremos lo que nos pertenece por derecho.

- Pero... ¿no podemos llegar a un acuerdo?

- No hay acuerdo posible: somos los herederos, el contrato nos favorece a pedir la propiedad para construir viviendas en ella, con el que pretendemos mantener, y creemos que Justicia también decidirá. Incluso podríamos mudarnos allí, ¿quién sabe?

- Pero, Dios mío del cielo: Los muertos aun no se han enfriado y ¿ya han decidido todo esto?

Silva respondió más:

- No tenemos mayor satisfacción que brindarle. A partir de ahora nos entenderemos en el foro judicial de tu ciudad. Pásela bien.

Ricardo vio un brillo inolvidable en los ojos de Silva, de alegría, de victoria...

~ 0 ~

Ricardo casi explota, dando rienda suelta al enfado que sentía, una mezcla de disgusto y desprecio, hacia todos los presentes. Principalmente por Silva, que tan estúpidamente faltó el respeto a la memoria de aquellos a quienes él, Ricardo, les debía prácticamente todo.

Fue interviniendo en Albuquerque - y solo por respeto a lo que representaba en su vida - como logró superar el impulso de reacción violenta.

El regreso a la ciudad en la que vivía no fue fácil: su cerebro era un torbellino, donde las ideas chocaban.

Llegó tarde en la noche y al día siguiente, ¡después de una mala noche! Después de dormir, buscó a Balduino para disculparse por perderse la visita. Cuando llegó a casa del soldado, recibió una noticia desagradable: no había nadie en casa. Los vecinos informaron que toda la familia había viajado, de vacaciones.

La perturbación de Ricardo, cuyo proceso se inició con la muerte de la familia Albuquerque y se agravó con la maldad de sus herederos, alcanzó y traspasó la frontera entre la calma y la desesperación. Esperaba ver a Claribel, declararle su amor, pedir perdón si fuera necesario, pero ya no podía continuar en la angustia que le infligía el remordimiento.

Se sintió mareado.

Sus nervios no pudieron soportar la sobrecarga emocional de otra frustración más.

Antes de desmayarse, se puso ambas manos en la cabeza como si quisiera masajearse las orejas y alcanzó a decir en voz muy baja:

"Claribel…"

Fue trasladado, aun inconsciente, a Emergencias Municipal y de allí al ser reconocido, fue trasladado al mejor hospital de la ciudad.

La atención de urgencia volvió a basarse en el diagnóstico típico de cansancio, falta de control nervioso… Sin embargo, al día siguiente, al ser examinado por la Junta Médica, el caso resultó ser más grave de lo que se pensaba inicialmente. En efecto, el joven se encontraba al borde de una peligrosa depresión. Es importante detener este estado porque los médicos sabían que algunos de estos pacientes estaban a un paso de la locura o el suicidio.

Se administraron sedantes para mantener al paciente en terapia del sueño durante unos días. Fue dado de alta una semana después, con varias recomendaciones de moderar las actividades y sobre todo las emociones.

Los gastos hospitalarios eran muy elevados, pero el paciente era rico y, sin dificultades, los compensó.

Había perdido peso visiblemente.

Apático, cansado y mostrando absoluto desinterés por los negocios, en fin por todo, dejó de presentarse en "Ricar."

Durante su estancia en el hospital se realizó una fantástica compra de materias primas para la vulcanización. Esta compra fue realizada personalmente por el Gerente de Compras, el cual tenía un poder del propietario, nunca antes utilizado. El gestor tenía un doble objetivo con esta transacción: ganar una cantidad importante del fabricante, a modo de comisión, y al mismo tiempo dotar a la empresa de un gran stock de ese material. Lo que el directivo no sabía era que la firma tenía un espejo del futuro comprometido.

Dos semanas después de la muerte de Albuquerque y su esposa, "Ricar", que con tanta alegría crearon y transmitieron a Ricardo, recibió notificación judicial para desalojar el local actual, en un plazo máximo de sesenta días.

Ricardo recibió en su casa a su contador con la notificación.

Allí se emitió una demanda para que el contador supervisara el cumplimiento de la orden judicial, alquilando y trasladando "Ricar" a otro domicilio.

La dañina noticia conmovió a los empleados y puso en peligro la estabilidad comercial de la empresa, mientras empezaban a circular los rumores más inconsistentes.

El contador alquiló un gran almacén, en un lugar lejano, el único que encontró compatible con la instalación de máquinas de vulcanización.

Ajeno al peligro comercial en el que se encontraba Ricardo, observaba todo, ¡impasible!

Todos quedaron asombrados por su desesperación.

Con el espíritu bloqueado y mostrando apatía por todo y por todos, ni siquiera intentó volver a ver a Claribel.

Se creía víctima de crímenes malvados, cuyos orígenes desconocía. Pensó en buscar algún apoyo espiritual, pero el recuerdo de cómo lo habían "huido" de la Carpa donde era *pai-de-santo* lo detuvo.

Ni siquiera tuvo el coraje de reaccionar ante las medidas tomadas por los herederos de Albuquerque y Herminia, muy bien asesorados legalmente por Silva.

De hecho, ni siquiera quiso oponerse a ese ignominio declarado.

Y así, antes del plazo otorgado por el Tribunal para la liberación, el inmueble fue entregado a sus propietarios.

Varias fueron las sugerencias de los empleados de "Ricar" para que el jefe presente un recurso de apelación ante el Tribunal. Todos fueron ignorados en el acto.

Los empleados temían que ocurriera lo peor: la empresa quebraría o entraría en quiebra y perderían sus puestos de trabajo. Sí, porque yendo a donde iban, las ventas ciertamente serían perjudicadas; además, la ausencia del jefe, que rara vez iba a la compañía. Si tardaba un poco, provocaba que el equipo comercial se disolviera, muchos abandonaban la firma, ya que nadie en "Ricar" se encargaba de abaratar costos, conceder plazos de pago, ofrecer algunas ventajas, etc.

Y eso fue lo que sucedió: unos meses después de mudarse de la dirección, de una excelente ubicación comercial a una ubicación remota, las ventas se desplomaron.

Aunque Ricardo contaba hasta entonces con un gran apoyo bancario y un excelente crédito, la noticia de su enfermedad llevó a los bancos y proveedores en general a no otorgarle más las facilidades financieras habituales.

Culminando el mal momento comercial, un importante robo de todo el stock de neumáticos y materia prima de vulcanización, empeoró el ya de por sí tambaleante equilibrio financiero de la empresa. Todos los intentos de compensación fracasaron, ya que las instalaciones actuales no cumplían las cláusulas de seguro contenidas en el contrato, entre la compañía aseguradora y "Ricar."

Y además, por mucho que la policía lo intentó, los ladrones no fueron identificados.

Así, inexorablemente en poco más de cuatro meses en la nueva ubicación, "Ricar", una de las empresas más sólidas de la ciudad, cerró sus puertas.

Todos los ahorros del propietario se utilizaron para pagar a los acreedores impacientes y compensar a los empleados por sus derechos laborales.

Melancólicamente, un próspero negocio se derrumbó, sin que nadie pudiera entender la causa de la impasibilidad de su dueño.

Por orden del Tribunal de Justicia del Juzgado de Civil de la ciudad, se publicó el aviso de concurso mercantil, estableciendo fecha, hora y lugar para la entrega de propuestas para la adquisición de los bienes que integraban el patrimonio de la concursada "Ricar." El aviso del proceso de quiebra establecía que los solicitantes podrían consultar y analizar los bienes a adquirir, los cuales estaban listados en los distintos avisos colocados en el atrio del Foro local.

Su lujoso apartamento necesitaba ser vendido e incluso entonces prevaleció la maldad humana, ya que los corredores, conociendo las dificultades financieras del propietario, gravaron la venta con el doble de precio y doble comisión.

Después de la liquidación de su muerte, Ricardo se consumió, día a día, semana a semana, mes a mes. Ajeno a todo, descuidando incluso su apariencia y limpieza corporal, se convirtió en un topo. Como último refugio posible, regresó a la "vieja" habitación de los Rodrigues.

Los viejos arrendatarios le dieron la bienvenida, mucho más por lástima que por cualquier otro motivo. El ex soldado, antiguo inquilino y ahora copropietario, no era más que un casi indigente, tanto en apariencia como en conducta. En lo que respecta al trabajo, estaba permanentemente desanimado.

Sin embargo, parecía más bien un juguete defectuoso, cuyo hilo chirriaba.

La habitación nunca había sido alquilada nuevamente, especialmente porque la pareja tenía un ingreso razonable desde que le alquiló la tienda de llantas a Ricardo.

De hecho, si no fuera por la tienda de llantas, esa triste figura humana se quedaría sin cualquier recurso.

Cereza, la perrita, acogió a su antiguo dueño con impresionantes expresiones de alegría, cariño, amor... El trato amable de los Rodrigues y quizás el hecho que sus diferentes crías fueran adoptadas con cariño por varios civiles, habían "desmilitarizado" al pequeño animal..

En los días siguientes fue triste ver a ese hombre caminando sin rumbo, siempre con la cabeza gacha, siempre en silencio. Comió poco.

Caminando distraído y fuera de rumbo, cercano a la hora del Avemaría, descontrolando las emociones, los pensamientos y el espíritu mismo. Quería cruzar la calle. Fue impactado de lleno por un vehículo que, incluso a velocidad moderada, todavía lo proyectó a varios metros del punto de impacto.

Antes de finalizar la brutal caída, Ricardo vio el intenso brillo de una estrella, ¡la única que era visible de esa manera!

La estrella - Sirio - fue quizás la única creación de Dios para sostenerlo, con dulces oídos que penetraron su espíritu, en aquel difícil momento en el que, aunque de manera indirectamente, renunció a la vida...

Cortinas Entreabiertas

Ningún dolor...

Ningún sonido, ningún ruido, por pequeño que sea...

Solo nieblas.

No había nadie alrededor... estaba solo...

Sintió... que estaba siendo impulsado, avanzando, como deslizándose, a una velocidad vertiginosa.

"¿Qué diablos lo llevaba tan rápido?" - se preguntó Ricardo.

¡Tenía la impresión que estaba en un túnel sin fin!

Luces débiles, en un punto adelante, muy lejano, que nunca llegó. Siempre hacia adelante, sin poder siquiera mover un solo músculo.

Recordó el accidente.

"¿Cómo pudiste estar tan distraído?"

También recordó la estrella: brillante, sola allí en el infinito del cielo, de la misma manera que ahora también estaba solo, ¡solo que en el infinito de aquel túnel!

"Era de noche en el momento del accidente. ¿Cuándo ocurrió?

¿Hace una hora? ¿Hace una semana?" No lo sabía.

Sus pensamientos hervían al recordar no solo las escenas del accidente sino también los acontecimientos de los días que lo precedieron.

"Sí: estaba agotado, le daba asco el ruido, pero no pensó en morir; entonces, ¿cómo cruzó la calle sin mirar si venía un auto? El auto lo arrojó lejos y antes que él cayó y vio aquella estrella solitaria... ¿Y ahora? ¿Dónde estaba?

Logró, con gran esfuerzo, sentirse él mismo. Quedó perplejo: no había la más mínima herida, ni una gota de sangre, ni un hueso roto, nada, nada...

"¿Cómo fue posible? ¿Había sido todo una pesadilla? Si fuera un mal sueño, quisiera despertar... Que el Gran Padre, como solían dirigirse a Dios sus antiguos consultantes, le ayude en esa hora de angustia."

Mientras continuaba con estos últimos pensamientos, como si realmente estuviera en un sueño, el joven sintió que otras manos le apretaban las manos, solo que eran muy delicadas.

Él estaba asustado.

Sin embargo, pronto logró identificar quién lo detenía en ese vuelo bajo que parecía no tener fin: dos jóvenes, una de cada lado, fueron sus compañeras en ese increíble y pintoresco viaje, en el que los tres viajaban, o mejor dicho, volaban, de pie, bien lejos del suelo...

"¿A dónde vamos?" - pensó.

En respuesta recibió dulces sonrisas de las jóvenes, que ahora percibía, eran hermosas.

Las jóvenes irradiaban respeto, seriedad, pero sobre todo confianza.

A Ricardo le resultaba ineludible pensar cómo estaba en contacto con dos mujeres tan hermosas y no sentía nada hacia ellas; es decir, ¿ningún deseo?

De manera fraternal las jóvenes lo miraron al mismo tiempo y él pudo sentir que estaba siendo ligeramente amonestado por haber tenido tales pensamientos.

Otro pensamiento más fue inevitable: "No lo siento y creo que aunque quisiera sentirlo, no sentiría nada por estas hermosas criaturas, más que una gran admiración..."

Avergonzado, notó que las chicas ahora sonreían de manera diferente, pero siempre amablemente, pareciendo una vez más estar conscientes de sus pensamientos...

Todo pasó tan rápido que Ricardo ni siquiera podía articular sus ideas. Estaba confundido. Empezó a sentirse aterrorizado por todo esto. Las luces delante eran ahora más brillantes, demostrando que estaban llegando a una región bien iluminada.

No podía explicar por qué de repente se sintió mal. Suavemente, una de las manos pasó su mano por su frente. Se sintió revitalizado.

La velocidad fue disminuyendo paulatinamente, hasta detenerse, cuando llegó a lo que ¡realmente parecía el final de un túnel! El extraño recorrido terminaba en una gran abertura circular, de aproximadamente treinta metros de altura, más allá de la cual se divisaba una ciudad.

Al menos esa fue la impresión de Ricardo.

El cielo estrellado indicaba que era de noche, pero nunca vio de dónde venían las luces de la calle. No supo explicarlo, pero parecía que el aire tenía luz... Vio gente caminando por las calles, como si andaran por ahí, casi todos vestidos de forma extraña: mantos blancos que rodeaban sus cuerpos. Sin vehículos. No había animales.

De repente, Ricardo tuvo una certeza: ¡estaba completamente seguro que estaba muerto!

Con el corazón acelerado, empezó a temblar y a sentir miedo. El síncope era inminente. ¡Se sintió terriblemente mal!

Las manos lo sostuvieron, sosteniéndolo para que no cayera. Imponiendo las manos en su frente y en su nuca le infundieron nueva energía, lo que lo recuperó nuevamente.

Una de las jóvenes le dijo hablando por primera vez:

- En unos instantes tendrás respuestas a todas tus preguntas. Por ahora, solo piensa en Jesús, el timonel del mundo. Piensa en la

Caridad del Maestro, en su Amor por todos nosotros, a nuestros comienzos aun les falta luz. Él es el mejor socorro para los naufragios de la Vida.

Ricardo se calmó. Pero nuevas preguntas se superpusieron a muchas otras, todas sin respuesta...

Luego de un pequeño movimiento, ya caminando con normalidad, el trío se detuvo frente a un edificio, de grandes proporciones, de construcción térrea, con el frente enteramente en arcos.

En el porche de la entrada principal había un cartel:

"DEPARTAMENTO DE RECONSIDERACIÓNES"

Con una simple mirada, las chicas les indicaron que debían entrar.

Y obedeció, maravillado por las dimensiones del edificio, en cuyo interior se veían varios departamentos y un gran movimiento de gente.

Después de recorrer casi todo el pasillo, Ricardo ya había identificado que en cada reunión había grupos de personas debatiendo.

Apaciguando parcialmente su curiosidad, la joven aclaró que eran reuniones entre guías espirituales y pupilos colocados; aquellos con capas, son los Mentores y aquellos con trajes como el suyo, todavía tienen cuerpo físico, estando ahora momentáneamente separados de él, en un beneficioso equilibrio de conducta y responsabilidad.

Cuando llegaron a cierta puerta, un cartel brillaba intensamente: "Hermano Jerobõao."

El sonrojo de Ricardo casi se detuvo.

De manera fulminante recuperó su indeleble certeza que había muerto y estaba a momentos de encontrarse cara a cara con su ex Guía. Él dudó. Quería darse la vuelta y salir corriendo. La otra joven, que aun no había dicho nada, lo tranquilizó:

- ¡Ricardo, querido hermano, confía en Jesús!

Al abrir la puerta, una de las jóvenes lo invitó a pasar.

El visitante ya no controlaba sus acciones, preso de una intensa emoción. Entró, las jóvenes también.

Sentado detrás de una mesa sencilla, rodeado de sillas rústicas, estaba un hombre de mediana edad. Llevaba una diadema blanca, del mismo color que su cabello: blanca como el algodón. Sonreía, luciendo unos dientes aun más blancos. El hombre era negro, muy negro. Sus ojos eran verdosos, grandes, brillantes, sinceros... Todo en ese hombre rezumaba bondad.

A Ricardo le gustó al instante. Él pensó:

- Nunca había visto a una persona negra tan negra y cómo luce. Parece ser tan bueno.

Dando la vuelta a la mesa, el buen hombre entregó las manos al visitante. Cuando tocó las manos de Ricardo, sintió una sensación placentera. De pies a cabeza tuvo la impresión que una corriente eléctrica hizo que todo su cuerpo palpitara de vigor, de paz y de alegría en todo su cuerpo, y sobre todo su corazón.

Exclamó alegremente:

- ¡¡¡Padre Jerobõao!!! ¿Eres tú?

- Yo mismo, hijo mío. Yo mismo. Como puedes ver, cada día demostramos más y más acerca de la Bondad Divina.

- ¡Pero qué hay de ti! ¿Cómo?

- Yo, hijo mío.

- Perdóname, padre mío, pero allá en la Carpa siempre te veía de otra manera, viejo, vestido de esclavo, indigente, destrozado... Y ahora, estás bien vestido, aparentas el doble de edad, tan fuerte...

- Hijo mío, hijo mío: los hombres, todos los hombres, se levantan y mueren muchas veces. Yo, por ejemplo, fui indio, guerrero, sacerdote, esclavo; lo digo como hombre porque también fui mujer muchas veces...

Ante el asombro del joven, añadió:

- No te asustes: tú también has tenido tantas vidas... El mundo siempre alaba las apariencias y los resultados, y es cierto: con el tiempo, vida tras vida, todos entenderemos que las etiquetas y los títulos no son más que una certificado de superficialidad. Dios, Sabiduría Eterna, inalcanzable, creó a Sus hijos y les dio vida infinita. Viviendo en rocas, árboles, animales, vamos mejorando hasta ganar un gran don: ¡la inteligencia! Entonces, el espíritu se reencarna unas veces en hombre, otras en mujer, y viceversa; con esto adquieres todas las experiencias que la Tierra puede ofrecer. No debemos ignorar que el espíritu no tiene un sexo definido como piensan los hombres, sino el sol, que trae consigo, desde su creación, todos los componentes sexuales, activos y pasivos, para posibilitar su evolución, que será adquirida en los muchos masculinos. y existencias femeninas..

Ricardo "bebió" las palabras de Jerobõao, quien continuó:

- La Ley de la Vida tiene como hija la Ley de la Evolución. Dios creó todo lo que existe para que siempre evolucione. No hay nada en el universo que no tenga la sacrosanta propiedad de progresar. Nosotros, los humanos, en el proceso evolutivo ganamos sabiduría, incluso con nuestros errores.

Interiormente, el joven consideraba que él mismo había cometido tantos errores... Jerobõao continuó:

- Cuando el Señor nos dio dos ojos, sabía muy bien lo que hacía: un globo ocular hubiera sido suficiente, pero nos dio dos. ¿Por qué? ¿Para qué?

Ante una pregunta tan sencilla, Ricardo de repente sintió como si le acabaran de colocar una tonelada de cemento sobre la cabeza, pues no tenía idea de la respuesta.

Las dos jóvenes, de forma muy sencilla y participativa, sonrieron amablemente indicando que sabían la respuesta, haciendo así el ambiente muy coloquial.

Ricardo miró para un lado, miró hacia el otro, miró la mesa, miró el techo, la puerta, dos ventanas de la habitación. Se miró las manos suplicante y aun así, habiendo ganado algo de tiempo, pudo encontrar la manera de responder. De hecho, las jóvenes no mostraron intención de ayudarlo con la respuesta, ¡aunque ciertamente sabían cómo era!

Desconsolado, se limitó a decir: "no lo sé."

Pero pensó: "¿Saben ellas, tan sonrientes y tan confiadas, la respuesta?

Jerobõao invitó a todos a sentarse fuera de la mesa, formando un pequeño círculo. Miró dócilmente a Ricardo y respondió a su propia pregunta:

- Nuestros ojos, en el plano terrenal, apuntan a la integralidad, es decir, tienen como objetivo darnos un mayor rango de visión, además de superponer las imágenes generadas en cada ojo, dándonos sensación de profundidad.

Él continuó:

- En el plano espiritual; sin embargo, no es así. Si bien tenemos un cuerpo material en cada vida, en general es similar a otro cuerpo invisible, llamado periespíritu, y este último tiene un sistema óptico de mayor alcance. En efecto, los ojos periespirituales se refieren al espíritu las impresiones de lo que se ve con los ojos físicos, siempre con dos paquetes distintos: en el envío llegan a la memoria, la otra razón. La memoria registra la imagen, reteniéndola por la eternidad; la razón, codifica lo que es visto, bueno o malo. Oh, nuestro espíritu, recibe estos dos datos y, según nuestra evolución moral, determina lo que debemos hacer. Si el hecho ya era conocido y bueno, se ordenará retenerlo y mantener; si es un hecho nuevo y bueno, que se perpetúe. Sin embargo, si es malo, habrá una lucha instantánea entre bien y el mal que vive dentro de nosotros. Vencerá el más fuerte, quien en este caso ordenará a su cuerpo actuar. Este es el mecanismo precursor de casi todos nuestras cosas buenas o malas - concluyó.

El silencio de los tres jóvenes decía mucho sobre la profundidad de aquellas lecciones, explicadas de forma tan sencilla.

Fue entonces cuando el Mentor hizo un valioso añadido:

- La ceguera, ya sea de nacimiento o posterior, y de esta forma precioso sanador en casos de decadencia moral prolongada; tanto como, mis jóvenes hermanos, el mutismo, la sordera, la parálisis, el síndrome de down, y muchos otros angustiosos problemas físicos, solubles para la Medicina, tienen un propósito ideológico: detener, de manera bendita, la caída en el abismo del mal comportamiento moral...

Meditando por unos momentos, dijo:

- Naturalmente, hay casos que no encajan en esta situación, pues hay espíritus abnegados que, siendo deudores, pedirán tales deficiencias físicas, para acercarse mejor, para elevarse por encima de sus semejantes hermanos en el dolor, para apaciguarlos, para sostenerlos en la reconstrucción espiritual, y al final, amarlos más de cerca.

Tras una breve pausa, miró cualquier punto del cielo que se viera desde las ventanas y filosofó:

- Se siente agradable, el bueno, con el bien, tanto como se siente propenso el malo al mal; el bien se siente piadoso, ante la desgracia, tanto como el mal se siente realizado, con la desgracia hecha al prójimo, el bueno se siente humilde y feliz, al ver a Dios en la naturaleza, así como el malo se siente fastidiado y se aburre allí; se siente integrado con los buenos, con los padres, hijos, cónyuges, amigos, con quien sea difícil convivir, por más que el mal se sienta injustificado, frente a esas mismas personas que el destino ha colocado en su camino evolutivo; el bueno se siente contemplado, frente a las lecciones dadas por la Vida, a través de tales seres de su convivencia, mientras que para los malos tales lecciones solo parecen bisturís que desgarran la carne, uno se siente pagando el bien, realizando cosas buenas. El malo se siente igualmente castigado, solo cuando logra vengarse; se siente menos bueno, cuando le alcanzan las pruebas de la existencia, pero esto mismo provoca la revuelta en el malo...

Respirando profundamente, concluyó:

- Ricardo, hijo mío: nuestros ojos nos muestran lo que somos y no, engañosamente como se supone, lo que creemos ver...

En ese momento, Ricardo intentaba con todas sus fuerzas no llorar.

Pero en vano.

Hubo unos momentos de silencio general. Jerobõao, rompiéndolo, dijo:

- Las lágrimas son, en los ojos, lubricante natural; pero, en el espíritu, son expresiones de felicidad o infelicidad.

Allí, fue demasiado: el joven visitante rompió a llorar.

Las jóvenes, pasando las manos por sus hombros y espalda, le daban calma y consuelo.

Con ojos llorosos miró a aquel hombre bueno, notando ahora lo negro que era. También se miró las manos y se sintió avergonzado.

"Siempre estoy llorando, siempre estoy llorando", pensó.

Una de las jóvenes miró al mentor, como pidiéndole permiso para hablar, a lo que con un pequeño gesto de cabeza accedió.

Ella dijo:

- Las lágrimas son el rocío del alma, que puede hacer florecer el amor en el corazón y lavar nuestros errores. Las lágrimas representan un diálogo entre la vida y el espíritu:

- cuando se arrepiente, es una asepsia incomparable del error que lo motivó;

- cuando surgen del anhelo, acortan la distancia, eliminan el tiempo y refrescan el fuego de la pasión, transformándola en amor:

- cuando flotan en los ojos, debido a un dolor, son un factor de equilibrio, evitando estallidos de rebelión o de venganza,

- cuando emanan de alegría, son como la lluvia que acaricia la tierra, multiplicando frutos y alimentos:

- cuando es causado por el dolor, es un excelente mecanismo de seguridad, dando salida a la agitación que se infunde, ya sea en el cuerpo o en el alma...

El visitante tenía mucho que preguntar. Pero las palabras no salieron.

Captando sus pensamientos, Jerobõao dijo:

- ¡La imagen con la que me presentaba en la Carpa era porque así es como nuestros nativos querrían verme y darme la bienvenida.

El periespíritu, que no es más que una prenda más que cubre al espíritu, nos permite presentarnos en situaciones especiales mientras vivimos en tal o cual existencia. Muchas otras veces estuve ahí, con mi figura actual y ni siquiera me reconocieron, pero sí me aceptaron. Algunos médiums, al verme tal como soy ahora, en sus pensamientos me llamaron "hombre negro de cara blanca, actuando como un médico...", bloqueando así cualquier posibilidad de trabajo fraterno; por eso, siempre que podía ayudar en l Carpa, me presentaba como un esclavo, Lo que realmente era.

Humilde, añadió:

- De hecho, nunca me presentaría como un esclavo, porque entonces todos sabrían inmediatamente que soy un gran problema, nunca porque sea un esclavo, sino solo porque también necesito ayuda. Y aun hay más: allí la gente no aceptaría trabajar conmigo si llegara comportándome como un médico. Además de lo que ya he dicho, he sido blanco, amarillo, rojo y negro; soldado y general, tonto e inteligente; muchas veces, muchas veces...

Objetivo dijo:

- ¡Ahorremos el tiempo que Dios nos dio, para hablar de ti y no sobre mí.

Ricardo se movió en su silla. Él estaba preocupado.

- "¿Hablar de mí?" - pensó.

- ¡Tú! Fuiste traído aquí, no para ser juzgado, y mucho menos para ser castigado; la acción de Jesús, nuestro Mayor Líder, actuando bondadosamente, permitió tu presencia en esta Institución, despierto, si sucediera en un corto período de tiempo, aproximadamente quince horas, sería tiempo más que suficiente para que tú te beneficiaras

El joven quedó magnetizado por lo que escuchó y especialmente por la agudeza de quien lo dijo. Jeroboão continuó:

- No moriste, porque la muerte, en realidad, no existe. La desconexión del espíritu, dejando el cuerpo, el cuerpo físico, el fenómeno tan natural como tantos otros: el amanecer, la lluvia, el calor del Sol, las estrellas en el cielo... En tu caso, el cuerpo está muy dañado por el accidente y los médicos están trabajando para reconstruirlo; el trabajo dura varias horas y tardará algunas más; Para la Medicina, estás en estado de coma, con tu cerebro funcionando anormalmente, debido al trauma que sufriste; sin embargo, tal situación es una gran bendición, pues así, sin ninguna reacción consciente ante cualquier estímulo, los ortopedistas pueden trabajar con mayor tranquilidad en la reducción de tantas fracturas y en las cirugías concurrentes... hay que agradecer al Padre Bondadoso por seguir vivo en la Tierra, ya que Él siempre permite que espíritus vinculados a la Medicina espiritual asistan y guíen a los médicos que cuentan con nosotros en estos casos de emergencia.

Gran alegría llenó el corazón de Ricardo: gracias a Dios, ¡estaba vivo!

Sin apenas pensarlo, Jeroboão dijo:

- Nosotros también estamos vivos - refiriéndose a él y a las jóvenes.

- Pero entonces son alma del otro...

- Sí, ya no tenemos ropa carnal; ¿Lo que ves es el periespíritu, en este caso, de nuestro último paso por la Tierra.

- ¿Y... mi "ropa carnal"?

- Como ya hemos dicho, está siendo recuperada por los médicos; sin embargo, tu periespíritu permanece conectado a su cuerpo a través de un sutil hilo plateado, del mismo modo que los fetos están conectados a la placenta mediante un cordón umbilical, u otro ejemplo, de la misma manera que los trajes de buceo permanecen conectados a la superficie.

- ¿Por qué terminé aquí? ¿Qué lugar es este?

- El espíritu a veces se viste con ropajes carnales, a veces utiliza solo el envoltorio fluidico llamado periespíritu, por los espíritas, pero siempre guarda en la memoria los aprendizajes resultantes de todas sus experiencias ¡todas! Para recorrer los caminos de la vida, tienes a tu disposición otras gracias divinas: libre albedrío e infinitas oportunidades de actuar, teniendo la Ley de Justicia dando cuenta de tus acciones, buenas o malas, que constituyen tu acervo evolutivo y moral.

Él continuó:

- En cuanto a este lugar, estamos en una Institución Espiritual ligada a la Tierra, que funciona como primera parada para muchos espíritus que desencarnan; a veces, como en tu caso, utilizado también como prácticas temporales, de horas o de algunos días, los funcionarios te recuerdan compromisos que se están incumpliendo...

Siempre haciendo una pausa, Jerobõao continuó:

- En nuestra consciencia quedan registrados todos los hechos relativos a nuestra vida, desde la creación hasta el segundo actual. Generalmente, cuando perdemos la conciencia, nos volvemos parcialmente conscientes de todas las vidas anteriores. Esto se nos muestra como en una película, muy rápidamente. No siempre podemos ver todo nuestro pasado, tal es la gravedad de algunos errores...

Él continuó:

- La conciencia es un mecanismo de control infalible cuando nuestro proceder es contrario a las Leyes Naturales, Leyes que Jesús tan bien detalló y ejemplificó, solo con mucho esfuerzo y con una gran repetición del mal, el hombre logra anestesiar su conciencia, y aun así, esto no se repite, porque Dios, todavía y siempre con bondad, ha establecido formas de contención para aquel hijo suyo que está obsesionado con el error.

Pensó un poco y continuó:

- De hecho, ¡qué es peor en el mundo! La criatura que siempre se equivoca termina pensando que solo existe este camino, casi siempre desistiendo de reaccionar, escuchar la voz de la conciencia...

Ahora Ricardo llega a comprender, aunque de manera nebulosa, donde quería llegar Jerobõao.

- En estas innumerables vidas en el cuerpo, formamos una lista de amigos y enemigos. Meta final para todos los seres desde la creación será la existencia solo de los amigos.

Ahora mirando fijamente a Ricardo añadió:

- Es una obligación moral de quienes están en mejor situación ayudar a quienes no lo están. Esta regla es universal. En la Tierra, como en todo el universo, esto se llama amor.

Él suspiró:

-En la Tierra, aquel que más amó no fue amado cuando estaba como hombre entre los hombres. Sí, mi querido amigo, Jesús, el Pastor de Pastores, hoy ya es amado por millones de cristianos y ciertamente otros tantos más evolucionan para amarlo. Esta es una elocuente demostración de lo que acabamos de hablar, de la Ley de Evolución. De hecho, cuando Jesús nos visitó, vestido con un organismo similar al nuestro, hecho de carne y hueso, ya era comprendido por miles, que hoy, veinte siglos después, afortunadamente se cuentan por millones, el segundo sol del planeta.

Sorprendiendo a Ricardo, Jerobõao, informó:

- Tenías la misión de ayudar a mucha gente. Es un hecho que tu trabajo inicial en la Carpa fue fructífero; sin embargo, fue solo una parte de lo que prometiste. No te extrañes: antes de nacer, hace unos veinte años, pediste a los ingenieros siderales encargados de la reencarnación la oportunidad de rehacer algunos de los errores de tu última reencarnación. Eso sí: solo la última... Y fue respondida. Tu mediumnidad no representó más que una herramienta auxiliar para lograr el contrato que sellaste con tu propia consciencia, en esta oportunidad...

Dejando a Ricardo pensar un poco, Jerobõao consideró:

- Jesús, a través de sus mensajeros, te permitió estar dotado de clarividencia, intuición y conocimiento. ¿Y qué hiciste con estos tres dones mediúmnicos? La mediumnidad no es un don celestial, sino un asistente importante en el camino de la evolución, asumiendo su mejor empleo es utilizarlo solo en favor de los demás. Y del Maestro recomienda: *"mucho se debe pedir a aquel a quien mucho se le ha dado."* El joven tuvo la sensación que las paredes donde estaba parado comenzaban moverse para aplastarlo. Su conciencia repitió en voz alta la pregunta: "¿Qué hiciste con estos tres dones mediúmnicos?"

Jerobõao miró a Ricardo, pero sin ningún tono de reprimenda. El mentor se dio cuenta que había asimilado la pregunta. De hecho, este es básicamente el propósito de su presencia en el "Departamento de Reconsideraciones": ¡despertar!

Dijo compasivamente:

- No te estamos recriminando, sino simplemente posicionando los hechos; en verdad, usaste la mediumnidad para tu propio beneficio, olvidándote de las recomendaciones de Jesús: *"dad gratuitamente lo que recibiste de gracia"*; el tuyo fue el peor uso que la médium pudo hacer de tan magistral medio de rescate y recuperación de lo que Dios da al deudor: venderlo.

Ricardo intentó defenderse:

- Pero, padre: Ayudé a muchos enfermos, complací a los Guías, no robé ni maté, entonces ¿por qué me golpearon tantas cosas malas?

Frunciendo el ceño Jerobõao lo animó a continuar.

- No tuve familia, mis padres prácticamente me abandonaron, en el Ejército me ignoraron, perdí a la mujer que quería como esposa, en la Carpa lo di todo y de allí me expulsaron, perdí mi trabajo., perdí amigos, le di trabajo a una jovencita, la que llegué a amar, y la que casi deshonré, la cual hoy me odia, me atropellaron...

Ya lloraba profusamente y fue entre sollozos que pudo completar su rosario de dolor:

- Y creo que morí...

A una breve señal del mentor, cada joven tomó las muñecas de Ricardo con una mano y colocó la otra en su frente. Todos se volvieron hacia la pared lateral.

Jerobõao, levantando los brazos, oró:

- "Jesús, Salvador del mundo: Señor, que eres el sostén de los afligidos, permite que este encuentro se celebre en Tu nombre. Aquí estamos rogando que se le conceda la iluminación a nuestro compañero; solicitamos que se puedan extraer de sus casilleros mentales algunos pasajes de su pasado, para guiarlo en los días venideros, evitando posibles errores; ¡Oh! Caridad, ¡ay! Amor, ¡oh! Luz: rogamos Tu bendición para nuestro hermano Ricardo. Ayuda, Buen Pastor, a que su cerebro registre comprensión y que su espíritu se decida firmemente por la auto reforma. ¡Tenemos tanto que aprender, Señor Jesús!"

Mientras se pronunciaba la oración, una nube gaseosa fue dando vueltas a la cabeza de Ricardo, donde las dos asistentes se tomaron de la mano. Esta nube tomó un color anaranjado y poco a poco fue tornándose amarillo canario, sumamente brillante, ingresando imperceptiblemente en la región coronaria del joven.

Su rostro mostraba calma.

La pared lentamente se convirtió en una pantalla iluminada.

Jerobõao continuó orando:

"Hijo de María: solo si Dios nos perdona oramos para ser respondidos.

¡Que así sea!"

Un hecho curioso ocurrió en el espíritu atendido: de manera velada al principio, pero definiéndose a cada momento, comenzó a tener visiones. Visiones de su pasado. Pensó: "¿¡Cómo es posible esto!?" Se sintió mareado.

El muchacho, como si hubiera sido transportado dentro de la pared pantalla, empezó a verse, con otro cuerpo, otro nombre, en otro lugar, en compañía de gente de esta vida, pero también en otros países y con otros nombres.

Jerobõao lo ayudó:

- No te sorprendas de los cuadros vivos que he visto a partir de ahora. Para que estas imágenes queden muy claras y no sufran la interrupción, no olvides que en tu caso se están realizando procedimientos de restauración, ¡que pronto regresarás! Los médicos terrenales creen que se encuentran ante un milagro, porque aun no has muerto... Y sin embargo: hay muchas personas que piensan que has intentado suicidarte. Nada de esto debe hacer temblar tu equilibrio, ya que tu periespíritu recoge tales impresiones y esto explica tu vértigo. Piensa en Jesús. Reza a Dios. Mantén tu mente enfocada en la fe y tu espíritu agradecido por tanta bondad.

Jerobõao y las jóvenes cerraron los ojos, permaneciendo en silencio por el momento, a Ricardo le pareció que solo él veía lo que sucedía en la extraña pantalla.

Después de unos minutos, Jerobõao dijo:

- Las mujeres que empiezas a ver hacen referencia a tu pasado inmediato. El propósito principal es la reflexión, en cuanto Dios es bueno, en cuánto recibiste y en lo poco que retribuiste. No te martirices ni te consideres a prueba, porque, sobre la faz de la Tierra, ésta es la constante entre la mayoría de los hombres, entre los que me incluyo... Siempre que sea posible, te ayudaré a comprender las implicaciones de lo que estás viendo.

Ahora era otra persona, otro hombre.

El lugar era a la vez desconocido y familiar, la casa no era la habitación de los Rodrigues ni el lujoso apartamento, pero era su hogar. Su edad ya no era casi de veinticinco años, sino de cuarenta.

Y la intrigante dualidad continuaba: su cuerpo era al mismo tiempo de complexión delgada, estatura y peso promedio, y por otro lado, muy fuerte y alto. Su cerebro, captando las escenas y codificando los orígenes y consecuencias, se dio cuenta que ahora se llamaba Ernesto. Era anciano y tenía tres hijos: dos niños y una niña.

Ahora los recuerdos se estaban definiendo en su memoria, aclarando esa impresionante duplicidad cuadro a cuadro.

Él, Ricardo-Ernesto, estaba en la mesa con su familia, comiendo.

Su esposa, Nair, era Carla, su ex novia... Nair tenía un prometido, Mario, con un matrimonio concertado; Ernesto; sin embargo, ardiendo de deseo por esta novia, se infiltró entre ellos, disfrazando su amistad; con algunos trucos se ganó la confianza de Nair, indisponiéndola inmediatamente con Mario; así que no tardó mucho en romper el compromiso y al poco tiempo se casó él mismo con ella...

Este matrimonio; sin embargo, no fue feliz. Tuvieron tres hijos.

Uno de los hijos era el Sargento Balduino y el otro su amigo André Luiz...

La hija, ¡ay! Dios, era nada más y nada menos que Angélica, la prometida de Andie Luiz. Esto explicaba muchas cosas:

- sus sentimientos por Carla, que ya había sido su esposa una vez,

- la admiración y amistad por Balduino y André Luiz;

- el cariño que sentía por Angélica, desprovisto de cualquier otro sentimiento menos digno.

Entendió lo importante que es olvidar el pasado, porque de lo contrario, en la vida actual, algunas de esas mismas personas ciertamente sentirían una limitación para sus uniones. Carla, por ejemplo, si recordara esto, seguramente lo odiaría; André y

Angélica, igualmente, se avergonzarían y se juntarían...; en cuanto a Balduino, ahora comprendió porque siempre había sido su amigo.

¡De ninguna manera revelaría esos secretos!

- Pero, ¿por qué se mostró todo esto? La escena, el lugar y los personajes cambiaron.

Vio una gran empresa de materiales de construcción, de la cual fue uno de los tres socios-propietarios. Los otros dos: Albuquerque y Silva, en otros cuerpos y otros nombres – Indalécio y Antunes, respectivamente.

Indalécio era muy codicioso. Pasó la mayor parte de su tiempo en la empresa, ni siquiera salía a almorzar, casi siempre merendaba o se quedaba sin comer. Solo, manejaba todos los negocios más que sus socios...

De hecho, Ernesto siempre conseguía alguna preocupación a Indalécio, cercano a la hora del almuerzo fomentando así su permanencia en la firma; es que se había convertido en el amante de su esposa - Nedialva, ahora Herminia -, aprovechando su atractivo y de conocer la vida íntima de la pareja, ofreciéndose insinuantemente como "venganza" por la falta de atención que recibía por parte de su marido...

Posteriormente, se encontró pobre, desposeído y fuera de la sociedad por Indalécio.

Actuando en represalia, estuvo buscando una oportunidad para tomar venganza. En el desfile militar se presentó la oportunidad esperada: embelesado por el desfile, Indalécio no lo vio acercarse; pasó un vehículo blindado, a baja velocidad y por tanto con gran ruido de motor, él, Ernesto, empujó a Indalécio contra el pesado vehículo de combate.

Había estudiado bien la situación y su robusto cuerpo hizo que el ex socio saliera lanzado hacia adelante, sin que nadie entre la multitud se diera cuenta que era un acto intencionado, pero en definitiva, fatídico...

Indalécio resultó gravemente herido, pero no murió instantáneamente.

Nuevo ambiente: en un hospital, con el alma ardiendo de pesar y lleno de remordimiento, Ernesto le contó todo a Indalécio, ya agonizante. Le pidió perdón, maldiciendo mil veces su desafortunado gesto y su conexión con Nedialva. Su voz estaba ahogada por la emoción y lágrimas interminables corrían por su rostro.

Cuando Indalécio, en los minutos finales de su regreso a su tierra natal, espiritual, escuchó la confesión del doble crimen del que había sido víctima - traición conyugal y homicidio -, también lloró mucho. Por su parte, Ricardo sorprendió al confesar que le había robado sus derechos en la sociedad, para vengarse de su espuria conexión con Nedialva/Herminia, a quien conocía desde hacía mucho tiempo; ahora reconocía que nunca le había dado amor, que solo le preocupaba el dinero y que, por tanto, era incluso parcialmente culpable de su adulterio.

Ambos lloraron. Suplicaron recíprocamente perdón.

Nedialva, que había entrado en la habitación a tiempo para escuchar las confesiones, se arrojó sobre la cama y abrazó a su marido, mezclando sus lágrimas con las de él, pidiéndole también que la perdonase.

Las lágrimas traen un amanecer de redención para los tres.

Sí: Indalécio se arrepintió de haber violado los derechos en la sociedad de Ernesto/Ricardo; los amantes maldijeron su vil venganza, él con el asesinato y ella, víctima del desprecio y necesitada de atención y cariño, con la traición conyugal.

Allí, las lágrimas actuaban como válvulas de escape de la enorme presión que el remordimiento es traía.

¡Dios del cielo! ¿Cómo podían soportar semejante emoción, que fragmentaba sus almas en mil pedazos? Fue así, pensando y asumiendo, que Ernesto y Nedialva terminaron, en ese momento, para siempre, su infeliz vínculo. Unidos por el remordimiento, sus almas estaban unidas, sí, para reconstruir, cuando fuera posible, lo que habían destruido. Besando las manos a su esposa y a su ex socio, Indalécio desencarnó

Una vez más Ricardo entendió muchas cosas:

- porque Albuquerque y Herminia le habían "donado" la sucursal de su compañía: en efecto, estaban pagando una deuda del pasado;

- porque Albuquerque tenía esa úlcera duodenal: preocupado solo por ganar dinero, comía mal y siempre ingería líquidos negativos con las comidas, ya que sus pensamientos siempre estaban ligados a los negocios;

- porque él, Ricardo, había sido el instrumento de la curación de Albuquerque, ya que estaba parcialmente en deuda con su salud;

- porque él, todavía, suavizó aquel accidente de hace unos días: era la devolución de lo que había hecho con Indalécio, o mejor dicho, estaba cosechando lo que había sembrado.

Finalmente entendió por qué, apenas unas horas después de conocer a Albuquerque y Herminia, los tres ya estaban cooperando, copiosamente, solo con felicidad...

Todavía en el pasado, se encontró de nuevo en casa, expulsando a sus suegros, que le habían recriminado por la mala conducta conyugal, que se había hecho pública. Nair lloró abrazando a sus hijos, temerosa de la violencia de su marido; sus padres humillados se marcharon, lanzando por maldiciones.

"Oh, ¿cómo pudo ser tan sucio y tan malo con su familia y los padres de su esposa? ¡¿Y ahora qué vio?! Dios mío: Nair, al enterarse que la iban a abandonar, se cortó las venas y "no la ayudé; no. Si hubiera sido por la interferencia de los vecinos, ella habría muerto."

No era difícil entender por qué Moacir y Jussara también lo acogieron en su casa, cuando estaba saliendo con su hija, Carla, culminando con ahuyentarlo, al inicio de su relación con el Capitán Andes...

Después se encontró reintegrado a su parte de la sociedad de la firma, pues la viuda de Indalécio había corregido el mal acto por el cual su marido, en vida, le había robado. Los herederos de

Indalécio, enojados con sus ex amantes, intentaron pedir esta restitución, pero no pudieron hacerlo, tal fue la firmeza de Nedialva. Esto le ganaría muchos enemigos...

Una vez más, actuando de manera deshonesta en su negocio, logró alterar la sociedad, comprando por adelantado la parte de Antunes, después de lo cual demandó injustamente a Antunes por daños y perjuicios.

Su ex socio, con los pocos recursos que le dieron, tuvo dificultades para encontrar trabajo y por lo tanto se encontró en difíciles condiciones económicas; con su salud quebrantada, murió repentinamente unos meses después, víctima de un problema cardíaco, que se había agravado desde que había sido vilmente expoliado, además del engañoso proceso legal iniciado por Ricardo-Ernesto contra él...

Los familiares de Antunes también intentaron incriminarlo por sus malas acciones, pero no pudieron probar nada.

Más enemigos...

Sus propósitos, perjudicando a Antunes, siempre habían sido acercarse a Helena, su esposa. Alimentando una pasión irresistible por ella, no hizo ningún esfuerzo por evitar o incluso ocultar esos sentimientos cuando se acercó a ella.

Durante algún tiempo había logrado mantener el control sobre su deseo. Pronto; sin embargo, se vio dominado por las imágenes mentales que el erotismo dibujaba en su mente, siempre con Helena, el objetivo de su lujuria.

Ferozmente apegado a este deseo sensual prohibido, comenzó a ser alentado por espíritus obsesivos para satisfacerlo, de manera torpe. Así, primero planeó expulsar a Antunes del camino, reduciéndolo a la miseria, lo que de hecho logró, falsificando pruebas de graves irregularidades comerciales, que habrían sido cometidas por el socio. En un segundo paso, buscó a Helena, ofreciéndole apoyo material y "moral", apoyo que siempre le fue rechazado.

La desencarnación del ex socio señaló a su mente claramente todo el tiempo para hacer realidad su loco sueño: pocos días después del funeral, buscó a la viuda para que la cuidara y garantizara el mantenimiento de esa familia formada por madre y dos hijas pequeñas. Estaba seguro que esta vez no sería rechazado, sobre todo porque había venido a ofrecer dinero, que sería pagado mensualmente, siempre y cuando a cambio recibiera "su amistad y compañía..."

Recibido, pidió estar a solas con ella, alejando a las dos gráciles muchachas. Después de unos minutos de frases artificiales, le confesó su antiguo amor. Más aun: se levantó de donde estaba sentado, se acercó y la envolvió en un abrazo asfixiante, que rezumaba sensualidad desenfrenada. La mujer, sorprendida por el inesperado gesto, se puso a llorar. Al oírlo la madre, las hijas y la empleada corrieron a ver qué pasaba. Su presencia desorientó a Ernesto, quien molesto se retiró.

Desmayado, Ricardo tuvo que ser apoyado por Jerobõao y las jóvenes, con otro pase.

Posteriormente había visto la viuda de Antunes y de sus dos hijas en grandes barrios marginales, mal vestidas, hambrientas, casi en la pobreza...

¡Helena era Claribel!

¡La misma ignominia se había vuelto a intentar!

Antunes era Silva, el abogado...

Las hijas de Claribel eran... ¡las jóvenes ayudantes de Jerobõao!

Dijo una sola palabra:

- Entendí...

Su razonamiento, de hecho, demostró que era absolutamente cierto. Demasiado cierto y real, mostrando lo que significa tener vidas sucesivas, o mejor dicho, reencarnación.

La forma en que habían sido mostradas las escenas, y con una velocidad tan asombrosa, era completamente inexplicable.

Todo lo que vio estaba tejido, de hecho, allí, en esa habitación, había sucedido por segunda vez... Tampoco podría explicar cómo su cerebro registra todo, con una capacidad de memoria que seguramente no sabía que tenía.

Pensó: "seguramente estos son las oraciones del padre Jerobõao y sus asistentes, quienes todo este tiempo estuvieron agarrados de sus muñecas..."

El mentor, las jóvenes y Ricardo estaban sumamente emocionados. Las escenas del pasado habían terminado.

Jerobõao, jubiloso, abrazó a Ricardo. Las jóvenes también lo abrazaron durante mucho tiempo, ¡nunca había recibido abrazos tan cariñosos!

Las jóvenes dijeron:

- Estoy en gran deuda contigo y con tu madre... Jesús me ayudará un día a reparar el daño que les causé...

Demostrando claramente que no hay resentimiento hacia las jóvenes.

Le besaron las manos con ternura.

Y entonces volvió la calma: se puso a llorar.

Solo cuando así no llorabas solo: lloraban los cuatro con su voz llena de alegría y felicidad.

Jerobõao agregó:

- A partir de ahora tienes la bendición de una parálisis parcial por dos años. En este período de tu vida, lejos de estar estancado, descuidado, improductivo, puedes ser asistente de amigos de la espiritualidad superior, para beneficiar a tantos otros que están paralizados del alma. Solo necesitas estar preparado para la tarea.

Haciendo algunas instantes de silencio, continuó:

- Por paralíticos del alma entendemos personas buenas que están dotadas de mediumnidad y que la ahogan, ya sea por negativa u omisión; con consiguiente daño a sus espíritus y reflejos orgánicos negativos, llegarán a ti; ¡ayúdalos a despertar, tanto como estás siendo despertado hoy!

Tranquilizando al visitante, informó:

- Después de una parálisis parcial, de dos años más o menos, tú podrás recuperarte plenamente, siempre y cuando tu propia conciencia haga un diagnóstico positivo de tus actos durante ese tiempo. Así está en tus manos volver al ritmo normal de vida, hasta que Dios te perdone.

Y sonriendo:

- ¡No estamos diciendo que vivirás mucho, ni poco; solo esperamos que tu vida, como la de todos los hombres, pueda progresar. Depende de ti. Depende de cada uno...

Ricardo repitió:

- Entiendo, entiendo. ¡Gracias a Dios!

- Ahora debes descansar, en beneficiosa terapia del sueño, durante aproximadamente setenta y dos horas...

~ 0 ~

Tres días después Jerobõao lo despertó y le dijo:

- Llegaste aquí en una madrugada y ahora, casi al anochecer, debes regresar. No olvides una cosa importante: en la Tierra han pasado casi cuatro días desde el accidente, aunque tu impresión es que todo ocurrió hace apenas unas horas. Tu cuerpo, todavía está en coma profundo, ya se ha recuperado de los traumatismos, casi todos ortopédicos. Ahora solo le corresponde a la Naturaleza volver a armar las cosas en su lugar, en tu convalecencia, que no fue pequeña cuando nos dejes quedarás completamente reintegrado espiritualmente a tu cuerpo físico, aunque el accidente fue grave, aun no era el momento de tu regreso a la vida espiritual. Otra cosa: tu espíritu, incluso permaneciendo conectado al cuerpo, fue instantáneamente retirado de él por un equipo de espíritus rescatistas, ya que era predecible que a ti te sucedería un evento similar, a la luz de la Ley de la Justicia. o por tu karma, como comúnmente se dice. El dolor será constante, pero desaparecerá al cabo de unos meses.

Jerobõao guardó silencio unos instantes para que Ricardo pudiera asimilar lo que se decía. Llegaron las asistentes. Todos se sentaron.

Entonces Jerobõao continuó:

- También pasarás por una cámara de reabastecimiento espiritual, similar a un tanque de oxígeno, antes de retomar tu cuerpo. Aprovecha para meditar sobre todo lo que viste y revisaste, porque después de treinta minutos tienes que irte. Aunque todo está grabado en tu espíritu, tu memoria física solo podrá registrar algunos destellos de lo aquí visto cuando sea necesario. Un regalo así, raro, no se da por sentado; confía siempre en Jesús en tus acciones, cuando tales surjan.

Mirando al cielo por la ventana, añadió:

- Te quedaste dormido en este ambiente y despertaste, poco a poco, con tus ropas terrenas...

Demostrando emoción concluyó:

- Es el momento de decir adiós. Primero, vayamos al jardín.

Los cuatro se levantaron y se dirigieron al fondo del predio, donde un jardín, iluminado por el reposo, ofrecía una vista inolvidable de flores y árboles.

Jerobõao sugirió que se tomaran de la mano.

Una vez que se formó la cadena singular, el mentor miró hacia el cielo y dirigiéndose a la misma estrella que hay en él, se expresó de la siguiente manera:

"Fascinante Sirius: nosotros, que nos hemos reunido aquí pedazos dispersos de tantos viajes, de tanta gente que queremos, somos sinceros en declarar que tú, estrella de Dios, ¡nuestro mayor amor! Con cuerpos pesados o con cuerpos más pequeños, de una dimensión u otra, ¡cuánto nos gusta mirar las cosas! Admiramos todas las estrellas del fin que nuestros ojos contemplan o han contemplado, desde que fuimos hijos de Dios, sus hermanos. Pero tú, hermoso Sirius, cuyo brillo enmarca nuestras almas, perfumando nuestra sensibilidad con una luz incomparable, nos traes recuerdos de tantos tiempos, de tantas épocas... En los segundos perdidos del tiempo, cuando el pasado era nuestro presente, brillabas en el desierto, en el mar, en el campo, en la senzala, en la ciudad... ¡Y, cuando nos cambiábamos de ropa, saliendo de las sombras más densas de nuestras deudas ante las Leyes Naturales, ya que sufrimos porque no pudimos verte ver! Muchas veces quisimos acercarnos a ti: cada vez que te dirigías hacia el horizonte, a la sombra del Sol que desaparecía, como en este momento, seguíamos mirando tu inmersión, tristes, en nuestras noches de soledad, por tu ausencia que en unas horas sucedía. Sí: si el Sol nos dejaba teníamos suerte de tener tu compañía. Cuando las montañas o las aguas del mar o las arenas del desierto te escondieron, miramos a las miles de otras criaturas tuyas. Todas hermosas, silenciosas, brillantes, partiendo también... Buscábamos una, solo una para apaciguar nuestros ojos y nuestro corazón y dedicarle todo nuestro amor. ¡Nunca la encontramos! ¡Nadie puede compararse contigo, estrella de luz! Sirius, Sirius: solo la certeza de la eternidad y la bondad infinita de Dios nos aseguran que un día estaremos más cerca de ti. En este día, que los milenios multiplicados sitúan en un vasto futuro, esperamos que nos cobijes en tu paz. Estamos seguros que nosotros, aquí en Tierra, ya hemos tenido, desde hace dos mil años, parte de tu calor, que nos ha ido calentando hasta el día de hoy. ¡Claro: hablamos de la presencia de Jesús en la humanidad! Permítenos hacerte una pregunta: ¿Vive Jesús allí? ¡No, no hace falta que nos respondas, amigo de la luz, es tanta la Caridad de Dios que nuestros ojos pueden perfectamente dar la respuesta a nuestro espíritu!"

~ 0 ~

Acompañado de dos manos, por cuyas mejillas rodaban discretas lágrimas, Ricardo, sollozando en voz alta, después de despedirse de Jerobõao, sin poder decir una palabra, se dirigió hacia lo que le pareció una habitación aislada en medio del jardín. El pequeño compartimento era muy luminoso. Bajo la guía de las jóvenes, se sentó en una mesa estilo hospital, apenas capaz de mantener los ojos abiertos, debido a la intensa luz ambiental.

En lo que pensó que era una despedida, en un gesto absolutamente inesperado, las dos jóvenes se le acercaron, una a cada lado, le tomaron las manos y simultáneamente le dieron un suave beso en el rostro.

Las lágrimas de los tres se mezclaron...

El Dolor: Bendición y Maestro

El regreso de Ricardo fue singular: se quedó dormido cuando las jóvenes lo besaron y despertó casi una hora después, dándose cuenta que viajaba por el mismo túnel por el que había llegado a la ciudad espiritual de Jerobõao.

Sin conseguir explicar cómo se sintió viajando extremadamente rápido y sin obstáculos frente a él.

Sin embargo, sabía que el viaje ya estaba a punto de regresar...

Aunque tenía los ojos abiertos, no veía más que una atmósfera luminosa, y le parecía que el aire tenía el color de nubes lechosas.

No sentía miedo.

Unos momentos más de viaje y pudo identificar, mientras estaba atrapado, cómo dos manos, que se habían sintonizado protectoramente, lo sostenían en sus brazos, una al lado de la otra. Su pecho se llenó de confianza, porque no estaba solo en esa peregrinación.

Tampoco pudo ver quiénes eran, de hecho no pudo ver nada, excepto la claridad del aire.

Su corazón; sin embargo, informó de quién eran esas manos: de las jóvenes ayudantes de Jerobõao. Pensó alegremente: "¿Entonces todavía están conmigo? ¡Gracias a Dios!"

Quería hablar con ellas, pero algo se lo impedía. No se impacientaba: en las últimas horas, el fantástico balance de una parte de su pasado le había hecho que su espíritu aprendiera a dominar sus emociones.

Después de lo que le pareció media hora más o menos, sintió que estaba llegando.

La luminancia se transformó en diferentes tonos, aumentando en intensidad. La velocidad también disminuyó gradualmente.

Sabía que estaba llegando, "pero, ¿a dónde?"

Como alguien que emerge de la niebla de la mañana, vio un gran edificio: un hospital.

Como si toda la construcción estuviera hecha de humo, penetró en el hospital, atravesó el tejado y alcanzó el techo de una habitación.

Todavía estaba sereno, especialmente porque las manos guardianes estaban en sus muñecas.

Luego, vio su cuerpo tendido en una cama, casi en su totalidad enyesado y conectado a diversos equipos ortopédicos, así como medicamentos colgados de soportes con conexión intravenosa en uno de los brazos.

Sintió miedo.

Un entumecimiento apareció y ya lo dominaba cuando sintió que se acurrucaba en su propio cuerpo y literalmente entraba en él.

Llegó más rápido que un rayo. En su cerebro la certeza que estaba volviendo a la vida aunque no se había dado cuenta... Tomó plena conciencia que era su espíritu el que había pasado por muchas experiencias después del accidente. Recordó parcialmente del encuentro con Jerobõao.

Quería abrir los ojos y no pudo de inmediato. Sin desesperarse, elevó su pensamiento al bondadoso Jerobõao, buscando un puente para pensar en Jesús, de quien tanto hablaba. Sabía que las dos manos que habían venido con él ya no estaban allí.

Con indescriptible alegría vio que los ojos obedecían a sus pensamientos, pues podía ver dónde estaba y con quién estaba: dos mujeres jóvenes, una a cada lado.

Solo quienes eran sus conocidos desde hace mucho tiempo.

Tal presencia, justo en ese momento, habló fuertemente a su corazón, que rebosaba de alegría.

¡Eran Carla y Angélica!

Al ver los ojos de la paciente abiertos, serenos, Angélica se sintió invadida por una intensa emoción y las lágrimas rodaron por su rostro. Afectuosamente tomó la mano de Ricardo y la apretó contra su pecho, sin poder hablar.

Carla, también emocionada, fue traicionada por las lágrimas que ardían por esconderse en las comisuras de sus ojos, pero terminaron cayendo, tomó la otra mano de Ricardo y con cuidado se la acercó al rostro.

Ricardo dijo: "extraña coincidencia: otras dos jóvenes tomándome de la mano, ¡vale! ¡Y qué! Hace poco lo hicieron dos ángeles tutelares."

Controlando con dificultad sus emociones hirviendo, Ricardo consideró necesario aliviar la tensión. Quería decir "gracias" pero la voz no salió. Ningún sonido salió de su garganta. Concentró toda su energía y contrajo todos los músculos que pudo, con la intención de hablar. En vano. Las cuerdas vocales ni siquiera vibraron tímidamente.

¡Estaba mudo!

Esta comprensión casi lo llevó a recibir un golpe mortal.

Quería levantarse y ahora fueron sus miembros los que se negaron a obedecer. Solo luego recordó y se dio cuenta que estaba atrapado por innumerables hilos de ganchos, poleas, etc.

¡No tenía control sobre el cuerpo!

El cerebro ya se hundía en el estupor y la desesperación total cuando Carla dijo:

- Gracias a Dios, Gracias a Dios estás vivo, Ricardo.

A lo que Angélica añadió:

- Es un milagro. Cómo es bueno Jesús y escucha nuestras oraciones.

- Sí, Jesús escuchó nuestras oraciones - reafirmó Carla.

Mirando fraternalmente a Ricardo, sin darse cuenta que había aliviado sus pensamientos con sus últimas palabras, lleno de gratitud a Dios, le pidió a Angélica que llamara al médico.

Angélica soltó la mano de Ricardo y salió de la habitación.

La mirada del paciente le informó a Carla que sentía angustia y tenía muchas dudas.

Sin que nadie se lo pidiera, la esposa del Capitán Andes informó muy tranquilamente:

- Fuiste atropellado hace cuatro días y hasta ahora estuviste en coma. Gracias a Dios despertaste y vas a estar bien.

Entonces se abrió la puerta de la habitación y entraron eufóricos tres médicos, acompañados de Angélica.

Acercándose ansiosamente al paciente, le palparon la cara, le levantaron los párpados y le tocaron la vena yugular.

Denotando satisfacción, se miraron victoriosamente. Dijo uno de ellos:

- Somos del equipo de emergencia que te atendió, cuando llegaste sufriendo un politraumatismo, tus posibilidades de supervivencia eran de una entre cien.

Bromeando, pero respetuoso, dijo señalando al techo:

- Ahora estamos convencidos que "allá arriba" también hay médicos y parece que fueron ellos quienes atendieron este caso.

"Cinco personas deslumbradas mirándolo y él sin poder hablar", pensó Ricardo.

Agradecido, miraba a uno, y a otro de los presentes.

Sintiendo la angustia del paciente, otro médico le tomó la mano:

- El jefe de nuestro equipo, el Doctor Elías, volverá tan pronto como pueda para darle más explicaciones. Hasta entonces, descanse lo máximo posible, evitando agitar sus pensamientos. Es necesario que se quede en calma.

Después de saludar a las dos chicas, estas se marcharán informando en la puerta:

- Todas tus preguntas, que sabemos que son muchas, serán contestadas. ¡Lo prometemos!

Y se fueron.

Cuando volvió a estar solo con Carla y Angélica, Ricardo se sintió avergonzado por su inmovilidad y, peor aun, por su mutismo.

Al tener este pensamiento, recordó que Jerobõao le había advertido que ciertas deficiencias físicas, como éstas, eran una bendición.

"¿Entonces estarías mudo para siempre?"

Interrumpiendo sus pensamientos, los dos visitantes informaron que debían retirarse.

Antes de irse, Carla dijo:

- Tenemos que irnos pero volveremos siempre que sea posible o necesario.

~ 0 ~

Solo, Ricardo sintió que el mundo se le había derrumbado.

Todo su cuerpo le dolía.

Pensó: "Solo, todo destrozado, mudo y con tanto dolor, ¿qué más me depara el destino?"

Preguntas intrigantes pasaron por su mente: "¿Por qué estaban allí Carla y Angélica? ¿Dónde estaba el marido de Carla? ¿Y André Luiz?"

Por mucho que pensó en respuestas viables en su mente, no las encontró.

Todo lo que pudo hacer fue recordar el encuentro con Jerobõao. No recordaba todo, de hecho casi nada, salvo algunas recomendaciones. Una de ellas: "Cuando retomes, podrás considerarte premiado con una rara oportunidad, que es la de reiniciar tareas que prometiste realizar y que aun están inconclusas."

En ese momento preguntó: "Padre Jerobõao, ¿cuáles son estas tareas que dices que prometí hacer y no hice?"

Y la respuesta: "Hijo mío: busca en los acontecimientos que te rodean y encontrarás la respuesta. Analiza tus tendencias, defectos y cualidades... compara los hechos de tu vida con los de tus amigos; considera cómo has vivido en familia hasta ahora; contabiliza cuánto dinero has ganado y cómo se gastó... recuerda el bien que hiciste a los demás y también el daño que ya has causado; anota los dones que Dios te ha dado y juzga lo que has hecho con ellos..."

Las últimas palabras de Jerobõao, después de declarar esa estrella más pequeña, en nombre de los cuatro, habían sido: "Durante algún tiempo no nos volverás a ver. Sin embargo, estaremos cerca, visitando a tus familiares y hablando espiritualmente."

Él había preguntado: "¿Hasta cuándo?", obteniendo la respuesta: "Dentro de dos años aproximadamente tendrás algunas deficiencias físicas, como te dijimos..." Y así fue la despedida.

Con estos recuerdos se sintió extrañamente feliz, tranquilo y fortificado.

Al examinar la situación, en las dependencias y en sí mismo, además de las palabras de los médicos confirmaron que algo muy grave le había sucedido a su cuerpo.

Pensó en el accidente y lo que más fijó sus pensamientos fue la estrella, llamada Sirius, precisamente la que tanto amaba Jerobõao.

De hecho, nunca había prestado mucha atención al cielo, pero recordaba que esa estrella siempre era la primera en aparecer, incluso durante el día, y la noche siempre era la más brillante.

Entonces empezó a tener una certeza: la eternidad más allá, él también dirigió su pensamiento a Dios, con los ojos fijos en la estrella que casi sobresalía del marco de la ventana y rezó la oración del "Padre Nuestro."

¡Estaba vivo!

Sabía que estaba herido, pero el dolor no lo desesperaba. Sabía que sufría y sufría por haber hecho sufrir a otros. Si poco en esta vida, ciertamente mucho en otras. Certeza pacífica e inamovible.

Bendito conocimiento que le impidió rebelarse, dándole resiliencia y confianza en la Justicia Divina.

Al cabo de un rato entró un médico. Con gestos tranquilos colocó sus manos sobre los yesos de la rodilla y el omóplato de Ricardo. Se presentó:

- Soy el doctor Elías. Soy ortopedista y junto con otros compañeros nos ocupamos de tu caso. Vine aquí para hablar.

Una vez más Ricardo intentó hablar, pero no pudo. Sus ojos; sin embargo, hablaron de manera más expresiva que palabras.

Elías dijo:

- Las heridas fueron muy graves, pero gracias a Dios lograste superarlas. Tu estado sigue siendo grave, pero no pone en peligro su vida. ¿Qué es lo que más necesitas a veces, porque hay tantas fracturas y tantos cortes tardarán algún tiempo en sanar?

Luego, el ortopedista explicó detalladamente el cuadro clínico al paciente, informándole que todas las multifracturas se habían reducido.

Con mucho sentido profesional dijo:

- Este es el caso más grave de todos los que he afrontado en mi vida y solo puedo reconocer la bondad de Dios que sobreviviste.

Elías infundió protección y bienestar a Ricardo, así como la mayoría de los médicos inculcan apoyo psicodinámico a sus pacientes.

Era muy apreciado entre sus colegas por su competencia y muy admirado por sus atributos morales.

Haber sido tratado por Elías fue una bendición que Ricardo pronto entendería, ya que el médico conocía y practicaba modernas técnicas ortopédicas, aprendidas en centros médicos internacionales donde se capacitaba frecuentemente.

Le preguntó a Ricardo:

- ¿Cómo te sientes? ¿No puedes emitir ningún sonido? Ricardo se balancea o la cabeza confirma el problema.

- No hay ninguna razón aparente para tal silencio. Necesitaremos realizar más exámenes neurológicos, ya que el accidente debe haber provocado un derrame cerebral.

Elías se fue y pronto regresó, trayendo una libreta y un lápiz. Entregándoselos a Ricardo invitó:

- ¿Por qué no escribes lo que estás pensando? Con trazos vacilantes, con el brazo conectado al suero y la mano temblando incontrolablemente, escribió:

"Dios te pague a ti y a tus compañeros. Les debo la vida."

Conmovido Elías respondió:

- ¡De nada! ¡No nos debes nada! ¡Agradece a Dios, Nuestro Padre, porque Él es la Vida de la Vida!

Y completó:

- Esperemos un poco más a ver si de una forma u otra recuperas la voz. Como dije, es cuestión de tiempo. La Medicina registra casos, por cierto raros, en los que traumas desencadenan una inhibición parcial o total de la voz – afonía –; pero, afortunadamente, en la mayoría de estos casos, hay recuperación. ¡Confía en Dios! - Ricardo cerró los ojos y los abrió lentamente, en señal de agradecimiento.

Desviándose parcialmente del tema, Elías preguntó:

- Hay una investigación policial en curso, a la espera de nuevas declaraciones; ¿Cree que está en condiciones de aportar una aclaración a las autoridades a cargo? El comisario solo está esperando mi opinión para liberarlo para una entrevista. ¿Recuerdas los detalles que precedieron al accidente?

Sorprendido y preocupado Ricardo escribió que estaba listo para hablar con el policía cuando quisiera.

- Luego mañana, por la mañana, llamaremos al responsable de la investigación.

Poniendo sus manos en las de Ricardo, se despidió:

- ¡Vaya con Dios!

~ 0 ~

- Buenos días, Ricardo. Soy el Jefe de Policía de esta jurisdicción. Mi nombre es Tadeo. Sé que solo puedes comunicarte escribiendo. Aquí tienes papel y bolígrafo.

Ricardo tomó el papel y escribió: "Buenos días, doctor Tadeo. Es un placer conocerle. Por mi parte, cuente con mi buena voluntad para ayudarte en tu trabajo."

- ¿Por qué intentaste suicidarte?

Ricardo fue tomado por sorpresa. Aunque Jerobõao lo advirtió, no esperaba que éste fuera el entendimiento del accidente. Sin embargo, él mismo comprendió a simple vista que a los ojos del mundo lo que realmente había ocurrido debía parecer un suicidio. Lo entendió todo: estar enfermo y en malas condiciones económicas, haber perdido recientemente su fortuna, desamor, ningún ambiente en la Carpa donde era el jefe, nada más natural, todos pensaron que había intentado suicidarse.

Buscó energía para controlarse. Recordó al instante la serenidad con la que hablaba Jerobõao, explicando siempre los hechos con mucha lógica y propiedad. Pensó: "Voy a hablar como el padre Jerobõao; es decir, voy a pensar antes de hablar y siempre con mucha sinceridad y respeto." Pronto se corrigió: "Lo voy a decir, lo voy a escribir…."

Escribió: "No intenté suicidarme. Tuve un derrame cerebral como resultado de mi estado de calor extremo."

Tadeo preguntó conmovedoramente:

- ¿La culpa la tuvo el conductor?

Nuevo shock. Hasta entonces, Ricardo nunca había pensado en el drama del conductor que lo atropelló, sin que fuera culpa suya. ¡Inmediatamente se dio cuenta que lo era! El conductor debería haber pasado o, seguramente, todavía estaba pasando por momentos terribles. Si algunos pensaron que había intentado suicidarse, otros deben estar pensando que todo ocurrió por culpa de un conductor desatento. Sabía, al principio, que ni una ni otra tesis habían ocurrido y él era el único culpable de lo sucedido.

El respondió:

- El conductor es completamente inocente, sea quien sea. Ninguna culpa es suya. Fui desatento, fui imprudente y solo a mí debe atribuirse la culpa del hecho.

Cuando Tadeo leyó la respuesta mostró satisfacción, como si las palabras quitaran de su mente una gran duda.

Él dijo:

- Gracias a Dios usted declaró esto, ya que en realidad el conductor, sus familiares y algunos amigos realmente están sufriendo por todo esto.

Y añadió:

- Tus palabras serán de gran ayuda para tales personas...

Ricardo, sintiendo que había actuado correctamente al declarar la verdad,

Preguntó:

- ¿Quién era el conductor?

Tadeo, con mucha calma, sopesa palabra por palabra la respuesta lo dijo:

- Por increíble que parezca, el conductor es un conocido tuyo: El Capitán Andes.

Además, estas últimas palabras del comisario explotaron en el cerebro de Ricardo, provocándole una reacción impresionante: empezó a correr, de manera descontrolada; sus nalgas se tensaron, demostrando que se acercaba una convulsión. Tadeo, actuando con rapidez y seguridad, tocó el timbre de llamada de la enfermera que llegó al poco tiempo. Sin decir palabra, por innecesaria, el profesional vislumbró el grave cuadro que se estaba gestando, debido a los espasmos musculares del paciente. Se fue rápidamente y pronto regresó con el Dr. Elías. El médico le aplicó un sedante que redujo los calambres de Ricardo.

Tadeo explicó el diálogo que tuvo con Ricardo, afirmando que cuando supo quién lo había atropellado, ¡había sufrido ese daño repentino! Elías puso su mano derecha en la frente de Ricardo y dijo:

- Hijo mío: Dios te proteja y Jesús te brindará bienestar espiritual durante toda tu recuperación.

Ricardo, ya adormecido por el sedante y reconfortado por las palabras del médico, se calmó por completo, cesando los temblores involuntarios.

Antes de ser vencido por un sueño incoercible, aun logró escribir:

- Lo siento...

~ 0 ~

Aunque la noticia fue espectacularmente impactante, por su desarrollo, esa noche Ricardo durmió plácidamente. A la mañana siguiente despertó, a la primera luz del día que comenzaron a visitar su ventana, al escuchar el canto exclamativo de un pajarito.

No sentía cansancio ni ningún dolor.

Repasó mentalmente los últimos acontecimientos y comprendió que, definitivamente, su vida había sido una sucesión de sorpresas.

Estaba tranquilo.

Recordando algo de su pasado, visto en la etapa espiritual indecisa, no le repugnaba su presente.

En cuanto al futuro, no podía vislumbrar en modo alguno una grieta abierta a través de la cual se vislumbrara alguna perspectiva.

Su Espíritu razonó con inmensa claridad y disciplina: sopesó hecho por hecho, pensó momento a momento entre los más significativos, proyectados persona por persona involucrada o participando en ellos.

Cuando recordó el lamentable ataque a Claribel, cuando el fuego del deseo lo quemó por completo, se arrepintió amargamente.

Seria urgente, pedir disculpas, ¡pedir perdón!

Y pensó: "pero, oh, Santos y Ángeles del cielo: ¿cómo resistirme a una criatura tan hermosa? ¿Soy tan culpable o tanta belleza?" Se respondió: "Fue un delirio, fue un delirio..." Se preguntó: "¿La amaba...?"

Y la respuesta: "¡Sí, sí! ¡Cómo la amo! Nunca he amado a nadie como a Claribel. Dios, Padre y Creador: perdóname por hacerle daño..."

Sus ojos, tan frágiles al llorar, dejaban escapar lágrimas de su interior, como queriendo lavar el error que les traían los recuerdos.

El pajarito continuó su chirrido matutino, como si fuera una sirena, no de fábrica, sino de la Naturaleza. Casi se podía entender que estuviera sugiriendo a todos los que lo escuchaban que se levantaran de la cama; que ya llegaba el Sol; que Dios existe y que él, lo sabía, había aceptado la misión de modular las ondas: en definitiva, como mensajero suyo, con sus trinos. estaba saludando a todos – este era sus "buenos días..."

Esto es lo que Ricardo imaginó cuando entonces, y solo entonces, se dio cuenta que no podría responder a las sugerencias de su nuevo amigo allí agarrado a una manguera, quien continuaba incansablemente en su misión sagrada.

Recordaba los días de soldado cuando el portero hacía sonar el "amanecer", justo en el momento en que la cama estaba más cálida y acogedora, en aquellos tiempos, no tan lejanos, pero tampoco muy recientes, saltaba de la cama maldiciendo al corneta. Ahora...

¡Cómo me bendeciría si pudiera, como antes, levantarse de la cama e ir a la vida, vivir otra esfera! "Pero, Claribel, ¡oh! Jesús: hermosa, amable, dulce y la maltraté... ¿Cómo pude ser tan cruel? ¿Justamente con quien más amo?"

Perfumadas por el remordimiento, las lágrimas rodaron por su rostro, en un resultado positivo para que hechos similares nunca volvieran a suceder.

¿Cuánto tiempo lloró?

¿Cuánto tiempo el pajarito continuó cantando? No lo sabía.

Escuchó a otra persona responder, probablemente el acompañante del primero...

Ambos formaron, como ambos sabían, el "dúo del amanecer."

Cuando pensó en ello, recordó cuando estuvo preso en el cuartel, como miembro del "cuartel del amanecer." Allí, esa noche, había visto por primera vez al Sargento Balduino; allí también había tenido una visión de Claribel, una enfermera, y luego inmediatamente medicada, fuera de cualquier peligro...

"¿Cómo tuvo esa visión? ¿Podría ser esto lo que Jerobõao quiso decir con las responsabilidades mediúmnicas que había traído a esta vida?"

Escuchó un golpe en la puerta. Era la enfermera. Amable, saludó a Ricardo y le tomó la temperatura y el pulso, anotándolo en una gráfica, tras lo cual se fue.

Llegó el desayuno en forma de zumo de frutas, que bebió con una pajita mientras el sirviente que lo servía sostenía el vaso.

Ricardo agradeció a la joven con un ligero movimiento de cabeza y ella se retiró.

Nuevos golpes a la puerta: gran sorpresa y alegría indescriptible, la llegada de André Luiz. Con los ojos húmedos, extremadamente emocionado, el visitante no dijo una palabra. Tomó las manos de su amigo con mucho cuidado, a causa del yeso y el suero, presionándolas contra su pecho.

Esta vez. película inédita, Ricardo no estuvo de acuerdo; André, por otro lado, no pudo evitar estallar en lágrimas mientras le besaba la frente, presa fácil de sus fuertes sentimientos por la casi pérdida de su amigo. ¡Él, André, estaba en el auto que atropelló a Ricardo!

Ricardo sintió que su pecho se hinchaba de alegría, de paz, de amistad por su ex compañero uniformado... ¡y que, en un instante recordó, había sido su hijo en una existencia anterior! Porque fue en ese preciso momento cuando sucedió algo de admirable importancia: por primera vez en toda su vida, sintió que dentro de su casa se encendía una pantalla y se vio, de una manera absolutamente real, a sí mismo, en su vida anterior, besando a su pequeño hijo de un año, Nivaldo...

La escena, con movimientos definidos, duró menos de un segundo; sin embargo, felicidad suprema: ¡para él esto parecía durar una eternidad!

También comprendió, en un lapso de tiempo, el increíble alcance de la mediumnidad que le era atribuida, la escena del pasado había sido mostrada para que los vínculos rotos pudieran reunirse en el presente.

¡Sí! Ésta era su tarea, su compromiso, incluso antes de nacer, como había registrado Jerobõao.

Al pensar en Jerobõao, en ese estado de éxtasis espiritual, el fenómeno se repitió nuevamente: esta vez se encontró en la habitación del mentor, durante su extraño viaje más allá de la vida. En el muro que Jerobõao le indicaba se podía leer claramente: "*A cada uno según sus obras.*"

La frase se apagó con una velocidad increíble, pero logró leer las demás que aparecieron: "*Venid a mí todos los que estáis afligidos porque yo los calmaré - mi yugo es fácil y mi carga es ligera*"; "*¿Qué vale para un hombre conquistar la tierra y perder los cielos?* "*Ámense unos a otros, como yo os amo.*"

¡Jesús! Esas enseñanzas eran de Jesús ¡Y eran para él, definitivamente para él! Solo Jesús pudo haber dado tan sublime regalo, porque aquellas palabras eran un "Manual de Vida" y un verdadero "Código de Conducta para el espíritu", pensó Ricardo. André no vio nada. Pero su espíritu registró que su amigo, completamente traumatizado por el accidente no sufría, no era infeliz.

Y, coincidiendo su sintonía mental con la de Ricardo, pensó también en Jesús: "¡Alabado sea Nuestro Señor Jesucristo!"

Él dijo:

- Ricardo, Ricardo, Dios te bendiga. Qué feliz estoy de verte. Cuánto sufrimos papá, mamá, Angélica y yo. Gracias. ¡Mil gracias a Dios!

Los ojos de Ricardo le sonrieron a André. Miró hacia un lado, como si recordara algo importante y André vio la libreta y el bolígrafo. Los recogió y los puso al alcance de Ricardo, quien inmediatamente escribió:

- André, mi amigo para siempre, ni te imaginas lo feliz que estoy con tu presencia. ¡Dios te bendiga a ti también!

- Si Dios quiere, te pondrás bien y volveremos a jugar nuestro fútbol.

Haciendo una pausa calculada, informó:

- Vine aquí para verte. Pero también. para prepararte para la próxima reunión con el Capitán Andes.

"Vamos, pensó Ricardo: estoy seguro que no hay rastros del pasado entre nosotros; sin embargo, tu presencia está indeleblemente ligada a mí en esta vida. Según el consejo de Jerobõao, todo lo que pueda hacer para ayudarte lo haré, de hecho, debo proceder con quien pase delante de mí...:'

Al ver que su amigo estaba pensativo, André concluyó la información:

- Yo estaba en el auto que te atropelló; fe hecho éramos Angélica, Carla y Andes, este último, conduciendo.

~ 0 ~

Luego de la partida de André, Ricardo se quedó meditando sobre los hilos que teje el destino: "¡¿Cómo fue posible que lo haya atropellado el auto del Capitán Andes?!" "¡¿Y por qué estaba su esposa en el auto con sus dos hijos, familiares de su vida pasada?!."

Siguió pensando en esto hasta que cayó la noche.

Con creciente ansiedad esperaba la visita del Capitán Andes. Recordar al ex comandante era recordar a Carla, con quien su unión no podría haber prosperado en esta vida, rezaba por el bien y la felicidad de la pareja.

Incluso con un dolor constante, mostró paz.

Ayudado por Jerobõao, había aprendido una valiosa lección, que lo acompañaría hasta la eternidad: la oración y el pensamiento en el bien constituyen un poderoso anestésico para el dolor y todos los males, tanto del cuerpo como del espíritu. Cuando escuchó este consejo, todavía en la "etapa espiritual", preguntó: ¿qué anestésico es ese? Obtuvo como respuesta una sola palabra: ¡paz!

Aunque llevaba menos de veinticuatro horas despierto, las enfermeras ya estaban ahí, ¿cómo era posible que un paciente tan traumatizado, ciertamente, en medio de un dolor insoportable, ¿mantener la calma? Esto se debe a que, en un hospital, es un hecho conocido por los profesionales médicos que por la noche, la mayoría de los pacientes, especialmente los heridos o recién operados, ruegan que les den medicinas para el dolor o que les permitan dormir. Y Ricardo, con tantos problemas así, no había pedido nada, ninguna petición o solicitud...

Un segundo antes de entrar, Ricardo adivinó quién estaba al otro lado de la puerta. Entraran. Primero Carla, luego Andes; pronto después, Balduino.

Los rostros de los tres eran de aprensión. No sabían con seguridad cuál sería la acogida que se les daría.

Andes fue el más aprensivo: conducía el auto que había atropellado al ex soldado y, principalmente, desde el punto de vista policial, "del ex novio de su esposa..."

Aunque algunos testigos dijeron que el coche circulaba a velocidad moderada y con el conductor atento al tráfico, la investigación policial había insinuado la posibilidad que otros factores estuvieran presentes en el accidente...

Había llegado a conocimiento de la policía que Ricardo había estado enamorado y prácticamente había sido expulsado de su casa por su padre, además de negarle asistencia, allí en la Carpa; Una vez en posesión de dicha información, el comisario no tendría más remedio que considerarla como un defecto en el testimonio de los testigos. Así, aunque personalmente no creía en la malicia de Andes, el comisario se vio obligado a considerar, aun remotamente, la hipótesis que hubiera habido venganza. En cualquier caso, la investigación tendría que ser rigurosa y abarcar todos los ángulos del hecho.

Actuando con prudencia y siguiendo siempre los preceptos legales, Tadeo investigó el accidente, entrevistó a varios testigos, escuchó a los ocupantes del vehículo y así quedó convencido de la inocencia de Andes.

Pero era necesario escuchar al ofendido, o quién sabe, a quien tal vez el Ministerio Público consideraría "víctima."

Por todo esto, los visitantes observaban ansiosamente a Ricardo casi completamente enyesado y con las piernas atadas a alambres de acero y pesas de contrapeso.

El trauma, visiblemente, había sido grave. Esta comprensión causó más malestar en Andes.

Pero todas las expectativas se desvanecieron rápidamente, ya que observaron, con sorpresa, que el paciente presentaba una extrema serenidad, tanto en sus ojos como en sus demás rasgos faciales. Andes, acostumbrado por profesión a tomar decisiones principalmente en situaciones difíciles o embarazosas, cualesquiera que sean las circunstancias, tomó la mano derecha de Ricardo:

- ¡Buenas noches, Ricardo!

El ex subordinado respondió con solo una mirada. Ninguna señal, ninguna señal de ira, odio o rechazo. Estaba y se mantenía calmado.

Ahora fue Carla quien avanzó y también tomó la mano izquierda de Ricardo, ya que Andes no había soltado la otra:

- Buenas noches, Ricardo. ¿Cómo te fue?

La mirada tranquila del paciente respondió tácitamente: "bien...."

Balduino luego rodeó la cama y puso su mano sobre el yeso que cubría la rodilla de Ricardo, repitió el mismo saludo:

- Buenas noches, Ricardo.

Por tercera vez sus ojos respondieron, clara y fraternalmente.

Pensamientos y más pensamientos pasaron rápidamente por los cuatro.

Ricardo miró insistentemente el portapapeles y el bolígrafo en la mesa y con una mirada le pidió a Andes que se la pasara. Al coger el portapapeles, con un bloc de notas, en la primera hoja, en letras mayúsculas, había una advertencia: "*Ricardo no puede hablar, pero puede escribir.*"

Ricardo escribió:

- Que Dios les recompense por la alegría que me dan al venir a visitarme. Lamento los desórdenes que he causado. No tuvieron la culpa de nada. Estaba muy confundido y sin rumbo, sin prestarle suficiente atención mientras cruzaba la calle. El accidente ocurrió única y exclusivamente por mi falta de cuidado. Perdón.

Andes, cuando lo leyó, se emocionó. Le pasó la nota a Carla, quien quedó igualmente conmovida. Antes de terminar la lectura rompió a llorar, siendo apoyada por su marido. Balduino, sin entender lo que pasaba y sin nada más que hacer o decir, leyó la nota que le entregó Carla.

El Sargento se sintió avergonzado por las lágrimas que flotaban en sus ojos.

Con esas palabras Ricardo logró brindar, principalmente a la pareja la paz interior que habían venido a buscar. Porque, hasta entonces, la deuda que se había levantado injustamente en la investigación del atropello les resultaba insoportable.

La actitud de Ricardo, asumiendo plenamente lo sucedido, ya empezaba a abrir el horizonte recomendado por Jerobõao, pues se ganó tres admiradores sinceros, y más que eso, ¡ganó tres amigos!

Andes y Carla cogidos de la mano de Ricardo, ella llorando convulsivamente; el Sargento sin poder pronunciar palabra, denotando al grande emoción; el paciente estaba absolutamente inmóvil: esta es la escena que vieron el doctor Elías y el comisario Tadeo cuando entraron en la habitación y ante lo que, a su vez, quedaron asombrados.

¡Comenzaron a pensar, simultáneamente, que Ricardo había muerto!

Avanzaron unos pasos y se toparon con una escena más inusual que la anterior: el paciente, sonriendo levemente, demostrando gran serenidad, con la mirada "guardaba" a los visitantes que lloraban, dándoles equilibrio.

El comisario vio que había algo escrito en el portapapeles.

Leyó.

Entendió que el caso, desde el punto de vista policial y jurídico, prácticamente se desarrollaba allí, según había declarado a la policía la "víctima."

Él era feliz. Le pasó el portapapeles a Elías, quien también lo leyó.

Preocupado por la presión emocional bajo la que estaba el paciente. El médico pidió a los visitantes que finalizaran la visita, lo que fue rápidamente respondido.

Lo hizo bien.

El médico y policía felicitaron a Ricardo por su buena actitud, avisando totalmente a sus amigos que acababan de salir.

Cuando Ricardo se quedó solo, empezó a recordar nuevamente el futuro de su vida. El silencio del hospital demostraba que todos los visitantes ya se habían marchado, que los pacientes, muchos de ellos, ya estaban dormidos y que la rutina diaria había llegado al punto de limitarse a las actividades propias de la noche...

Pensando y pensando, no pudo evitar que el recuerdo de algunas mujeres con las que había tenido una relación aparecieran en su escena mental.

Fue porque pensando en sexo se quedó dormido...

Sin embargo, en mitad de la noche se despertó bruscamente: el silencio era ahora total. En el hospital, en ese momento de la madrugada, no se oía nada.

Unos instantes más se despertó, esperando escuchar algo, pero le invadió una fuerte sensación de no estar en un hospital y sí en una región rural tranquila y pacífica, donde la noche tiene el sonido del canto de los grillos y el croar de las ranas.

Todo contrastaba con la noche anterior, cuando lo despertaban casi cada hora enfermeras diligentes que, siguiendo prescripciones médicas, le tomaban la temperatura y el pulso.

Ahora, en esa segunda noche, se sentía como el único ser vivo en el mundo.

Ruidos, solo los de grillos y ranas. Ciertamente – pensó -, el hospital estaba en una región cercana a la vegetación y a un lago.

La temperatura ambiente era cálida, pero sudaba profusamente y eso estaba fijado en su mente, el sueño, o más bien la pesadilla, de la cual acababa de irse cuando despertó. El sueño había sido erótico: se veía en una conversación íntima y sensual con una joven muy atractiva; en el éxtasis de tal relación, aparecieron sombras que avanzaron hacia él, de nuevo, agarrándolo ferozmente. Había más de cinco atacantes. ¿Cuántos? ¿Seis? ¿Ocho? Los malvados tenían un jefe: ¡Moacir, el padre de Carla!

En ese momento, aun soñando, recordó la pesadilla que pasó en el cuartel militar, cuando no tuvo reacción alguna ante el peligro. A raíz de este recuerdo se acordó de Jerobõao. Luego, una y otra vez, su actitud mental cambió. Aunque todavía estaba rodeado de sensaciones eróticas, de las cuales su joven cuerpo no tuvo dificultad en liberarse, logró revertir la dirección de la energía sexual en la que se encontraba actualmente. Reemplazó, en su mente, la paradójica situación de placentera sensualidad que le provocaba la joven y el peligro que representaban Moacir y sus seguidores, reemplazó todo eso por el recuerdo del jardín iluminado de la espiritualidad.

Inmediatamente se despertó.

Quizás ayudado por el silencio de la noche, recordó lo que había dicho Jerobõao: Jesús escucha todas las oraciones. No deja a nadie sin respuesta. La responsabilidad es de quien pide..."

"Sí - dijo Jerobõao -, muchas veces no lo pedimos. Sí, presentamos una propuesta comercial en forma de oración. Cuando la oración es del corazón, apuntando al bien, propio o de los demás, invariablemente hay aprobación. Aunque sea parcial, considerando el mérito de la persona atendida, siempre hay aprobación" - reiteró...

Jerobõao dijo además: "Por supuesto, ni siempre el que es atendido lo percibe; Dios, en Su infinita Sabiduría y con Su inconmensurable Justicia organizó el mecanismo de servicio a las oraciones al que todavía no tenemos acceso completo. Una cosa es incuestionable: no hay problema que una "buena oración" no pueda resolver" - bromeó el hombre más negro que había visto en su vida, pero también la mejor criatura que había conocido...

Recordando todas estas instrucciones, ahora con la libido bajo control, oró: se dejó llevar ante la bondad de Dios, que había promovido su despertar muy rápidamente en medio de la tormenta en la que se encontraba, hacía momentos y agradecía la gracia recibida; pidió a los protectores espirituales que lo ayudaran a dominar sus instintos sexuales, para que si algún día volviera a experimentar el sexo, éste representara la maravillosa fe creativa que Dios concede a todas las criaturas humanas y jamás una razón de perdición, de lujuria, e infelicidad... pidió también las fuerzas para evitar su espíritu vagara por las regiones sombrías del sexo infeliz, cuando en el desenvolvimiento del sueño; agradeció a su Padre por mantener su sexualidad, que acababa de confirmar, pero por ayudarlo a mantenerla bajo control.

Posteriormente la paz y el consuelo visitaron a Ricardo, quien permaneció despierto hasta el amanecer, cuando el "dúo del amanecer" inició su incomparable recital...

Después del café de la mañana oyó que llamaban a la puerta. Era su padre, Adauto.

Sin poder ocultar su leve molestia, se acercó a su hijo y dijo que no había venido antes porque su trabajo no se lo había permitido. Pero estaba feliz de verlo "casi bien."

Ricardo miró afectuosamente a su padre; éste; sin embargo, permaneció estático, incapaz de decir nada más, absolutamente avergonzado. Durante dos o tres minutos así, sin preocuparse ni escuchar nada, se fue, sin tocar a su hijo, y sin siquiera saber que no podía hablar...

Sin dolor, pero castigado por tanta falta de amor en el corazón de quien Dios había designado para ser su padre carnal, Ricardo utilizó la sublime técnica enseñada por Jerobõao: sustituir los pensamientos negativos por la euforia espiritual.

Dirigió un pensamiento al Creador, orando por paz y salud para su padre. Repitió esta misma petición a su madre, Denise, que ni siquiera había ido a visitarlo.

Estaba con los ojos cerrados, rezando, cuando la pantalla del cerebro se iluminó nuevamente y pudo ver y prácticamente revivir, escenas lejanas, perdidas en los pliegues del tiempo, en las que había hecho soportar a sus padres de entonces el peor de todos los dolores: ingratitud filial.

Sus padres ahora eran diferentes, pero el sufrimiento que visitaba su alma era idéntico, por lo que comprendió que una vez más Jesús tenía razón cuando le recomendaba máxima precaución en la siembra, ya que si es opcional, la cosecha siempre es obligatoria...

Reconciliaciones

Dos meses después del accidente, Ricardo logró liberarse del último yeso que tenía en el brazo, antebrazo y parte de la mano izquierda, donde el escafoides carpiano se había partido en dos y ahora estaba soldado.

Con la venta de una casa y un auto usado, los únicos bienes que le quedaban, Ricardo compensó parte de los gastos hospitalarios. Por intercesión del Dr. Elías, el total de la deuda fue considerado saldado por la junta del hospital.

Los padres de André Luiz, Jansen y Marina, tenían un apartamento en la playa, en una ciudad cercana. Iban a pasar un mes en la playa e invitaron a Ricardo a acompañarlos. Insistentes y sinceros, lograron que el joven aceptara, como había rechazado desde la primera invitación.

El argumento que venció la resistencia de Ricardo fue que André Luiz iría los fines de semana y estarían juntos.

Entonces, aun bajo observación médica, se dirigió a la playa. Además, el propio Dr. Elías había aconsejado el aire marino como una de las mejores terapias de recuperación, ya que la fisioterapia todavía tendrá que realizarse durante mucho tiempo...

Durante estos dos meses pasados en el hospital, Ricardo pensó diariamente en Claribel, esperando su visita. Ella no había ido a visitarlo. Entendió la ausencia y hasta le importó un comino la hija del Sargento Balduino; seguramente este último habría comentado en casa el accidente, la visita del tercer día y las demás novedades de las frecuentes visitas que realizó.

Se encontró pensando con tanta insistencia en la joven tan hermosa.

Se reprochó amargamente su mal comportamiento hacia ella.

Pensó: "¿siento admiración por tanta belleza?¿O será que siento amor?" Después de todo este tiempo, en el que los reflejos se multiplicaron, todos los indicadores revelaron a su corazón que era amor. Mujeres hermosas, había conocido a decenas de ellas. En ningún caso se fijó sus pensamientos como en Claribel.

Junto al mar, moviéndose con la ayuda de dos muletas, contemplaba las olas y pasaba horas y horas allí. Se apoyó contra un frondoso árbol de caucho y mantuvo los ojos cerrados durante mucho tiempo reflexionando sobre su vida, recordando la visita a Jerobõao y las dos jóvenes...

De repente, una pregunta le vino a la cabeza: "Dios mío, Dios mío, ¡¿cómo es que no sé los nombres de esas dos chicas que tanto me ayudaron?! ¿Cómo es posible que ni siquiera ahora sepa? ¡¿Quisiera saber cómo se llamaban?!"

Una certeza también invadió su memoria: ¡eran gemelas!

Sin poder evitarlo, comparó la belleza de las dos ayudantes de Jerobõao, cuyas fisonomías similares, tan grabadas en su memoria, con la de Claribel.

Fue lindo darse cuenta otra vez: Claribel era más linda, no tanto, pero tenía algo en su figura que a sus ojos, Ricardo, nunca antes habían visto. "¿Qué será o qué fue lo que provocó en su alma que sientes que Claribel es la criatura más bella del mundo?" - pensó.

Y la misteriosa energía del mar, con la colosal masa de agua alcanzando sus pies, en los más delicados toques de unas gotas de espuma, lo llevó a obtener respuestas a todas sus preguntas sobre Claribel: ¡la amaba, desesperadamente! La amaba, ¡como nunca nadie ha amado a nadie! La amaba, dolorosamente, porque tal vez nunca perdonaría su pasado.

Entonces pensó en ese pasado, en dos aspectos: de esta vida y de otra, en la que había actuado tontamente y equivocadamente con ella. Después de una semana en la playa, con recuerdos tan martirizantes, el padre de André le sugirió que leyese un libro muy interesante llamado "*Sexo y Destino*", dictado por el espíritu André Luiz, psicografiado por el médium Francisco Cândido Xavier.

Ricardo recordaba vagamente estos nombres: algunas personas en la Carpa los citaron: el primero desencarnado y el segundo aun encarnado. Recordó que el tiempo estaba más allá de lo que consideraba "tonterías de esa gente de Kardec...", porque para hacer lo que hacía no necesitaba leer libros y más libros.

Jansen pasó el libro a las manos de Ricardo. Tomando el portapapeles y el bolígrafo Ricardo escribió:

- ¿Quién fue Kardec...?

- Fue un eminente pedagogo francés que codificó el Espiritismo en el siglo pasado, a través de cinco libros básicos. En dos días Ricardo "devoró" el libro. Quedó tan impresionado, ya en las primeras páginas, que apenas comió y bebió poco, estancado en la lectura de la obra.

Todo lo que Jeroboão había dicho, especialmente sobre el allí quedó abundantemente ejemplificada la reencarnación, para no admitir dudas en la Ley de Justicia, siendo el sexo el escenario de tantas vidas sucesivas. Vidas que unen y agrupan a las personas, regresando repetidamente para agrupar y reagrupar a estas mismas criaturas, la mayoría de las veces en el sagrado instituto de la familia. "Causa y efecto", "plantación y cosecha", "choque de retorno", "la acción" - antecedentes y consecuencias - se convertirán en poderosos faros en su espíritu, iluminando los brazos sumergidos del pasado, pero sobre todo, mostrando que los caminos son ahora a seguir.

De hecho, casi todos tus problemas tuvieron su origen en el pasado...

Antes de cumplir el mes previsto para su estancia en la playa, logró leer cinco obras más de la colección de espíritu André Luiz, convirtiéndose en el "fan número uno" del mentor desencarnado.

Por indicación de Jansen, después de leer "*Sexo y Destino*" leyó "*Nuestro Hogar*", primera obra del mismo autor espiritual, libro que viene revelando a miles - quizás millones -, de lectores, no solo brasileños, un detallado panorama de lo que sucede en el mundo de los espíritus. Jansen despertó la curiosidad de Ricardo al decirle que "*Nuestra Hogar*" había sido escrita en 1944 y después de decenas de ediciones por parte de la Federación Espírita Brasileña, había sido traducida a varios otros idiomas.

Impresionado por las enseñanzas de la serie, Ricardo no pudo evitar que un sentimiento de envidia lo invadiera: ¿por qué?

¿No le habían puesto sus padres el nombre de "André Luiz", tal como lo hicieron Jansen y Marina con su hijo? Este sería un humilde homenaje a tan amable instructor espiritual, que lo enorgullecería mucho...

Se reprochó mentalmente: "Estoy pensando tonterías, porque ¿cómo puede una cosa humilde enorgullecernos, si nos sentimos tan opuestos? Y, encima, por envidia..."

Admiraba mucho la belleza y la sencillez de las palabras con las que el médium Chico Xavier expresaba el pensamiento del autor espiritual. Después de terminar de leer los seis libros de la serie "André Luiz", siguiendo la sugerencia de los padres de André, comenzó a leer la serie "Allan Kardec", comenzando con "*El Libro de los Espíritus.*" Mientras leía estas obras iba comentando, siempre con la ayuda del portapapeles, sus impresiones sobre algunos años en particular. Jansen y Marina, espiritistas desde hacía mucho tiempo, siempre añadieron oportunas aclaraciones. ¡Siempre sugerían oración, especialmente antes de ir a dormir, para que a medida que se desarrolla el sueño, tu espíritu reciba más detalles al respecto de parte de los mentores espirituales sobre tal o cual duda.

Ya en la mitad de "*El Libro de los Espíritus*" Ricardo dudaba de la cuestión de su nombre, pensando: "pues podría llamarme 'Allan Kardec'...."

La última noche que pasó en la playa Ricardo oró:

"Padre de Misericordia: ¿cómo pude estar tan equivocado? Compadécete de mí; ¿cómo pude desperdiciar recursos tan preciosos que me fueron confiados?

Solo ahora me doy cuenta de lo maravillosa que es la mediumnidad, incluso cuando en mi caso me la concedieron como préstamo para reducir mi deuda. Padre mío: Pediré al Señor un segundo préstamo, devolviéndome las posibilidades perdidas..."

Él se quedó dormido.

Soñó con Jeroboao, quien le decía:

- Gracias a Dios y gracias a Jesús despertaste a tus responsabilidades; pocas personas en el mundo obtienen la bendición de ser advertidas en medio del viaje por el mar de la vida para cambiar de ruta, ante un inminente naufragio. ¡Ahora, hijo mío, manos a la obra! Recupera el tiempo perdido. La cosecha cristiana te espera. Vuelve sobre tus pasos y calma al grupo que te rodea. Sé un firme defensor de los edificios familiares que la tormenta de las fallas del pasado insiste en derribar. Comprende que tu mediumnidad, especialmente la relacionada con visiones parciales del pasado, no constituye una premonición, sino más bien un expediente misericordioso para ayudar a muchos a aprovechar la reconciliación...

Cuando Ricardo despertó, comprendió el mensaje, traduciéndolo en su único y sublime objetivo para su vida, a partir de entonces: ¡ayudar a los demás!

Después de regresar, el antiguo inquilino se presentó en la casa del Sr. Rodrigues y fue conducido por los padres de André en un automóvil. Tocó el timbre y pronto fue recibido por Cereza, ahora una verdadera "matrona", mientras sus hijos eran seguidos...

Es imposible describir la alegría del animalito, así como el recíproco, de su antiguo dueño.

Los Rodrigues también se alegraron de ver al ex soldado, a quien habían visitado varias veces mientras estaba hospitalizado.

Lo recibieron con júbilo. Siempre les gustó Ricardo. Para muchos de ellos, el joven había representado la riqueza que no tenían, aunque deseaban mucho.

Por tercera vez Ricardo vino a vivir con ellos...

El mes pasado en la playa había producido un excelente efecto de recuperación y así Ricardo pudo abandonar las muletas y utilizar solo un bastón.

Pidió al Sr. Rodrigues que lo llevara, cuando fuera necesario, en su coche, del que era propietario, ¡proponiendo reducir los costos de combustible! Desprendido, Rodrigues accedió rápidamente.

Regresando al médico para seguir el tratamiento de la convalecencia, se le recomendó someterse a algunas sesiones de fisioterapia. El doctor Elías le entregó una tarjeta de presentación, con la dirección de una clínica que recomendó. El mismo día Ricardo fue allí. Se inscribió en el momento que mejor le convenía al Sr. Rodrigues, estando prevista la primera sesión para el día siguiente.

Cuando lo citaron para comenzar masajes y ecografías en las articulaciones cercanas a las rodillas y los hombros, su corazón casi se detuvo: ¡la fisioterapeuta era Claribel!

¡Estaba hermosa, increíblemente hermosa, con su uniforme blanco!

Estaba manipulando el dispositivo electrónico y el tubo de pomada para las aplicaciones cuando vio quién era su paciente. La sangre se le fue del cerebro y se sintió extremadamente avergonzada.

Sin embargo, cuando miró a Ricardo a los ojos, un extraño sentimiento la salvó del bochorno: tenía el brillo de la paz y la serenidad.

"Sin codicia" - pensó Claribel al principio.

También pensó: "qué brillo tan extraño en sus ojos, no es malo, es de bondad y energía; el accidente lo cambió mucho."

Tomando el bloc que traía y el bolígrafo. Ricardo escribió:

- ¡Claribel! No sabía que eras tú...

Retomando el control de sus emociones, recordando que su padre le informara que Ricardo había perdido la voz y que las heridas eran muy graves, habló del deber para con el espíritu de la niña, imponiéndole una conducta profesional.

Y la forma en que trató a Ricardo fue absolutamente profesional.

Sin embargo, en el inevitable contacto epidérmico entre la fisioterapeuta y el paciente, el calor del hombro de éste, sumado al calor de las manos de aquella, casi desencadenó una combustión espontánea en ambos, tremendo el intercambio fluidico que ocurrió, aura entrelazada con aura...

En ese momento, ambos eran verdaderas baterías eléctricas ultra cargadas; por la simple aproximación de campos magnéticos opuestos - activos y pasivos, masculinos y femeninos-, fuertemente energizados por la emoción, de la que el pasado era garante, tenían la sensación de una descarga eléctrica.

Solo que muy agradable...

~ 0 ~

El tiempo que Ricardo pasó en la playa con los padres de André Luiz hizo que los tres se unieran. Entre ellos se estableció un fuerte vínculo de amistad, respeto y admiración. Como Ricardo siempre había sido un amigo cercano de su hijo, la pareja vio un segundo hijo en el joven que había resultado herido. Si André tenía una personalidad pacífica y complaciente, Ricardo era todo lo contrario: agitado, siempre inquieto, nunca fue posible decir que estaba presente en espíritu, aunque su cuerpo lo estuviera.

Siempre editando, inquieto y desconfiado, con la pareja que lo acogió desnudó su corazón y se apoyaron psíquicamente.

Son muchas las personas afectadas por la total falta de atención de sus padres con la amigable pareja que lo acogió abrió su corazón y en ellos se apoyó emocionalmente.

Fue indiscutible a su espíritu el análisis que si sus de sangre no lo toleraban, negándole afecto y amor, Dios había recompensado doblemente esta falta: tanto los padres de los Rodrigues como los de André lo trataban como a un hijo.

Jansen y Marina, en varias visitas a Ricardo, poco a poco fueron penetrando en el corazón de los problemas del chico. Intentaron ayudarlo espiritualmente desde el accidente, ahora de forma directa pues ya lo venía haciendo en sus oraciones, e incluso ya lo habían auxiliado mucho, en la época del uniforme, en reuniones mediúmnicas de desobsesión.

Visitantes habituales del Centro Espirita que ellos mismos habían fundado, no fue difícil convencer a Ricardo para que también asistiera. Siendo médiums, con amplia experiencia en las lides espirituales, inmediatamente se dieron cuenta que el caso de Ricardo tenía su origen en matrices psíquicas. Y también que estos tonos habían sido forjados, modelados, tallados y grabados en el pasado. Intuían que en las reencarnaciones superpuestas a la reencarnación, el joven acumularía cualidades apreciables, pero también pesadas deudas. Al tener una fuerte carga de magnetismo en su personalidad, lo más probable es que no supiera cómo hacer un buen trabajo. De hecho, la experiencia doctrinaria espiritual demuestra que todas las dificultades, todas sin excepción, son cosecha de los que sembraron desamor.

Avergonzado, Ricardo tomó asiento entre el público.

La reunión estuvo abierta al público, que aquella noche contaba con unas noventa personas. En la inauguración, precisamente a las ocho, el líder invitó a la madre de André a pronunciar una oración. Luego, otra persona leyó un trecho del libro *"El Evangelio según el Espiritismo"*, de Allan Kardec.

El texto "Ama a tus enemigos" decía que debemos amar a quienes nos persiguen, dañan u odian... A medida que avanzaba esta lectura, se explicó que tal amor no constituye una linda convivencia ni demostraciones de cariño; de hecho, no es posible tener amistades con enemigos porque no puede haber vínculos de simpatía entre personas que se desagradan; allí el sentimiento resulta de una ley física: la de la asimilación, la acción y la repulsión de los fluidos - los pensamientos envuelven a las personas en efluvios placenteros, mientras que los malos dictan una corriente fluidica cuya impresión es dolorosa. *Amad a vuestros enemigos y orad por ellos*; les deseo bien y progreso espiritual; y no tener odio contra ellos, ni rencor, ni deseo de venganza; y perdonarlos incondicionalmente por el daño que nos hacen; y ayudarles en cualquier forma posible, siempre que esto también sea factible.

Ricardo grabó en su mente la insólita interpretación del consejo de Jesús: *"Ama a tus enemigos"*: "¿Era eso?" La mayoría de personas piensa que amar a los enemigos es tener para con ellos la misma ternura que se tiene por un amigo o un hermano, el afecto que sentimos por quienes amamos y lo que hace latir de felicidad nuestro corazón está en la Naturaleza, mientras que nuestros sentimientos son diferentes con los enemigos; Debemos tenderles la mano siempre que sea necesario y lo más importante es sentirnos felices con su bienestar y estar siempre dispuestos a la reconciliación...

La lógica se unía a la razón y al sentido común, a las interpretaciones sencillas de las palabras de Jesús.

Ricardo asistió a varias otras reuniones a lo largo de tres meses. Desde el principio le sorprendió la sencillez del lugar y de las reuniones: paredes sin cuadros ni dichos; todos los participantes vestidos de forma sencilla, sin uniformes, delantales ni ropa especial; sin imágenes; ningún instrumento musical, excepto música grabada e incluso en el tono más bajo posible a la audición; sin daños ni ofrendas materiales a los "Guías"; sin bebidas, no será simplemente agua que se fluidifique a través de los médiums.

Desde que viniera de la playa, recibía constantemente la visita de los padres de André, quienes siempre le ofrecían nuevos libros espíritas, que eran leídos cada vez con más atención.

Comparando los postulados de la llamada "Tercera Revelación", como todo demuestra ser Espiritismo, con el trabajo en la Carpa, Ricardo concluyó que el bien es el sur de toda la Naturaleza, una escalera que les permite progresar cada vez más, anclando su comprensión de cómo escalar; por eso es que los espíritus se atraen o se repelen, en posición directa de identidad de ideales; así, en las religiones en particular, no podría ser diferente.

Por su parte concluyó que si bien la Umbanda es en esencia un buen camino espiritual, donde se practica mucho bien, lo mejor para el espíritu es liberarse de todo lo que lo ata a la materia: si la verdadera vida, la que nunca tendrá fin, es la vida espiritual, entonces, cuantas menos conexiones materiales haya en las prácticas religiosas, mejor y más rápido se moverá el espíritu, ya sea encarnado o incluso desencarnado. Pensó en la sublime peregrinación a la tierra de Jesús, en la cual se defendieron todos los fundamentos materiales y se consideró que los dogmas, así como todo el conjunto material empleado por las religiones, son humanos.

Es deber del cristiano respetar y respetar enormemente aquellos dogmas, rituales y preceptos jerárquicos que se encuentran o se utilizan en las prácticas religiosas, de cualquier credo.

Sin embargo, indiscutiblemente, constituyen atavismos - herencia de caracteres físicos o psíquicos de ancestros remotos -, que tarde o temprano, con la evolución espiritual, serán despojados del núcleo terrenal.

~ 0 ~

Durante el tratamiento de fisioterapia que había iniciado Claribel, tuvo la desagradable sorpresa de ver, luego de la segunda aplicación, de una serie de diez, que estaba reemplazada. Al pedir el reemplazo, se enteró que la joven, extremadamente nerviosa, había pedido una licencia de diez días...

Es que Claribel había usado esa excusa para librarse del contacto con ese paciente que tanto la avergonzaba. Ricardo representó para su corazón y para su cuerpo una extraña dicotomía: si el recuerdo de lo sucedido en la fábrica le desagradaba, su cuerpo se inflamaba por la repetición de aquel beso, y más que eso, su presencia física, el día anterior, había despertado en ella, deseos físicos dormidos...

Su Espíritu rechazaba a Ricardo.

Su cuerpo lo anhelaba.

Entre uno y otro, en este conflicto que tantas veces siente el ser humano, la lucha es casi siempre desigual: la razón deja paso a la libido.

En el caso de Claribel, las emociones de una joven soñadora y la natural atracción física que sentía por Ricardo, sujeta a su equilibrio espiritual y pureza moral, se desvanecieron en dudas sin respuesta. Liberándose de tal inseguridad, podría alejarse del objeto de sus sueños, a veces de euforia espiritual, a veces de pasión...

Se alejó materialmente de Ricardo pero su alma insistió en mantener la llama del romance, del ideal femenino, de la búsqueda de un encantamiento.

Fue así que pasaron otros tres meses.

Si Claribel perturbó la memoria de Ricardo, implosionando siempre todos los deseos de realización como mujer, a su vez, Ricardo también sufría.

Mudo, debilitado, traumatizado y sin familia, se apoyó en los padres de Rodrigues y André, para su cuerpo y su alma.

Desde su accidente, había encontrado en ellos un fantástico apoyo y pensamientos de vida ante su dependencia y angustia.

Sin embargo, el mayor apoyo fue el brindado por la Doctrina de los Espíritus - el Espiritismo -, que es considerada por muchos como el Consolador Prometido por Jesús.

Adoptó plenamente sus fundamentos y con ello formó un nuevo proyecto de vida: lucharía con todas sus fuerzas por volver a ponerse en pie, plenamente consciente que él mismo había causado sus problemas.

La lógica incuestionable de la Reencarnación y la Ley de Causa y Efecto - Acción y Reacción -, resultó en la iluminación interior que le llegó respecto de la libertad de plantar, pero por la intransferible obligatoriedad de cosechar...

Comenzó a escribir pequeños artículos doctrinarios.

En estas ocasiones notó que su mano se electrificaba, parecía duplicar su tamaño y la escritura permanecía en su mano más fácil, como más veloz.

Fue invitado a asistir al Centro Espirita en reuniones de educación mediúmnica. Pronto quedó demostrada su capacidad para recibir, por escrito, comunicaciones espirituales – mediumnidad psicográfica -. Las ideas le llegaban a ráfagas, su mente y su mano las trasladaban al papel, a muy alta velocidad. Fue perfecta simbiosis entre lo que los espíritus amigos intuyen y lo escrito.

No pasó mucho tiempo para que Ricardo, el ex *pai-de-santo* que ayudaba a las personas necesitadas en la Carpa, realizara las mismas actividades en el Centro Espirita. La diferencia, entre entonces y ahora, fue que Ricardo respondía exclusivamente a solicitudes de orientación por desadaptaciones de origen espiritual, ya fueran comprobadas o apenas sospechadas. Allí no se abordaron problemas materiales, como los relativos a relaciones pasionales, colocación profesional, cuestiones financieras y comerciales, etc. A través de las directrices escritas, que invariablemente provenían de mentores espirituales vinculados al Centro Espírita, se sugirieron tres medidas iniciales a tomar:

- auto reforma espiritual - dominio de las malas tendencias.

- dedicación a los pobres, en actividades asistenciales - no solo limosna, sino, principalmente, participación personal en la ejecución de tales tareas.

- implementación del "Culto del Evangelio en el Hogar" - lectura evangélica, en día y hora fijos de la semana, con toda la familia reunida, con estricta observancia de puntualidad y asistencia.

Así, Ricardo inició la más difícil de todas las reconciliaciones: ¡consigo mismo!

~ 0 ~

Un año después del accidente, Ricardo se había recuperado bien, aunque todavía no del todo, pero podía caminar mejor. Estaba siempre aprovechando el bastón, aunque rara vez era necesario. La voz; sin embargo, no volvía, sin que los médicos pudieran explicarlo en los distintos exámenes a los que periódicamente lo sometían. ¡Los neurólogos e incluso los psiquiatras no habían encontrado ninguna causa aparente para ello!

Los padres de André no eran adinerados. Socialmente, cayeron en la clase media.

Todos los exámenes, consultas, medicamentos y tratamientos físicos, la terapia que Ricardo había seguido hasta ese momento había sido complementada económicamente por la feliz pareja, ya que el tiempo en la llantera era insuficiente para cubrir dichos gastos.

Ricardo por cierto llegó a saber que sus gastos mensuales estaban sacudiendo el vínculo doméstico de aquella familia: llegó una visita que hizo a Jansen y Marina llegó a la puerta de la casa simultáneamente con un cobrador, quien se mostró nervioso por tercera vez que estaba allí sin poder cobrar una deuda.

Aunque todavía estaba débil y sin todo el movimiento decidió, en ese mismo momento, buscar trabajo. Ni siquiera llegó a entrar, retirándose de la calle, para que Jansen o su esposa no lo vean. Con esta actitud, su intención era evitar el bochorno que seguramente provocaría la presencia del cobrador.

Buscó en varias empresas un trabajo adecuado para él por su situación física. Innumerables intentos fracasaron: ¿qué empresa aceptaría a una persona muda con bastón? Obviamente, ninguno. Ésa fue su propia conclusión.

Mientras buscaba trabajo, fue bastante humillado en varios firmas, pero no se dejó desanimar: no era raro que pareciera escuchar en sus oídos una voz que le recomendaba perseverar. Después de quince días de infructífera búsqueda de mano de obra remunerada, intuyó que tal vez iba a cambiar de estrategia:

En lugar de buscar más empresas, les explicaría francamente a los padres de Rodrigues y de André su deseo de trabajar porque tal vez ellos podrían ayudarlo; de hecho, recordó que Rodrigues, hacía algún tiempo, le había encontrado trabajo como herrero... Se escuchó un clic: ¡eso fue todo! ¡Volvería a trabajar como reparador de neumáticos!

De neumáticos entendió y entendía muy bien la teoría.

Se pondría de acuerdo con el Sr. Rodrigues en una manera de continuar administrando el negocio en la llantera de su propiedad, incluso porque no podía hablar. Rodrigues, pasando de inquilino a administrador, no tendría ninguna pérdida financiera, ya que propondría un acuerdo en ese sentido.

Casi exultante de felicidad, ante esta inspiración, era la tarde en el patio trasero de la casa de Rodrigues, esperando que llegara para poder hablar. Se sentó a la raíz de un generoso manzano y allí mismo, mirando al cielo, agradeció a Dios que hubiera tenido esa idea, o mejor dicho, aquella intuición, cuyo origen estaba seguro provenía de Jerobõao.

A través de las ramas del árbol de mango vio ponerse el Sol.

¡No tuvo la más mínima dificultad para ver a Sirius, la estrella que aparecía por primera vez en la Tierra, al final de los días, como un maestro de ceremonias, anunciado el gran espectáculo comenzaba de un cielo lleno de estrellas!

Antes que el día terminara por completo, la estrella ya brillaba.

En un momento tuvo una visión curiosa: tal vez por un reflejo de la luz que salpicaba las hojas verdes, tal vez por una visión espiritual, en cualquier caso, vio un neumático rodeando la estrella, coincidencia, que pensó que tenía algún efecto óptico. Interesante fue el color verde fosforescente del neumático "imaginario" en la cabeza de Sirius.

En cualquier caso, esto parecía ser una aprobación del cielo a sus propuestas.

Miró de cerca: solo vio la estrella. Entonces pensó: "sí, recibí un mensaje."

Rodrigues, muy conmovido por el planteamiento de Ricardo, accedió a cambiar el contrato comercial que existía entre ellos, relativo a la llantería. Así, Ricardo volvió a sus orígenes: con otros dos reparadores de neumáticos, comenzó a reparar neumáticos, superando algunas de las limitaciones físicas que aun le imponía el accidente.

Ya llevaba dos meses en esta actividad, con los cuales pudo pagar la totalidad de sus gastos médicos, cuando fue abordado por un Oficial Judicial, notificándole que tendría que presentarse en el Tribunal en una fecha posterior, para tratar un asunto de su interés.

El día previsto para la audiencia ante el Juez, Ricardo se presentó allí, llevando consigo al señor Rodrigues, quien le brindó alguna ayuda en las declaraciones necesarias.

No sabía de qué se trataba y por eso tenía bastante curiosidad. Se asustó por la presencia del Dr. Silva - abogado de los familiares de los siempre recordados Albuquerque y Herminia -, en la sala de espera, antes de iniciar la sesión.

No entendía por qué el abogado lo miraba con miedo y odio en una sola vez.

Pero nada más iniciar la sesión comprendió el motivo de su miedo:

Las investigaciones policiales, que recién ahora habían concluido, demostraron que los neumáticos y las materias primas de vulcanización que fueron robados, tenía a Silva como responsable.

Ricardo se asustó: "Dios mío, Dios mío, ¿cómo es posible?

¿Y por qué me hizo esto, precisamente en un momento en que la "Rica" estaba en mayores dificultades?

Fue el propio Silva quien respondió a esas preguntas:

- Interrogado por el juez, declaró que reconocía su culpabilidad, pero se justificó diciendo que lo hacía por temor a que

Ricardo no aceptara el proceso legal que lo había desalojado de la excelente empresa comercial y tal vez buscaría una apelación. Para evitar que esto sucediera, había planeado secuestrar su stock de neumáticos, impidiéndole atender cualquier demanda, y tal vez, cerrar la firma, lo que realmente sucedió. Aclaró que los responsables del secuestro, confundiéndose, también habían secuestrado el material de rescate, llamado 'camel-back', que se encontraba en cajas con etiquetas en inglés: cuando leyeron "camel-back" pensaron que esa palabra significaba "cámara de aire" y por eso también secuestraron el stock de este material, el cual estaba empacado en cajas selladas.

Concluyendo:

- Los neumáticos eran en gran cantidad y pensado que aquellas cajas contenían cámaras de aire, decidieron coleccionarlas. Cuando llegaron con todo el material se dio cuenta del error, pero no pudo devolverlo...

El juez preguntó:

- ¿Qué hiciste con los neumáticos y los 'camel-back'?

Silva respiró hondo y respondió:

- Queda enteramente a disposición de la Justicia, en depósito que alquilé con el "nombre fantasma" de un comerciante de neumáticos.

Y añadió, como redimiéndose:

- El alquiler, señoría, pesa sobre mi cuenta y hasta que la responsabilidad pase a la Justicia...

Allí mismo, el juez le preguntó a Ricardo dónde quería que le entregaran el material, pues ordenaría a los agentes policiales y de la Hacienda Federal recuperar el objeto robado y, tras comprobarlo, si estaba completo, se lo entregarían al verdadero dueño.

Decidió e informó que en cuanto al proceso penal se procedería posteriormente, quedando el imputado en libertad, al no haber sido arrestado por un delito penal y aun siendo un delincuente por primario.

Ricardo, a quien no le importaba, realmente no tenía nada que decir. Su asombro fue enorme: pensaba en el material que recuperaría sus recursos, de incalculable valor, ya que en el mercado nacional actualmente faltaba mucho el "bendito" 'lomo de camello', cuya demanda superó la oferta, provocando una crisis en el sector del reencauchado.

Sus pensamientos se concentraban así en los aspectos materiales del asunto cuando su cerebro se iluminó y su mente espiritual vio una especie de pantalla mental encendida: no había nada en la pantalla, solo estaba iluminada. Luego, sin poder explicar el fenómeno, comenzaron a aparecer en esa pantalla imágenes del Centro Espírita al que asistía; lo que vio fue exactamente lo que sucedió en los primeros minutos del primer día que asistió: la madre de André Luiz leyendo un extracto de *"El Evangelio según el Espiritismo"*, cuyo título ahora brillaba en su cabeza: *"¡Ama a tus enemigos..."*

De repente, se dio cuenta de lo que es "amar a sus enemigos."

A su vez, asombró a Juez, quien incrédulo leyó la nota que escribió y la pasó a manos de aquella autoridad:

"Señor Juez: ¡Le pido que considere lo ocurrido, en qué forma, como un malentendido! El doctor Silva actuó solo tratando de salvaguardar los intereses de sus clientes; le pido que considere que no hubo intención criminal, la mayor prueba es que el material no fue comercializado."

El juez, experimentado en procesos judiciales y demandas complicadas, vio en la actitud de Ricardo, la víctima, un resquicio muy difícil, loable y no desperdiciado, para que la Justicia se mantenga, pero muestre su rostro benévolo, ante el entendimiento humano y entre las partes que puedan verse envueltas en un litigio.

La nota de Ricardo fue entregada a Silva por el juez, causándole igualmente incredulidad ante lo que leyó.

El abogado recibió una severa advertencia por parte del Juez, quien elogió el gesto de aquel hombre que lo había perdido todo, tal vez incluso parte de su salud. Con visión y simpatía por el joven mudo adelante, anunció que dictaría sentencia absolutoria contra el imputado, en vista del acuerdo entre las partes, que aprobó en ese acto; complementó su sentencia diciendo que no podría haber sentencia sobre el robo hasta que la víctima retirara la denuncia.

Silva miró a Ricardo, con los ojos muy abiertos, sin creer que eso pudiera pasar. No pudo contener un impulso que brotaba de su alma y abrazó conmovido a quien consideraba enemigo.

Su gesto, de puro agradecimiento, fue recibido por Ricardo con seriedad, pero sin ningún rastro de superioridad o dolor, hizo que el abogado, acostumbrado a las emociones del público, llorase abundantemente. Nunca, en toda su vida, privada o profesional, había sido testigo de tanta nobleza. ¡Y lo más encomiable de la acción de Ricardo fue el hecho que su acción no requirió largas reflexiones, sino que ocurrió inmediatamente después de enterarse que él, Silva, era el responsable de su ruina comercial!

¡Si el perdón abrió las puertas de la fraternidad, la gratitud aceptó la invitación!

Ricardo, perdonando a Silva, él mismo recibió el perdón de Antunes para Ernesto... La amistad que comenzó entre ellos tuvo la base para continuar *"ad infinitum."* Quizás Francisco – el iluminado de Asís –, conoció casos similares cuando afirmó que "es perdonando que se es perdonado...."

~ 0 ~

Ricardo invitó al señor Rodrigues a ser su socio. Su plan era transformar la actual tienda de llantas en una empresa similar.
A un "Ricar." Para ello, deberían comprar el nivel, que no sería difícil, ya que el propietario ya lo había ofrecido varias veces.

Tenían un excelente stock de neumáticos y una gran cantidad de lomos de camello que había comprado su antiguo director. Podría vender mucho de ese material, el cual es el producto principal en el mercado actual que todavía les quedaría para que lo usen ellos mismos. Con el dinero de esta venta comprarían la propiedad.

La única dificultad sería la liberación de los tributos por parte de las autoridades municipales.

Rodrigues aceptó la invitación y con algunos ahorros pudo ayudar a reunir el equipo necesario.

Silva también fue invitado a ser socio, a cargo del departamento jurídico. No tenía suficiente capital, por lo que rechazó la invitación. Ricardo, actuando por intuición y recuerdos de su vida anterior, facilitó al abogado su incorporación a la sociedad. Con su gesto saldó parte de sus deudas morales, pues devolvió la condición de socio a quien anteriormente había padecido esa misma condición.

Silva presentó y dio seguimiento a una petición ante los órganos competentes de la ciudad para obtener autorización para instalar la empresa de reencauchado en el lugar donde ya funcionaba la fábrica de caucho.

Una vez obtenido el "permiso", los demás planes no tardaron en materializarse.

En el Registro y Títulos de la ciudad quedó inscrito el contrato mercantil de la empresa, redactado por Silva y firmado por Ricardo, Rodrigues y el propio abogado.

La inclusión de opciones comerciales se hizo de forma muy sencilla, sin apertura, a petición de Ricardo y con el pleno consentimiento de los socios.

Ricardo pidió a los socios que llamaran a la empresa "Sirius" - Llantas y Accesorios Ltda."; el logo sería una llanta verde con una estrella brillante en el centro…; también solicitó que la luz de entrada de la empresa se mantenga encendida día y noche; aunque sin entender las razones, los dos socios aceptaron las sugerencias.

Una vista única se ofreció a los clientes y transeúntes, la de aquel neumático con estrella de cristal, con la luminosa combinación cristal-verde.

De esta manera, de un momento a otro, Ricardo volvió a ser el de antes: un empresario al que le gustaba lo que hacía y por eso se sentía profesionalmente realizado.

Tenía socios que eran mucho más amigos que socios, desmintiendo la creencia popular que desaconsejaban "mezclar negocios con amistad"

En pocos meses la empresa comenzó a generar ganancias, ya que sus bases eran sólidas y todo el proceso de venta comercial empleado estaba equilibrado, fruto de la experiencia que tenían sus dueños.

Ricardo siguió viviendo en la parte trasera de la casa de los Rodrigues. Todos notaron con gran admiración, que Cereza no ladró celebrando a su dueño, ya que este no podía hablar, con total afonía; de hecho, el animalito, por Dios sabe qué motivos, desde entonces había dejado de ladrar, limitándose a emitir pequeños sonidos, gemidos, casi inaudibles...

El todavía joven empresario fue autorizado por los médicos a conducir y en cuanto pudo se compró un coche. Asistía casi a diario a la casa de los padres de André, con quienes había desarrollado una apreciable simbiosis de ideas. Sus pensamientos, generalmente vinculados al Espiritismo, eran en su mayoría coincidentes: el joven había aprendido también a ser conciso en la expresión de sus ideas, habiendo adquirido hábitos sencillos y hogareños en la dosificación y gestión del tiempo. Siempre trató de estar a cielo abierto siempre que fuera posible, desde el mismo momento en que el Sol, todavía presente, "pasó el mando" del espectáculo a su sustituto infalible y puntual: ¡Sirius! Se había acostumbrado a orar en varios tiempos del día:

- antes de levantarse de la cama, de mañana;

- antes del almuerzo, siempre al mediodía, cuando una sirena anunciaba el final de la mañana y el comienzo de la tarde;

- Desde el crepúsculo, cuando el cielo solo mostraba la estrella...

- finalmente, por la noche, antes de dormir.

Dormía temprano, siempre después de leer una página doctrinaria. Si el libro *"Sexo y Destino"* abrió su comprensión de la reencarnación, con sus antecedentes y consecuencias, el libro *"Los Mensajeros"*, escrito por el espíritu André Luiz, ¡le reveló la verdad! trabajo que él, Ricardo, había hecho en la unidad parroquial: en el capítulo número diez – "La experiencia de Joel" – y se narra la desventura del médium – Joel –, quien dotado de la clarividencia de vidas anteriores, para utilizarla en beneficio de otros, utilizará tan preciosa condición en su propio beneficio...

~ 0 ~

Temprano en la madrugada.

Silencio en medio mundo.

La noche caminaba tranquilamente hacia un nuevo día.

Luces, solo las de las farolas de la calle y las de las estrellas de arriba...

Quietud.

Paz.

Armonía.

Ricardo, en un sueño tranquilo, despertó bruscamente.

En menos de un segundo recordó su sueño: Jerobõao le advirtió que Nair estaba en peligro.

Fijó sus pensamientos en la información "¡Nair em peligro!" "¿¿¿Nair???" – pensó. "Pero, Nair... ¡ahora era Carla! ¿Sería que Carla estaba en problemas?" Oró: "Dios mío, por misericordia y piedad, dame este misterio." Encendió la luz de la habitación y abrió su Evangelio. El texto:

"Parentesco corporal y parentesco espiritual." No había leído cinco líneas cuando vio con los ojos del espíritu; es decir, en la pantalla mental, que Jerobõao estaba apoyando a Moacir, el padre de Carla que, estando enfermo, estaba furioso. En su exasperación, expuso su odio hacia Ricardo, quien lo había dejado morir, y ahora tampoco quería ayudar a su hija Carla, repitiendo lo que ya le había hecho a Nair...

La visión se disipó. Ricardo quedó asombrado: tenía dudas de haber recibido la visita de su amigo espiritual, trayendo a Moacir.

Decidió: iría ahora mismo a casa de Carla.

Se preparó rápidamente y sin siquiera decírselo a Rodrigues sacó el auto del garaje y se dirigió a casa de Jansen, porque además al no saber el paradero del matrimonio Andes-Carla, no sería prudente llegar solo a esa hora de la madrugada.

Jansen, al darse cuenta de la clarividencia, se dispuso a acompañar a Ricardo.

A los pocos minutos llegaron a la residencia del Capitán Andes y con preocupación vieron que las luces del interior estaban encendidas. Tocaron el timbre y fueron atendidos por la camarera, que estaba claramente angustiada. Jansen:

- ¿Donde esta tu jefe?

- Está en un campamento...

- ¿Y la señora Carla?

- Se siente muy mal... está embarazada y debía dar a luz en unos días pero empezó a sangrar a mitad del parto.

- Llevémosla al Hospital Militar.

Dicho esto, Jansen avanzó y ya se dirigía hacia las habitaciones superiores de la mansión, cuando se escuchó un agudo grito de dolor proveniente de allí.

Los dos hombres corrieron, subiendo las escaleras en unos pocos segundos.

Encontraron a Carla luchando en la cama, perdiendo sangre y cuando entraron, la mujer se tiró al suelo, completamente fuera de control. ¡Como un felino Ricardo fue más ágil que la sorpresa del peligroso gesto: se lanzó desde casi dos metros de distancia y con su cuerpo detuvo el de Carla, evitando la colisión y evitar ciertos desastres.

Carla, ante el dolor y la sangre que la acompañaba, perdió completamente el equilibrio, si caía sobre su taburete, seguramente el bebé no podría resistir la presión del peso de la madre. Con energía y fuerza muscular desconocidas Ricardo estuvo providencial en la acción, aunque todavía tenía secuelas físicas del accidente.

Ayudado por Jansen y su empleada, reemplazó a Carla en la cama...

Colocando sus manos en la frente de la antigua enamorada, cuya mirada suplicante demostraba un dolor extremo y desesperación, Ricardo le pidió a Jesús que su hermana sufriente encontrara alivio...

A los pocos momentos Carla se durmió y la hemorragia disminuyó.

La ambulancia, llamada de urgencia, trasladó a la esposa del Capitán Andes al Hospital Militar, donde, por la mañana, nació un hermoso bebé.

Habiendo la parturienta perdido mucha sangre, Ricardo se ofreció para la reposición, pues fue informado del tipo sanguíneo y del "factor RH" de la paciente, rarísimo, era similar al suyo.

Después de la transfusión y el café reforzado que tomó, fue a la guardería para ver al bebé; Ricardo quedó deslumbrado por lo que vio espiritualmente: junto al recién nacido estaban Jerobõao y Moacir.

Jerobõao casi cegaba a Ricardo frente a tanta luz que enmarcaba su perfil.

Moacir, todavía sostenido por el mentor pero ahora mostrando calma y felicidad en su rostro, vio a Ricardo; aproximarse entre lágrimas, se arrodilló y le besó las manos. Telepáticamente le dijo: "¡Ricardo, Ricardo, que Dios te pague! No sé si fui yo o fuiste tú quien hizo más mal en el pasado; sin embargo, a partir de ahora cuenta conmigo, como tu amigo fiel; ya no me debes nada, te debo la dicha de ver, ¡salvados por ti, a mi hija y a mi nieto tan hermoso..."

Ricardo también supo responder, habiendo Moacir captado: "Ninguno de los dos estamos en deuda el uno con el otro, pero simplemente de Dios, nuestro Padre, que envió al buen Jerobõao para reparar tanto daño que hemos hecho en nuestras vidas... en cuanto a la amistad, yo también soy tu amigo y, más que eso, soy tu humilde hermano."

Jerobõao y Moacir desaparecieron.

La enfermera de la guardería, al verlo tan cariñoso con el bebé, lo trajo para que lo tuviera unos minutos en brazos, como avisó.

¡Ricardo estaba feliz de tener en sus brazos a esa delicada criatura!

Mirando embelesado al niño lo identificó: ¡era Mario, el ex prometido de Nair! ¡La misma persona que un día tuvo la dicha de tener a Ernesto a su lado, robándole el amor, ahora recuperado, por los invencibles caminos del Señor de los Mundos!

Sí, si el amor tiene su rostro apasionado, por eso deja de ser amor, al contrario, se exalta, cuando a través de los sabios designios divinos de la reencarnación, subraya los sentimientos de dos espíritus transformándose en maternal y amor filial...

Nair y Mario, con su amor frustrado en una vida anterior, ahora se habían reencontrado, reuniendo sus destinos en la santidad de un hogar, como madre e hijo. Allí mismo, Ricardo elevó su corazón a Jesús, agradeciendo tantas gracias recibidas, una tras otra: se había reconciliado con Silva - su ex socio Antunes -, con Moacir - su ex suegro - y con Mario - ahora recién nacido, con su pequeña ayuda -, aun más importante, ayudó a Carla cuando más lo necesitaba, además de donarle sangre, anteriormente negado.

"Claribel... ¿algún día él también podría pagar su deuda con ella?

Estaba tan extasiado, con la mano apoyada en el pecho, cuando de repente alguien le tocó el hombro: era Andes. Había venido lo antes posible, incluso antes que finalizaran los ejercicios militares. Él sabía de todos los acontecimientos y por eso su agradecimiento hacia Ricardo fue eterno, según declaró, con los ojos llorosos.

Ricardo le pasó al bebé, que estaba envuelto con cariño en su uniforme.

Una pequeña duda cruzó por la mente de la enfermera, que había venido a recoger al niño: ¿cuál de los hombres, era el padre de aquel bebé que había nacido apenas unas horas antes? Allí, en el Hospital Militar, solo nacieron hijos de militares, pero ¿por qué fue el otro hombre quien había traído a la mujer embarazada y hasta le había donado sangre?

Tal duda se debía a que la olvidada virtud de la fraternidad entre las criaturas, tan ejemplificada por Jesús, era rara en la vida cotidiana...

Renacimiento

La vida de Ricardo se estabilizó.

Su situación financiera, en ascenso, no le preocupaba: los beneficios obtenidos, en poco tiempo, permitieron a la vez solidez y expansión comercial de la empresa de la que era accionista mayoritario.

Físicamente las heridas del accidente ya no le molestaban.

Caminaba con cierta dificultad, con pasos lentos, pero sin ayuda de un bastón. Esto, de alguna manera, funcionó como barómetro de sus emociones: si bien era capaz de ejecutar gestos bruscos, su mente también empezó a funcionar con mesura, sin el ardor de la exaltación, tan propio de los jóvenes. Pensó dos veces sobre lo que vio y luego sometió todos los hechos a la moral cristiana. Invariablemente, surgieron sugerencias mentales de paciencia, tolerancia y perdón cuando se sintió atacado de alguna manera. Su comportamiento pacífico ganó cada vez más clientes y amigos.

Sus constantes lecturas continuaron siendo las obras de Allan Kardec, consideradas la base de la Doctrina Espírita. Releyó varias veces los cinco libros de Kardec. De manera inexplicable, se dio cuenta que con cada lectura, nuevas enseñanzas y conceptos se vislumbraban. La fuerza de la repetición, formas sólidamente adscriptivas, pronunciadas por los espíritus bondadosos, en las que Kardec se elogió por codificar la tercera capa "Tercera Revelación": el Espiritismo. Con estas lecciones y muchas otras, consagradas por la literatura espiritual, dotó su corazón y su mente de un deseo inconmensurable de superación. Comprendió, de manera meridiana, que el Espiritismo no exige nada de nadie: solo el deseo sincero de auto reformarse.

Auto reforma: sustitución del hombre viejo por un hombre nuevo.

En lugar de "deshacerse" del hombre viejo, utiliza todo su acervo de experiencias y cual Fénix racional, emerge de las cenizas de los errores cometidos, fortalece las virtudes, extirpa las tendencias y se eleva a lo más alto.

Para ello, ¡ningún método es tan eficaz como la Caridad! La caridad: moneda universal en todos los planes de vida. Entendiendo estas verdades, Ricardo comenzó a encuadrar todos los acontecimientos bajo tres ángulos:

- pasado, como causa,

- presente, como consecuencia,

- futuro, como equilibrio entre ambos.

Su propio destino, intercalado con altibajos, asincrónico, era un lienzo vivo de esta bendita comprensión:

- sus padres: si no lo querían, ni siquiera le daban cariño o atención, era porque él, en su vida pasada, tal vez incluso en otras, no había sido un padre nato, su situación, en el presente, le tocaba a él enseñar que los padres deben amar a sus hijos, ya que duele mucho pasar por lo que yo estaba pasando...

- amor: hasta ahora, nunca había sido realmente amado por una mujer; pensó: "naturalmente, en los pliegues del tiempo, ¿a cuántas mujeres he engañado? Y ¿cómo las he tratado? Es mejor no detenerse en este análisis..."

- dinero: "cuántas dificultades financieras y cuántas he revisado enojado", meditaba siempre: "a veces pobre, ahora rico, ahora pobre y otra vez rico...; el dinero y bienes que Dios presta a espíritus muy deudores y es una de las pruebas más difíciles que arrastra al que conduce...; cuánta gente quiere dinero, sueña con oro, anhela fortunas y nadie se detiene a pensar cuántas desgracias visitan a casi todos los ricos; bien que Jesús ya advirtió: "es más fácil que un camello pase por el ojo de un aguja que para un hombre rico entrar al Reino de los cielos."

- su salud: el accidente significó "duplicado roto", gracias a Dios; pero, ¿por qué no podía hablar? Este "otro duplicado" todavía faltaba... ¿hasta cuándo? ¿hasta cuándo?

No le repugnaban esos pensamientos, solo sentía una enorme tristeza interior, siempre pensando en Claribel.

"Tal vez nunca más... el beso único... todo está perdido..."

Incluso si lo perdonara, ¿qué esperanza tenía que ella llegara a amarlo, incluso si fuera al menos un amor irrealizable en esta vida? Ciertamente tenía muchos pretendientes y su corazón ya habría sido prometido a uno de ellos...¡La voz! ¿Cuántas personas conocen el valor exacto del habla y cuántas podrían pasar un solo día sin hablar?

No encontraba razón para ser alcanzado por una prueba tan grande. Sin embargo, lo aceptó como si fuera por su bien.

¡Oh! Si pudiera volver a hablar... ¡correría hacia Claribel y lo que sea! Si el resultado fuera el resultado, declararía su amor, tal vez gritando:

"Claribel, mi Clari: ¡te amo!

Mi amor tiene más calor que el sol y más luz que esa estrella que es la primera en llegar... No merezco ser feliz pero ¿qué puedo hacer si mi alma me dice que la felicidad eres tú? Si cometí un error, y sé que realmente me equivoqué, cuento con la benevolencia de tu espíritu para perdonarme; mi amor por ti es tan fuerte y sincero que mi vida brindará condiciones para la reconstrucción; vivir a tu lado será la gloria que mi cuerpo aspira, pero mi conciencia me dice que tal vez no alcance; pero querida Clari: ahora que has escuchado mi confesión, dicha más con la voz del alma, ¿solo dime que un día, en el futuro, quién sabe cuándo, pronunciarás mi nombre con dulzura, rodeada también de sentimientos sublimes?

Nuestra unión, que el destino dice negada, nunca dejará de ser mi mayor proyecto: Dios me perdone, pero invoco Su Sagrado Nombre como testimonio de mi sinceridad.

¡Te amo Claribel!

Te amo, como ningún poeta ha soñado un amor como éste..."

Cuando salió de este largo ensueño, Ricardo tenía lágrimas en el rostro. Disciplinado, buscó cambiar el escenario mental. Claribel, que controlaba abrumadoramente sus deseos e ideales sentimentales, fue reemplazada solo a un gran costo.

Había aprendido del Evangelio que no se debe llamar loco a nadie; pero ¿cómo no considerarse loco cuando maltrataba con cariño a aquella dulce criatura? En ese momento era casi una locura lo que sentía por la hermosa y dulce joven que tenía como secretaria; sí, fue por este sentimiento que verdaderamente había actuado como un loco, llenando de sombras los caminos del futuro; Y sí, siendo el futuro de aquel desgraciado de ayer, ¡lo que sentía por Claribel era amor verdadero, intenso, total, único!

Con el alma suspirando, tuvo otra ensoñación: "¿cuándo llegará el mañana de vidas divertidas para que Dios me conceda una nueva oportunidad de tenerte en mis brazos?"

Comenzó a meditar sobre su mediumnidad: desde sus días de soldado, cuando incluso estuvo internado en el hospital, con locos, aunque fuera por poco tiempo, tantas preguntas quedaban sin respuesta...

Hoy las había encontrado: todos los problemas que le habían dejado abarrotado, de hecho, llamadas mediúmnicas, buscando despertar a los deberes con su propia evolución espiritual.

En el Terreiro de Umbanda tuvo una excelente oportunidad de practicar sus dotes mediúmnicos. Desperdició tan gran oportunidad, porque lo que hizo no era válido, ya que contradecía los preceptos del Evangelio de Jesús: *"dad gratuitamente lo que habéis recibido gratuitamente."* Los malvados e ignorantes juzgaron que la mejor manera de ayudar a los demás era empezar por ayudarse a sí mismo. Quedó sordo al no escuchar los consejos de tantos compañeros del Terreiro, encarnados y desencarnados, recomendándole aceptar solo ofrendas voluntarias, caminando con los pobres, cuando le vieron reclamar el pago por los servicios espirituales que realizaba: "Dios te da y Dios quita"; porque se dieron cuenta que tales pagos no traían beneficios a los pobres sino que iban directamente a sus bolsillos... hoy comprendía que nunca se puede cobrar, ni siquiera recibir regalo alguno a cambio de alguna ayuda espiritual, porque en verdad son los espíritus. quienes son los encargados de la ayuda.

Amable y siempre acorde con el merecimiento de quien es rescatado.

Sabía, en la plenitud de la razón y la lógica, que las Leyes Naturales, cuyo código Dios regula y controla la vida de los hombres, equipados con la mediumnidad para su evolución, nunca para su pérdida, así quien ayuda a los demás es el primero en beneficiarse.

El libre albedrío, que todos los hombres reciben, como uno de los mayores dones gratuitos, no es ni puede ser culpado por el procedimiento de quien se deja seducir por el dinero, el poder y las bajas pasiones.

¡Y él había hecho todo eso!

Concluyó, entre melancólico y resignado, que el desamor de sus padres, los tiempos de pobreza, el accidente, la cruel afonía y, lo más grave de todo, la pérdida del amor de Claribel, fueron solo consecuencias de sus actos, desde mucho tiempo antes hasta la actualidad... Es que ciertamente tales deudas eran parciales, pues Dios no coloca sobre nuestros hombros más peso de aquel que podemos soportar; esto es, tal vez sea imposible rescatar todo en una única vida todo un pasado de errores.

¡Bendito, mil veces bendito el olvido del pasado!

Él, que pudiera ver un poco de esa contabilidad negativa, solamente con el amparo permanente de Jeroboão no había sido dominado por el desánimo, ante la responsabilidad de reconstruir lo que había destruido.

~ 0 ~

Algunos meses más pasaron.

La cultura espírita asimilada por Ricardo pasó a producir interesantes frutos: atendiendo a muchas personas incluso familias afligidas con angustias y con perturbaciones espirituales, a todos escuchaba pacientemente.. Los desahogos eran muy facilitados, en su caso, por no poder hablar. Solamente escuchaba. Cuando la persona terminaba su queja y pedía una orientación, Ricardo escribía algunas palabras en un block de notas para la solución, incluyendo siempre trechos evangélicos.

En esas oportunidades, sentía siempre la presencia espiritual de Jerobõao inspirándolo.

En el Centro Espírita, una vez por semana, había un horario propio para una conferencia doctrinaria. Siempre eran invitados expositores experimentados, los cuales, con amor y paciencia, semanalmente traían luces para varios asuntos del día a día de todos.

Tales conferencias eran muy agradables, pues los temas eran siempre diferentes; no obstante, todos caminasen por el mismo camino: el Evangelio.

Asiduamente, Ricardo disfrutaba escuchando a los ponentes.

En una noche en la que el público era numeroso, el orador designado estuvo ausente, habiendo avisado en el último momento. El responsable de las reuniones buscaba a alguien que pudiera improvisar una charla. Coincidencia o no, ninguno de los presentes pudo sustituir al orador. Considerando que los temas evangélicos siempre estuvieron bien elaborados y bien presentados, demostrando la preparación, cuidado y celo de los ponentes, nadie se atrevió a decir nada.

Fue entonces cuando Ricardo vio a Jerobõao al frente de la sala, dirigiéndose hacia él. Al llegar, lo invitó - telepáticamente a dar la charla:

"¿Yo?

"Da la charla y te ayudaremos..."

"Pero no tengo voz, no puedo hacerlo..."

"Bueno, bueno, Ricardo: claro que hablas. Ahora no estás aquí."

¿Estás conmigo?"

Recordando la "difícil" pregunta sobre la necesidad de los dos ojos, realizado en el "Departamento de Reconsideraciones", Ricardo pensó:

"Jerobõao es el hombre que hace las preguntas más simples y más difíciles de responder...."

Siempre telepáticamente, respondió:

"Pero de otra manera estamos hablando con nuestros pensamientos y yo no puedo hablar con nuestras mentes con las personas."

"¿Cómo te has comunicado con los demás?

"Escribiendo... "

"Así es: te pasaremos primero las ideas para que las puedas escribir y podrás realizar la conferencia. Pide a alguien para que lea.

Jerobõao fue al frente del salón y llamó a Ricardo para que lo siguiera. Ricardo se levantó y le escribió al señor Jansen:

"Me gustaría dar la charla esta noche. Un espíritu amigo nos ayudará, o mejor aun, él mismo dará la charla, dictándomela a través de sus pensamientos..."

Feliz, ahora sintonizando la presencia espiritual, Jansen le proporcionó hojas de papel en blanco y un bolígrafo, y le pidió a Angélica, su futura nuera, que leyera lo que escribiría Ricardo.

La expectación en la sala era grande solo para que se anunciara cómo sería la exposición de esa noche: habría asistencia espiritual, a través de la telepatía.

Y así absolutamente "improvisado", de forma inédita, en ese Centro Espírita, por primera vez, se realizó una conferencia por un expositor mudo.

El tema central fue "Los animales son nuestros hermanos."

Ricardo amaba a los animales desde que era niño y era receptivo a la información que Jerobõao le dio, como también siempre les dedicó amor, considerando que fueron ayudados por Dios en nuestro camino para que nosotros los ayudáramos a evolucionar.

Las lecturas hechas por Ricardo y las enseñanzas que ya había aprendido lo colocaba en un nivel apropiado para opinar sobre la evolución de los seres vivos...

Angélica leyó las páginas que comenzaron a ser escritas.

Ricardo tenía los ojos abiertos y las luces encendidas, pues no se trataba precisamente de un encuentro mediúmnico, sino más bien de una variante de la integración de los dos planos: el espiritual y el material.

Esto es lo que Jerobõao mencionó y Ricardo plasmó, en papel:

"El planeta Tierra, tal como lo conocemos ahora, es indiscutiblemente diferente al que en sus inicios era solo una masa de gases a alta temperatura, probablemente expulsados del Sol.

Entonces, la vida aun no está aquí.

Dios, en Su omnisciencia, estaba creando otra escuela más.

Millones de años sumando otros millones, llegando a los billones, he aquí, los espíritus responsables de la evolución del nuevo mundo, magnetizando el protoplasma, hicieron surgir células y bacterias, dándoles vida propia, iniciando el ciclo de la vida, en los primeros seres vivos planetarios: los unicelulares.

Ya estaban individualizados, pero no se reproducían sin costosos movimientos, uno buscando al otro. Dotados del instinto de conservar las especies, he aquí, de la unión de especies similares surgieron las algas y hongos.

¡Y con las algas apareció el sexo en el planeta!

En un espacio colosal de Tiempo, de las algas a los granos, de los granos a las flores, llegamos al reino vegetal, tal y como lo conocemos hoy en día.

No de un salto, sino en una cadena sucesiva, armónica y de transformación permanente.

Esto también sucedió con los animales irracionales: a partir del protoplasma se originó el reino animal. Desde los lejanos y humildes protozoos hasta los mamíferos, se ha recorrido toda una extensa escala y se han ascendido innumerables escalones en la escalera evolutiva.

Cuando hablamos de mamíferos, que son el orden más elevado del reino animal, no podemos negar a nuestro corazón el derecho de amarlos.

¡Son nuestros hermanos! Inferiores, es cierto, pero colocados en el mundo con un doble objetivo: ayudar al hombre a progresar y a evolucionar. Si no existieran elefantes, camellos y sobre todo caballos, la humanidad probablemente todavía estaría en el Paleolítico, que se perpetuaría.

La fuerza animal, mucho mayor que la fuerza humana, es muy utilizada en agricultura y construcción de todo tipo, en todas partes y desde el principio de los tiempos, removiendo obstáculos, conduciendo enormes piedras, árboles, arados y fardos, hizo posible que el buen hombre saliera de la cueva y hoy utilice su computadora; o, mire la televisión, reciba amigos y deguste deliciosas y finos manjares iguanas, todo esto a muchos, muchos metros del suelo, en lujosos apartamentos...

Desde la canoa hasta los transatlánticos, desde el carro de bueyes hasta el avión supersónico, desde las pieles curtidas hasta los tejidos confortables, todo, todo, es fruto del esfuerzo humilde, servil, desinteresado e inigualable de los animales!

Si en la agricultura, el transporte y las construcciones fueran reemplazados por potentes tractores y fantásticos vehículos pesados, nunca podremos olvidar la colaboración de los animales: además, es indispensable mencionar que, para vivir, no necesitan cosas buenas, ya que la Madre Naturaleza es amable y prodigiosa.

Gentil, proporcionándoles comida suficiente, que nunca les falte.

Pródiga, al dotarlos de instinto, garante de su supervivencia y de la continuidad de la especie.

Mis hermanos:

El hombre, al convivir con los animales, tiene una influencia colosal en su comportamiento. Al colmarlos de respeto, apoyo y amor, desenreda las tendencias innatas de supervivencia en sus cerebros salvajes, regidas por la "ley de la selva", según la cual el más fuerte siempre gana.

Generación tras generación, los animales que conviven con el hombre se han ido transformando, en una evolución lenta pero inexorable, y ya no es raro ver bestias recibiendo el cariño humano y devolviéndolo.

Todos los animales, por naturaleza, son salvajes.

Quizás el mayor asistente del hombre fue el primero en ser domesticado: el caballo. Con él se exploraron regiones desconocidas, superando distancias.

Después del caballo, en la escala de ayuda al hombre, tenemos la generosa pareja buey/vaca, con diferentes funciones, que en la vida y en la muerte solo sirve al hombre. Si el caballo pierde espacio, el ganado aumentará su utilidad y ahora es indispensable para la supervivencia alimentaria humana. ¿Hasta cuándo? Solo Dios lo sabe...

A continuación tenemos a los elefantes: tan grandes como sensibles, pasaron siglos transportando cargas pesadas - troncos y piedras -. Incluso hoy en día hay regiones del planeta que sucumbirían sin ellos.

Las cabras: mansas y cómodas, proporcionaban refugio del frío, además de alimento con su leche y carne.

Los perros y gatos son traídos al hogar y tratados como miembros de la familia. La Psicología moderna recomienda tenerlos en casa, ya que son una fuente inagotable de afecto y alivian las tensiones de la vida moderna.

Hablemos, primero, de pájaros enjaulados: es cruel privar a seres que podrían viajar a través de la inmensidad de los cielos, reduciendo su movimiento a unos pocos centímetros de espacio rodeados de alambres...

Hermano: libera a los pájaros

En cuanto a los canes, comenzaron a intercambiar amistades con sus dueños quienes también encontraron reciprocidad: recibiendo protección, alimento y cariño en los hogares, correspondían con amistad desinteresada y constituyen centinelas en permanentemente alerta; garantizan la seguridad de la familia y la propiedad. Hay muchos registros de actos de incomparable heroísmo y altruismo hacia los hombres.

En cuanto a los gatos, ¡ah! Los gatos observados por los egipcios, hace miles de años, fueron llevados a ambientes domésticos, ya que eran enemigos naturales de las ratas. Pero, ¿sería eso lo único que hoy los mantiene en el hogar? Ciertamente no. Su independencia natural irrita a algunas personas, pero así fueron creados por Dios que los dotó de atributos envidiables: agilidad, buena percepción del astral y contornos muy delicados, que los hacen tan gráciles. Dentro de la casa, son centinelas mucho más competentes que los perros, ya que perciben los movimientos externos, que son absolutamente inaudibles o perceptibles. Descendientes del linaje Felino, en realidad traen rasgos de agresión y salvajismo. Pero, quien los trata y les da cariño, recibe de ellos demostraciones inequívocas de agradecimiento y cariño.

Compañeros en Jesús:

Otros animales, incluidos monos, felinos y osos, aceptan la convivencia con el hombre, en la persona de domadores y cuidadores, sin hacerles daño, en el triste cautiverio de los circos o en los no menos tristes zoológicos. En los animales predomina el instinto y hay destellos de inteligencia; por estos destellos y que absorben la influencia de sus propietarios o sus cuidadores, pasando a llevar, en la propia estructura psíquica, además de condicionamientos, posibilidades de actos más o menos inteligentes.

Vemos así que el hombre es plenamente capaz de mitigar el instinto salvaje del animal, apaciguándolo con protección, respeto y cariño. Al hacerlo, colabora con la evolución de la especie, que es parte primordial de la vida y los planes de Dios.

En el mundo espiritual, después de la muerte física, las almas de los animales se unen a través de la simbiosis, a través de la similitud física y psíquica.

Los espíritus de la Naturaleza, especialmente designados por los planos superiores, cuidan de estas almas y organizan su regreso a la vida terrena, o bien, separando a quienes más destacan, por nobleza de acciones. Estos últimos, como niños matriculados en las escuelas de matemáticas, reciben de los especialistas celestes los primeros rayos del razonamiento.

Entonces, no estará de más afirmar que al frente, en las esquinas del tiempo, estos estudiantes rudimentarios, cuando reencarnen, estarán con las formas orgánicas humanas primitivas...

Porque, aunque es superior a nuestra capacidad en entender los designios divinos, no tenemos ninguna duda, aunque intuitivamente, que los hombres buenos de hoy fueron exactamente los animales de ayer...

Yendo más allá en nuestro humildes reflexiones. Pidiendo perdón al Creador por nuestra tal vez irrazonable, pero sincera audacia al intentar descifrar tan elevados misterios, podemos imaginar que considerando la multiplicidad de mundos que hay en el universo, en esta primera etapa inicial serán ubicados en uno de ellos, en concordancia con su nivel evolutivo.

Y todavía necesitamos más perdón, porque no podemos ocultarlo.

Creemos que nuestro planeta ha superado esta fase: la edad de piedra, habiendo ya evolucionado, él mismo, de hecho, como hace todo lo demás en el universo, ¡lo cual es obra de Dios!

Que la humildad de Jesús sea para nosotros el ideal supremo a conquistar y que las luces del Maestro iluminen un poco nuestros espíritus" - concluyó.

~ 0 ~

La institución cristiana que fundó la familia de André se llamó "Centro Espírita Fe y Amor." Allí se organizó un modesto programa de asistencia: un curso para mujeres embarazadas y madres solteras - atención ginecológica y posparto, Filosofía Espírita y distribución de canastillas para las familias - y también apoyo a familias pobres. La directriz que guio el servicio fue que los pobres tienen hambre todos los días, por lo que eran atendidas pocas, pero integralmente durante un determinado período.

Había directores que opinaban por la atención de muchas, pero apenas en las fechas especiales, tales como Navidad, Día de las Madres, Día del Niño o bien al inicio del invierno. Prevaleció el pensamiento de atender a pocas, pero en todo lo que necesitasen, desde alimentos, remedios y abrigo.

De campaña en campaña y con algunos socios contribuyentes, se recaudaron recursos para que sesenta familias fijas recibieran una ayuda sustancial durante un año. Posteriormente, se seleccionaron otras sesenta familias, entre las más pobres, para sustituir a las ya ayudadas.

"Fe y Amor" operaba en su propia sede, humilde, pero adecuada a su propósito. En la atención espiritual, muchas eran los logros, todos con horario y día de la semana predeterminados. La puntualidad y la asiduidad eran exigencia ineludible de los responsables del trabajo espiritual.

En términos de orientación, aunque muchos continuaron buscando soluciones a amores frustrados, trabajos, negocios, etc., tales personas fueron remitidas a la oración y al Evangelio, no permitiéndose consultar a los espíritus para tales problemas, así como para cualquier otro asunto material.

Allí era norma que las instrucciones espirituales fueran siempre iniciativa de espíritus amigos, nunca originadas por invocaciones. Por otro lado, tales instrucciones - desde el plano espiritual -, cuando se dictaban, se dirigían al bien colectivo, nunca al individual y siempre eran en forma de sugerencias, nunca como una orden.

Muchos consultores se aburrieron y buscaron "médiums más fuertes"; lamentablemente, las recomendaciones que no basta con corregir los efectos, sino eliminar las causas, casi siempre localizadas en vidas pasadas, hicieron oídos sordos. Quienes escucharon esos consejos, reflexionando sobre la lógica de los argumentos reencarnacionistas, encontraron la paz al comprender el "por qué" del sufrimiento. Cuando se les sugirió una reforma efectiva en sus costumbres, tendencias, palabras, pensamientos y creencias, comenzaron a tener más paciencia; entendieron que todo agresor tiene un espíritu enfermo y que los agredidos hoy ya lo eran ayer...

Las reuniones mediúmnicas se celebraban a puerta cerrada, en clima de gran respeto y amor. El grupo de médiums estaba formado por los asistentes al curso de médiums, que habían demostrado asiduidad, interés y deseo en la formación de su mediumnidad.

Compuesta por casi una treintena de jóvenes, chicas y chicos de hasta veinticinco años, la Juventud Espírita de "Fe y Amor" tuvo una intensa actividad: se reunía todos los días para estudiar obras doctrinarias, especialmente las básicas - de Kardec -. cantaron, declamaron, socializaron.

Jaeves, de diecinueve años, cursando estudios superiores en informática, era el actual presidente de la Juventud. Había sido elegido para sustituir a André Luiz, que ya había cumplido dos mandatos bienales.

André y Angélica, que asistieron a la Juventud durante cinco años, ya no asistieron a las reuniones y se trasladaron a las lides médiums del Centro.

Además, estaban a punto de casarse y faltaba poco tiempo para tanto por decidir y realizar.

Jaeves estuvo entre los que vieron a Ricardo "dar" la conferencia doctrinaria sobre los animales. Eso le impresionó y a partir de ese día comenzó a admirar a Ricardo, acercándose a él y haciéndose amigos.

Un mes después de esa conferencia Jaeves lo invitó a visitar a los Jóvenes y, si es posible, también dar allí una conferencia. Al principio Ricardo se negó, alegando incompetencia. Jaeves insistió y dijo que oraría pidiéndole al mentor esa noche que también visitara a los Jóvenes y les diera un mensaje evangélico.

Ricardo no pretendía aceptar. Sin embargo, vio a Jerobõao a su lado, como siempre irradiando paz. El espíritu no dijo una palabra. Ni siquiera fue necesario. Su mirada, que ni condenaba ni regañaba, lo decía todo.

Ricardo entendió. Aceptó la invitación, preguntando, a través del portapapeles, que tema Jaeves quisiera que quedara expuesto. Pensando un poco, informó que hace algún tiempo había surgido una discusión en la Juventud, que aun no estaba del todo clara y había varias opiniones divergentes, dejando varias preguntas sin respuesta: ¿Cuál es el grado de evolución espiritual de los pueblos que marcaron su paso por el mundo en diversos ámbitos de la actividad humana? ¿Podemos comparar a los santos con los mentores espirituales, y éstos con los guías Umbanda, e incluso con las grandes figuras de la Humanidad? ¿Qué tiene la Umbanda sobre el catolicismo y el Espiritismo?

Allí mismo Ricardo escribió: "Si Dios quiere, bajo la responsabilidad de espíritus amigos, abordaremos el tema: 'Religiones y Misioneros, Naciones y sus Héroes.'"

~ 0 ~

Lo que Ricardo no esperaba en absoluto era encontrar a Claribel entre los miembros asistentes de la Juventud. La grata sorpresa lo dejó en "estado de gracia" bendiciendo a los cielos aquel su primera presentación junto a los jóvenes espíritas. La edad, sobrepasando los veinticinco años, no le permitía incorporarse como frecuentador, pero la presencia de quien tanto amaba, señalizaba la bondad de Jesús. Ciertamente que ella sabía quién iría a exponer el tema, ya que eso era divulgado previamente. Así que la conclusión era que Claribel había ido espontáneamente y pensando en "oírlo", pues si quisiese evitar un encuentro entre ellos no asistiría. ¡Eso era obvio!

En efecto, Claribel venía pensando mucho en Ricardo últimamente.

Sabía todo sobre él, ya que estaba en contacto permanente con Angélica y André. Tan grande era la insistencia de su espíritu en mentalizar a Ricardo, que la joven había llegado a la conclusión que entre ellos "no todo había terminado", como había supuesto, aproximadamente dos años atrás.

Aquella oportunidad le resultó excelente para resolver sus dudas sobre qué sentía exactamente por Ricardo: ¿un poco de agresión, repulsión, atracción, lástima, amor...? ¿O todo al mismo tiempo?

Angélica, presente, se ofreció una vez más a leer lo que Ricardo escribiera.

Y así se hizo. He aquí lo escrito por el joven médium, bajo la inspiración y asistencia directa de Jerobõao:

"Centrando nuestra mirada en la historia de las religiones, veremos que siempre encontramos una jerarquía social, que induce a los fieles - el pueblo, estrictamente hablando - a la disciplina y la sumisión a las clases dominantes. Esto, desde tiempos inmemoriales de Egipto, Babilonia - el país de la antigua Asia -, Asiria y Roma.

Los historiadores suponen, sin poder confirmarlo, que la creencia en el poder celestial habría surgido alrededor del año 8.000 a.C. Cada fenómeno natural creaba un dios; igualmente, a toda actividad humana; después, hasta los animales pasaron a ser divinizados, siempre en lenguaje simbólico.

Con el tiempo, acoplar la fecha y hora de nacimiento a la posición de los astros, se estableció el horóscopo, dividiendo la trayectoria aparente del Sol en doce partes, cada una de 30°. En el horóscopo, el interés por el futuro era - como sigue siendo - estrictamente individual.

El politeísmo original - un dios para cada actividad humana - supera la acción de los profetas, prediciendo los acontecimientos, a través de la comunicación directa con Dios, como ellos creían.

En las profecías, a diferencia del horóscopo, las predicciones cubrían y relacionaban a toda la comunidad - ciudad o país:

Hoy, considerando todos estos antecedentes, entendemos que los profetas y fundadores de las religiones fueron espíritus misioneros que, en sus tiempos, trajeron luces del futuro a sus pueblos.

Jesús, el Cristo – ungido - de Dios, posiblemente el más grande de todos los misioneros, legó a la Humanidad el tesoro de la fe, por haber sido el mayor dispensador de amor de todos los tiempos. Habló al mundo del Reino de Dios, intangible e intocable en la creencia de los pueblos de entonces, arrastrando a millones y millones de espíritus a la cima en la que reside la esperanza. Sus palabras, de duración eterna, tuvieron, tienen y tendrán el efecto incomparable de iluminar zonas oscuras e interiores de la mente. Solo es necesario tener "ojos para el futuro" y "oídos para el futuro."

Jesús, podemos decir, es la mayor bendición, entre las muchas distribuidas a los hombres por el Creador.

Pero, entendiendo erróneamente el Cielo y la Tierra, muchos hombres, durante mucho tiempo, han creído que pueden satisfacer sus necesidades individuales, a cambio de sacrificios, regalos u otras promesas.

A medida que los intereses varían, también lo hacen estas fuerzas celestiales elegidas por tales solicitantes...

Así encontramos las religiones y sectas críticas, para poder detenernos en las demás, el código al que se envían las más diversas solicitudes de protección.

En el catolicismo:

- San Judas Tadeo: casos desesperados;

- Santa Luzia: casos de ceguera - más material que espiritual...

- Santa Clara: tratos y pedidos imposibles;

- Santa Teresita del Niño Jesús: indicación de los caminos del cielo;

- Nuestra Señora Aparecida: verdaderos milagros;

- San Benedicto: protección para casos peligrosos;

- San Expedito: asuntos urgentes de última hora;

- San Cristóbal: patrón de los viajeros y automovilistas;

- Nuestra Señora de los Navegantes: protectora de los pescadores;

- *Agnus-Dei* [2] - Cordero de Dios: retorno a Dios, escudo contra los malos espíritus, preservación de desastres, pestilencias, epilepsia, naufragios, inundaciones, felices nacimientos, etc.

Haciendo una breve pausa, en la que hubo un ligero "suspenso" entre los jóvenes espíritas, Ricardo – Jerobõao - bromeó:

- El Santo más solicitado, hasta hace unos años, principalmente por las jóvenes, ¿cuál era?

Los jóvenes se relajaron y respondieron, en cuanto Angélica leyó la pregunta:

- San Antonio I

Jerobõao continuó dictándole mentalmente a Ricardo:

Hay otros Santos y Patronos.

En Candomblé:

La esclavitud, presente desde los primeros tiempos de la civilización, dividió socialmente a la humanidad en dominados y dominantes. Al ser descubierta, América exigió para su capital económico - oro, piedras preciosas y agricultura -, una cantidad considerable de esclavitud.

El inmenso potencial de Brasil significó que más de tres millones de esclavos africanos fueran traídos aquí a lo largo de los siglos.

En este punto Jerobõao retó a todos, especialmente a Ricardo, con otras de esas preguntas sencillas, pero de

---

[2] El *Agnus-Dei* era una reliquia o una tableta de cera en forma de medalla, que lleva la imagen del cordero de Dios impresa en un estandarte de la Cruz; y bendecido solemnemente por el Papa en Pascua, en el primer año de su pontificado, y, después de siete años.

trascendental profundidad, que requieren mucha reflexión para las respuestas:

¿Éramos uno de esos tres millones? ¡Solo una vez...?

Él continuó:

Con la esclavitud vinieron las tradiciones, el culto y las creencias, cuyas raíces en el alma africana residían desde un pasado imposible de ser determinado. Esta herencia nunca pudo ser anulada y por eso los esclavos, que no podían desobedecer a sus amos: los católicos, mezclaron cultos y deidades africanas con el catolicismo.

A partir de este sincretismo inicial - combinación de sistemas filosóficos - el Candomblé con sus entidades explícitas, pasó a invocar a las siguientes legiones y sus respectivas falanges:

- De los *Orixás* – santos - el jefe es "*Oxalá*" -Jesús;

Y toda la corte de los reyes de la tierra, bajo el mando de Jesús, todos subordinados a "*Olorum*" – Dios -, divinidad suprema;

- Del Mar: encabezada por "*Iemanjá*" – Virgen María, madre de Jesús;

- Del Oriente – magia -, jefaturada por *Xangó Agodó* – Juan Bautista – el cual preside la astrología;

- De *Oxossi* – San Sebastián – preside los bosques, los cazadores y es el Señor de la Selva, con legiones de caboclos, en fusión con aborígenes brasileños;

- De *Xangó* – San Jerónimo – es un santo abogado, presidiendo las causas de justicia, también es dios del rayo y del trueno, con la legión de *Inhançá* – Santa Bárbara;

- De *Ogum* – San Jorge – santo guerrero que resuelve cualquier demanda;

- Africana, jefaturada por San Cipriano, con sus legiones de negros viejos.

Del Candomblé – más intensamente practicado en Bahía – se derivan rituales diversos, ligados a las fuentes africanas; de esos, el más importante se refiere a la iniciación que dura de uno a siete años.

Se verifica en el Candomblé el sacrificio de animales – gallinas, cabritos –, para ofrendas a algunos *Orixás*, lo que, necesariamente, no sucede en la Umbanda.

La Umbanda:

A su vez, la Umbanda también sincréticamente, surgió en el Brasil hace menos de un siglo.

Del Candomblé tomó considerable acervo de expresiones culturales y religiosas – divinidades y rituales –, siendo actualmente difícil definir, en muchos terreiros – local sagrado para las ceremonias – los niveles porcentuales de pureza de Umbanda o Candomblé.

Del Catolicismo adaptó sus prácticas:

- jerarquía
- rituales
- sacramentos;
- objetos protectores - *patuás* = bentinhos;
- ropa especial;
- incienzadores;
- altares e imágenes;
- órdenes - promesas;
- etc.

Del Espiritismo buscó e incluyó como práctica la comunicación con los espíritus, destinada a la solución de los problemas..

Esto generó una "aparente" igualdad con el Espiritismo; sin embargo, ésta apariencia se contradice, al más mínimo análisis, ya que se trata de una doctrina científica y religiosa, sin dogmas, liturgias, símbolos, rituales, etc.

El error de tal comparación se hace evidente también cuando se comprueba que en las reuniones mediúmnicas espirituales los médiums son absolutamente disciplinados y controlados; en ellos el objetivo es siempre elevando la moral de los médiums, frecuentadores y espíritus desencarnados infelices, a través de aclaraciones evangélicas. Cabe señalar que dichos espíritus están sometidos a la decisión de los protectores espirituales, nunca mediante invocaciones.

Además, el Espiritismo no se ocupa de problemas materiales.

Nueva pausa.

Aunque Ricardo quería mirar a Claribel, el deber hablaba más alto y permaneció concentrado, para no dispersar las imágenes mentales que Jerobõao le daba.

La exposición continuó:

"Mis bondadosos hermanos,

Ninguno de nosotros tendrá derecho a juzgar dichas prácticas, ya que de alguna manera han sido útiles para quienes se identifican con ellas. Además, siguen siendo manifestaciones espiritualistas. Lo que no puede ser acomodado por nuestros sentimientos cristianos y la lamentable acción humana de cualquier acto que genere mal, particularmente en cultos y rituales.

La palabra Espiritismo fue creada por Allan Kardec, apareciendo por primera vez en 1857 en *"El Libro de los Espíritus"*; a partir de esa fecha, este neologismo se integró en prácticamente todas las lenguas.

Por tanto, el uso de esta palabra debe ser prudente el empleo de esta palabra: no es espírita la sociedad, culto o persona que en sus reuniones, prácticas o creencias, adopte imágenes, rituales, uniformes, objetos de sonido, bebidas, velas, amuletos, etc. – todo eso acatando jerarquías, dogmas, divinidades, guías, etc.

El Espiritismo está en la faz de la Tierra, hace poco más de ciento treinta años y todos nosotros, definitivamente, tenemos una edad espiritual mayor a esa.

Cierto es que debemos haber andado en la oscuridad de las cavernas, en las brumas de las catacumbas y en las claridades de los templos – antes y después de Jesús.

Si hoy, nosotros, los espíritas, nos contentamos con la simplicidad de los Centros Espíritas, con sus muebles rústicos y la ausencia de rituales, divinidades y santos, parámetros, jerarquía, utensilios diversos e imágenes, no podemos anatemizar a aquellos que aun se deslumbran ante los altares, lujosos o modestos, con pompa o humildad.

- ¿Quién de nosotros, considerando las vidas sucesivas, pude asegurar no haber procedido así jamás...?

"Otra pregunta de las preguntas de Jerobõao" – pensó Ricardo cuando escribió.

Fueron concedidos algunos minutos para que los jóvenes tomasen algunos refrescos.

La carga de información era elevada y Jerobõao, sugiriendo una pequeña interrupción, actuó psicológicamente, para no agobiar el ánimo de los asistentes.

-¿Habría sido esa únicamente la intención del mentor?

Pues creando el momento más feliz de toda su vida, Ricardo recibió un vaso de refresco de manos de Claribel.

Él, que había estado tan controlado en los últimos tiempos, cogió el vaso, ¡estaba temblando como un niño aterrorizado antes de recibir una inyección!

Pero no fue solo él quien se emocionó: Claribel también casi se atragantó con el líquido. Su mano decidió acercarse a su ex jefe para que viera, de cerca, lo que sentiría. "Pagó para ver" y "vio": como si su aura se entrelazaba con la de Ricardo, ¡su alma admitió que lo amaba!

Sí, ella amaba al hombre que estaba frente a ella.

La transformación sucedida con el ex patrón ex patriarca y el joven que traía tanta sinceridad en su mirada, seguía diciéndole que en verdad había conocido, en una sola vida, dos vidas del mismo espíritu.

Solo la bendición de Dios podría haber permitido tal cambio y era a Él a quien ahora pedían la unión de sus destinos...

Hizo este pedido silencioso, allí mismo, frente a Ricardo, viendo en sus ojos, fijos en los de ella, el brillo que solo da el amor. Después de unos minutos, siguió la inusual exposición:

"Para comprender al hombre es necesario mirar en todo el horizonte de la Historia, donde podemos encontrar, en cada pueblo, una gama de héroes, ardientemente venerados.

Tales cultos, recordados con admiración, como los valientes que hacen los personajes, exponen su ardor encendido por la patria.

Sus indomables acciones en defensa de su país resultaron, la mayoría de las veces, en su propia muerte.

Su sangre, derramada poderosamente en los campos de batalla, en territorio patriótico o en rincones ajenos, escribió páginas épicas de la vida de sus naciones.

En ellos el cumplimiento del deber es real.

Recordados, se señalan a escolares y jóvenes como paradigmas a seguir.

- ¿Cómo se posicionan sus espíritus, después de ser desencarnar?

Por regla general, estas criaturas son consideradas poseedoras de tres virtudes olvidadas:

- desapego

- sentimiento nato para el cumplimiento del deber

- coraje indomable.

En este relato se incluyen los protectores espirituales, igualmente vinculados a los destinos del país en cuestión, que por tanto los acogen paternalmente, ya que la muerte, casi siempre inesperada - violeta por como resultado del combate -, lanza a esos héroes en desordenada perturbación psíquica.

Si una u otra de esas posiciones es impugnada o aceptada por la posteridad, no podemos olvidar a Pablo de Tarso, el líder de los cristianos, cuando era doctor en la ley; al hacerlo, el "Apóstol de los Gentiles" fue todo sinceridad, devoción y respeto por las costumbres y leyes de su tiempo y de su país. En Damasco, materialmente afectada por la visión de Jesús, solo sus ojos espirituales; sin embargo, se abrieron a un nuevo paisaje mental, lo que, a su vez, aseguró que el cristianismo pudiera sobrevivir hasta el día de hoy.

De la misma manera, los espíritus de muchos de los grandes héroes que han dedicado su vida, su vigor, su inteligencia a la causa nacional, están a un paso de convertirse en misioneros de la fraternidad.

Sí: poseyendo el mortero del desapego y la integral entrega de sí mismos, con gran facilidad serán orientados en los planos celestiales para la ligera corrección de la ruta; de combatientes intrépidos en los campos de batalla pasarán a ser feroces defensores del prójimo. ¡Entonces, estarán a un paso de revestirse del amor universal!

Recordemos rápidamente nombres significativos, cada uno en su época, todavía presentes en los destinos de Brasil:

Tiradentes – Patrono Cívico de la Nación. Públicamente inmolado, después de asumir toda la responsabilidad por los planes de libertad de Brasil...

Caxias – Patrono del Ejército Brasileño. Militar enteramente dedicado al Ejército, titulado "Pacificador", por su experiencia en innumerables campañas internas y externas, durante sus cincuenta años de carrera.

Santos Dumont – Patrono de la Aeronáutica. Nacido en Minas Gerais, de joven vivió en la región de Ribeirão Preto, Estado de São Paulo, donde, entre locomotoras y ajetreos cafetaleros, comenzó a engendrar la mayor acción del mayor sueño del hombre: volar.

Apodado "Padre de la Aviación", sucumbió a la angustia. Al ver su invento se utilizaba como arma de guerra practicó el suicidio - quizás el error más terrible sobre la faz de la Tierra.

Tamandare – Patrono de la Armada. Hijo de un teniente de marina, pasó su infancia entre gente de mar. Para él, el mar era su gran amor.

Nadador incomparable y corazón abnegado, realizó innumerables rescates de cuatreros, patricios y extranjeros. Salvó de su barco a un marinero que estaba colgado de los tentáculos de un pulpo enorme.

Al pasar la noche en la playa Flamenco, en Río de Janeiro, escuchó gritos de auxilio procedentes del mar. Eran dos negros náufragos de un barco dañados por el vendaval y la furia de las olas. Se tiró al mar y los salvó. Luego, tomó un trago y regresó al mar embravecido, que tanto amaba, yendo a ayudar a las tripulaciones de un barco inglés y a un barco nacional que había volcado.

La atención de los jóvenes iba creciendo, pero hubo otra pausa. A continuación, momentos después, Ricardo le escribió a Angélica:

"¿Qué es Evolución y cómo distribuirlo?"

La evolución es Ley Natural de todo lo creado por Dios; es decir, de todo lo que existe. Numerosos niveles conducen a la evolución, siendo la reencarnación la indicada, su vestimenta principal, respecto a la evolución espiritual. Esto se debe a que el espíritu evoluciona incesantemente, desde su creación, incluso cuando se equivoca o sufre: de los errores resulta el aprendizaje y del sufrimiento, la recuperación de las deudas y la adquisición de virtudes.

En el caso del tema aquí considerado, no es necesario establecer sacrificado en una arena, por fieras o gladiadores, para ser considerado un cristiano puro; es igualmente innecesario luchar en guerras y morir con las armas, como atajo hacia la santificación espiritual. Si existe una Ley de Causa y Efecto para explicar nuestras dolorosas expiaciones, esto no significa que todos nuestros dolores sean canónicos: muchos son consecuencia de nuestra libre elección sobre la forma en que vivimos, pensamos y actuamos - y en este caso, la mayoría de la época, los héroes encajan.

A través de un sencillo ejemplo, quizás podamos entender que, a veces, los caminos elegidos para la evolución no siempre son los que consideramos más adecuados.

Hay en Brasil, en el Estado de São Paulo, un lugar muy interesante.

Fenómeno geográfico: el río Tietê. Con una extensión de más de mil kilómetros, desde su nacimiento, muy cerca del mar, tiene su desembocadura en el río Pacana. En su nacimiento, el río Digno - como todos sus hermanos - casi se siente la marea, tan cerca de las aguas del mar.

Aquí las preguntas: ¿por qué este río no se fue ya al mar, que es el destino inexorable de todas las aguas corrientes del mundo?

¿Por qué recorrer cientos y cientos de kilómetros, beneficiando a decenas y decenas de ciudades, casi muriendo en la región Capital? ¿No sería mucho más lógico y sencillo que su lecho recorriera poco más de veinte kilómetros hasta unirse al océano Atlántico?

Respondiendo, diríamos que la Naturaleza, sabia y generosa, colocó la fuente del Tietê entre la colosal barrera de la Sierra Geral y el mar, obligándolo así a seguir el corte de la gravedad en dirección al interior del continente, para fertilizarlo, incluso con "heroicos sacrificios" -cerca de la Capital.

Sí: de manera similar, no bajo el sabio mando de la madre Naturaleza, sino en el pleno ejercicio del libre albedrío, las religiones y sectas, así como sus seguidores, sumados a los héroes titulados de los distintos países del mundo, piensan en caminos indirectos hacia la evolución.

Si el destino de los ríos es el mar, el destino de los espíritus es acercarse a Dios, aunque a veces, como en el caso del río paulista y los héroes, algunos recorren rutas difíciles.

Durante esta transición, el Espiritismo se expresa con bastante lógica al afirmar que las vidas sucesivas, enmarcadas dentro de los parámetros de la reencarnación, reflejan la Justicia, y la Sabiduría divinas, situándose cada espíritu en el camino que mejor se adapta a sus necesidades evolutivas.

Allan Kardec, cantando el coro del Maestro Jesús, magistralmente señaló el camino más indicado para la evolución espiritual, para todos nosotros: ¡la reforma íntima! Esa reforma con la cual, apenas la voluntad, sin sacrificios corporales puede el hombre promover, baste evitar los tortuosos caminos del egoísmo, los mentirosos atajos del orgullo y la vanidad y, como un pionero espiritual, despejar la amplitud de la luz y ayudar a los demás dondequiera que iba, ¡impulsado por la Caridad y el Amor!

"Que Jesús permanezca en nuestros corazones" -concluyó.

Estrellas en la Tierra

Cada día que pasaba Ricardo sentía que más y más Claribel era una inquilina fija en sus pensamientos.

Sus sentimientos hacia ella iban desde la vergüenza - al recordar su actitud irreflexiva -, al cariño, el deseo, el amor...

En cuanto al deseo, sabía que era un impulso sincero de compartir su vida con la de ella, uniendo sus cuerpos en la santidad de un hogar, ya que por el afecto de sus espíritus se complementarían.

El simple recuerdo de Claribel, tan hermosa, tan suave, femenina, se transportaba en sueños, ensoñaciones y, a veces, cismas. Contradictoriamente, a veces pensaba en salir corriendo a su encuentro y luego imaginar que tal vez sería mejor no volver a verla nunca más.

"¿Lo perdonaría alguna vez?"

Esa pregunta daba vueltas y bailaba en sus pensamientos. Envuelto en sus esperanzas, ya que ni siquiera podía hablar, se dirigió a Dios en oración. Pidió perdón a Dios. Su alma gritaba fuertemente al cielo que nunca más volvería a actuar con lujuria, pero su cuerpo, reverberando gritos tan íntimos, exigía el calor de quien tanto amaba.

Luego reflexionó: "La deslumbrante belleza de Claribel no es necesariamente lo que más me atrae: su gentileza, su sencillez, su dulce presencia."

En estas ocasiones quedó claro que en su memoria se iban borrando los hechos vistos con Jerobõao y sus dos ayudantes cuando tuvo el accidente.

En aquella ocasión, al ver deudas del pasado con gente del presente, el mentor había advertido que la memoria de todo aquello sería fragmentario y se desvanecería a medida que se produjeran las reconciliaciones. Y de hecho, no pudo concatenar exactamente todos los acontecimientos desde entonces, estando seguro que todavía había personas con las que debía reconciliarse.

Invitado a ser el padrino de la boda de André y Angélica, donó a la pareja un cómodo apartamento en un barrio bien ubicado.

Su consciencia le recomendó ayudar a los dos amigos, ya que con tal gesto redimiría haberles dejado "huérfanos de un padre vivo" en el pasado, debido a su comportamiento disoluto en ese momento.

Después de la boda de André, recibió más de diez invitaciones para ser el padrino de su boda...

Se negó a todas, justificándose ante la imposibilidad de hablar, lo que sin duda avergonzaría el ambiente.

Una noche fue al cine acompañado de los padres de André.

Estaba en la fila de entradas cuando la vio: ¡Definitivamente Claribel vendría al cine!

Sin embargo, la acompañaba un joven que entablaba una animada conversación.

Una nube de celos recorrió su cerebro: aquel chico seguramente era el novio o prometido de la mujer que él, Ricardo, tanto amaba.

Ante una eventual pérdida, su amor por la joven nunca había llegado a ser tan evidente a su espíritu.

En un enorme esfuerzo por no retirarse, permaneció bajo control emocional, ayudado por ver a Jerobõao a su lado; el bondadoso mentor puso su mano en su hombro y con una mirada tranquila, por lo que transmitía calma, dijo en el lenguaje del pensamiento: "Ricardo, Ricardo, donde están la fe y la confianza en Dios, tu comprensión de las vidas pasadas. No fuimos hechos para sufrir. Fuimos creados para evolucionar."

Con una sonrisa un tanto traviesa, añadió: "Entonces, ¿has olvidado que amar no es mucho mejor que recibir? Y que cuando damos amor, nos volvemos extremadamente capaces y receptivos también para ser amados?"

Este mensaje Jeroboão cedió en menos de un segundo y desapareció, pero ese tiempo fue suficiente para que Ricardo apagara el tormento de los celos.

Pensó: "sí, el destino de todos nosotros no son barcos a la deriva, que pueden chocar o navegar juntos; somos el piloto de nuestras vidas y conmociones ocurren solo por la desobediencia a la Ley del Amor; yo mismo provoqué un choque de mi felicidad y por eso he estado sufriendo las consecuencias..."

Eso pensaba cuando Claribel vino a saludarlos.

El muchacho se mantuvo en la fila, pero más atrás.

- Buenas noches. Estoy con mi primo Wilson - informó dirigiéndose a los tres.

El corazón de Ricardo dio un salto y casi "estalló" de felicidad. Miró a la joven e hizo un gesto de saludo.

Ricardo le tendió la mano. Mientras se estrechaban la mano, ambos sintieron un escalofrío en sus cuerpos. Sacando una pequeña libreta de su bolsillo, escribió: "¿Ya me perdonaste?" - pasándole la pequeña nota a Claribel.

Entonces el chico se acercó al grupo, con las dos entradas en la mano.

Luego de presentado, saludó uno por uno y nunca en su vida, sabría por qué Ricardo era tan efusivo: él no era el rival que no existía...

Claribel guardó la nota después de leerla y simplemente respondió, dirigiéndose a todos:

- ¿Vamos a entrar?

Hasta entonces, en su corazón, consideraba a Ricardo un sueño imposible: sentía una atracción irresistible hacia él, pero al mismo tiempo, navegando escondida en su sensibilidad, casi arañando la superficie, algo la alertaba.

La desconocida reacción que nos visita, positiva o negativa, cuando conocemos a alguien, casi siempre tiene su origen en vidas pasadas, en las que pasamos tiempo con ese alguien. Aunque el olvido del pasado es benigno, el espíritu no es capaz de borrar del todo tales reminiscencias. Allí, cuando la reacción es de antipatía, la mejor actitud es rezar por una posible desafección, con lo que formaremos un campo de defensa para nuevos conflictos, que por el contrario, serán inevitables.

Aunque se quedó sin la respuesta deseada, Ricardo se dio cuenta que Claribel no mostraba animosidad, al contrario...

Esto generó agradables sospechas durante la película, ya que varias veces sus miradas no estaban fijas en la pantalla, sino el uno en el otro.

Al despedirse de Jansen y Marina, escuchó de ella:

- Ricardo, hijo mío: Creo que le gustas a Claribel y parece que ella también te gusta. ¿Por qué no salen juntos? ¿O será que tu corazón ya pertenece a otra persona?

Cerrando los ojos en un momento de reflexión, Ricardo sacó su libreta y escribió: "Señora es muy amable; de hecho, me gusta mucho Claribel, pero temo que un feliz comportamiento mío del pasado esté impidiendo un romance entre nosotros."

Sabiendo que Ricardo era médium y que a veces tenía acceso a hechos de vidas anteriores, Marina pensó que se refería al pasado.

Y, casualmente, tenía razón, porque había perjudicado a Helena, y a sus dos pequeñas hijas, cuando desplumó a Antunes, su socio, que murió de pena; al verla viuda, forjó una relación sensual entre ellos, hecho que, en esta vida, volvería a repetir...

En casa, Ricardo lee *"El Evangelio según el Espiritismo"* - siempre a la cabecera -, en el capítulo en el que Jesús amapara:

"Bienaventurados los afligidos, porque serán consolados."

Reflexionó: "¡Jesús, cómo me gustaría conocerlo! Dijo que Él siempre estaría donde dos o más se reunieran en Su nombre. Pues bien: Yo soy uno solo pero le ruego a Jerobõao que me acompañe en esta oración, para que Jesús venga a nosotros."

Se recostó en la cama y apagó la luz.

Ni siquiera había pensado en eso y vio a Jerobõao, acompañado de ambas jóvenes, como siempre con esa sonrisa inolvidable...

Luego oró: "Jesús, Jesús. Hace tanto que sufro por no poder hablar. Reconoce que debo haber abusado mucho de la palabra, en vidas pasadas y también en ésta. Pero, Amigo Sublime: ¿cómo puedo seguir en este sufrimiento atroz. Voy a decirle algo al Señor: Amo a Claribel. Sé que Señor ya la conoces, porque es una criatura buena, un espíritu de paz. Me equivoqué con ella, pero creo que me he corregido, como nunca más lo he vuelto a hacer: o pienso hacerlo, no quiero hacerle esto a nadie, quiero hacer dos cosas por ella, pero tiene que ser con mi voz: confesar mi amor y pedirle que esta vez se case conmigo. Y Señor Jesús: no, eso es todo; si vuelvo a hablar quiero ayudar a los que sufren, con consejos de Tu Evangelio. Oh amigo mío, líbrame de este tormento, en nombre de Dios!"

Las lágrimas abrasadoras impidieron la continuación de la oración. Quería decir algo más, pero sus pensamientos le dieron paso y sus ojos, llenos de sentimientos llorosos, casi quedaron cegados por la intensa luz que invadió su humilde habitación. Una somnolencia irresistible se apoderó de él y momentos antes de quedarse dormido escuchó a Jerobõao, con los ojos también llorosos, decir: "Jesús escuchó 'nuestras' oraciones; dentro de dos semanas, el domingo, a las dieciséis horas, entra en la "Cámara de Pases", el señor Jansen estaría allí, dos horas antes, en compañía de médiums curativos; estarás en un pequeño ayuno alimenticio y en un ayuno purificador, moral y espiritual; nosotros también estaremos allí."

Al día siguiente, al despertar, recordando detalladamente el sueño, Ricardo oró, todavía en la cama: "¡Jesús, Hijo de Dios! Tengo mi corazón abierto para que se cumpla la voluntad del Padre; Jerobõao dijo lo que el Señor escuchó las oraciones." que no eran solo mías, sino nuestras; Sublime Mensajero del Creador: ¡alabado sea Su Santo nombre! ¡Gracias, Amigo Jesús!"

Sin decir una palabra a nadie sobre el sueño, Ricardo escribió un breve mensaje al señor Jansen pidiéndole que estuviera presente, con tres médiums de curación, en el lugar y fecha sugeridos por Jerobõao. No dijo que el paciente sería él mismo. Jansen al recibir la solicitud entendió que se realizaría una reunión de sanación espiritual, pero no atinó que sería para Ricardo.

Dos semanas después del sueño, alrededor de las quince horas, Ricardo entró en la "Cámara de Pases" de "Fe y Amor", encontrando allí al señor Jansen y a tres médiums, todos en oración.

Tres días antes, Jansen intuyera que el atendido sería Ricardo.

Por su parte, se mantuvo callado, sin comentar a nadie.

Durante una hora los cinco hombres permanecieron en elevación espiritual, leyendo cada diez minutos un breve extracto de Evangelio.

Puntualmente, a las cuatro, Jansen pidió a uno de los médiums que dijera la oración de apertura de la reunión.

A continuación, colocaron a Ricardo en una camilla, cubierta con un paño blanco, en el medio de la habitación. Los médiums se acercaron y colocaron sus manos sobre la cabeza del joven, hacia su garganta. Un fuerte olor a éter hirió las fosas nasales de los presentes. Ricardo, con el pensamiento fijo en Jesús, se quedó dormido.

Uno de los médiums comenzó a masajear la garganta de Ricardo, dejando a los demás con los brazos extendidos y las manos una encima de la otra sobre su caja toráxica. Después de más o menos cinco minutos de masaje, el médium acercó su boca a una distancia de aproximadamente a diez centímetros de la región tiroidea de Ricardo y comenzó a soplar aire caliente, proveniente de su tracto digestivo. Continuó así durante tres minutos. Luego, levantando la cabeza de Ricardo, repitió la operación, ahora en la región del bulbo raquídeo. Uno de los médiums, que era clarividente, quedó extasiado al ver una luz muy potente, a veces azul, a veces verde, que, al atravesar la pantalla, enfocaba su haz luminoso directamente sobre la garganta del joven enfermo.

En total, la operación espiritual no duró más de diez minutos. Se hizo una nueva oración, esta vez por parte de Jansen, cerrando la sesión.

Los médiums se sentaron y permanecieron en silencio. Solo una hora después Ricardo se despertó.

Abrió los ojos y lentamente miró a todos, esforzándose con todas sus fuerzas por no llorar.

Él dijo:

- Dios... les pague...

Gutural y ronca, esa voz sonó en la humilde habitación como la voz humana más hermosa jamás escuchada por los cuatro hombres.

En la espiritualidad, Jerobõao, con sus dos asistentes y diez espíritus amigos más, se tomaban de la mano, llorando también lágrimas que se hicieron eco del agradecimiento de Ricardo.

Jansen, que admiraba las óperas, no pudo evitar que pasara. en su pensamiento una comparación: "los grandes cantantes clásicos actúan en ambientes exquisitos; sin embargo aquí, en la sencillez de este ambiente, acabamos de escuchar una de las manifestaciones más maravillosas de la voz humana."

Al escuchar a Ricardo, los hombres ni siquiera pudieron detener el resplandor de alegría que pronto se convirtió en fuerte llanto.

En sus vidas, ese fue uno de los momentos más felices.

En sus corazones, serenos y equilibrados por el temperamento de Caridad, había una certeza: Jesús, el habitante más puro de los mundos sublimes de aquellos que una vez vinieron a la Tierra, de alguna manera había regresado.

¡Y al menos por un segundo había estado entre ellos! Luego, como un vibrante y alegre quinteto de baloncesto, los cinco buenos hombres se abrieron y se abrazaron, con la máxima fraternidad.

Cuando se fueron, tiempo después, pero aun era de día, Ricardo señaló al cielo y dijo:

- ¡Ahí está Sirius, la Casa de Jesús!

Nadie lo entendía, pero tampoco lo discutían: "al fin y al cabo", pensaban, "ese chico venía de una larga enfermedad emocional y esto probablemente había afectado un poco sus ideas...."

~ 0 ~

Jansen "exigió" a Ricardo que lo acompañara a su casa, donde se reuniría con Marina, André Luiz y Angélica, para tomar un refrigerio juntos.

Invitó a los tres médiums a acompañarlos, insistiendo igualmente en ellos, y la invitación fraterna fue aceptada.

Ricardo tocó el timbre. Marina respondió.

Se alegró de ver a su marido, acompañado de Ricardo y tres compañeros de estudios.

La madre de André apreciaba desde hacía mucho tiempo a Ricardo, cuya presencia era rutinaria en su hogar y a quien consideraba un hijo adoptivo. Aunque tenía una personalidad diferente, lo amaba tanto como a André.

A su vez, Ricardo había encontrado en esa casa todo lo que la vida le negara hasta el accidente: amistad, atención, amor. ¡Se sintió amado por esa familia, a la cual él también amaba y por eso estaba feliz.

Cuando abrió la puerta e invitó al grupo a pasar, algo en los ojos de Ricardo impactó mucho a la señora: brillaban como dos faros. El sentimiento, aunque inexplicable, era de alegría.

- Gracias a Dios, volví a habar...

No pudo continuar, ya que la emoción lo convertirá en su presa.

Marina abrazó, muy conmovida también. Ahora era ella la que no podía hacer nada.

André Luiz y Angélica llegaron a la puerta y al ver la escena, de Marina llorando y los hombres con sonrisas felices, no entendieron lo que estaba pasando.

Tomando a su hijo y a la nuera de los brazos, los llevó a abrazar a Ricardo, hablando entrecortadamente:

- Ricardo... está... hablando.

Con un movimiento de cabeza Ricardo lo confirmó. La joven pareja parecía incrédula.

- Es verdad - dijo Ricardo.

Ya dentro de la residencia, en la mesa, decidieron orar, por la gracia alcanzada por Ricardo, y al abrir el Evangelio, al azar, la lección decía: "A cada uno, según sus obras."

Felices, en el almuerzo escucharon a Ricardo decir que ese era el día más feliz de toda su vida.

Enigmático, dijo:

- Solo me queda una cosa para ser el hombre más feliz del mundo...

Intuitivamente, casi todos entendieron que el joven se refería a Claribel.

Levantándose, Ricardo pidió permiso para salir, como iría, esa misma noche, a casa del Sargento Balduino, para decidir todo el futuro de su vida...

La alegría de Rodrigues y su esposa no fue menor que la de la familia Jansen al oír a Ricardo.

Luego de una larga ducha y vestirse con esmero, se dirigió a la dirección de su felicidad en este mundo: la casa de Claribel.

Claribel respondió al timbre.

Al igual que la señora Marina, horas antes, también notó, con asombro, la luz en los ojos de Ricardo.

Ricardo no se movió. Entonces se le ocurrió invitarlo a pasar.

Respetuosamente, el hombre entró en esa casa, con el corazón, casi saltando del pecho.

- ¿Viniste a visitar a mi padre?

Al no responder Ricardo, la joven dijo:

- Disculpe, voy a buscar papel y lápiz.

Con desconocidas fuerzas íntimas, Ricardo finalmente habló:

- No es necesario, Claribel. Dios me permitió hablar nuevamente.

La carga emocional de los dos jóvenes era en ese momento mucho mayor que su capacidad para soportarlo.

Claribel tuvo dos reacciones simultáneas: una, la sorpresa, al escuchar la voz de Ricardo, que supuso nunca volvería y la otra, la certeza que amaba y era amada. La vibración de la voz de Ricardo había hecho todo

Su sistema nervioso se electrificará, destruyendo las últimas barreras y atrayendo la felicidad.

Los dos jóvenes estaban frente a frente, apenas capaces de controlarse, ante emociones tan fuertes.

Claribel pensó: "Madre mía, Virgen mía, Madre del Cielo: ayúdame."

Y Ricardo: "Jesús, Jesús: ayúdame a expresar mi amor y no permitas que ella me rechace."

Estáticos, sus cuerpos estaban separados, pero sus espíritus hacía tiempo que estaban unidos, indeleblemente, por el milagro del amor.

Magnetizados por una alta polarización, en un solo momento, una fracción de segundo, se arrojaron uno en brazos del otro.

Sus cuerpos, como sus auras, exudaban sensaciones sublimes.

El amor que allí quedó sellado era como una sinfonía que se escuchaba en la Tierra, reverberando en el Cielo...

El apasionado beso que intercambiaron fue una lógica comprensión de lo que eran los labios en la pureza de los sentimientos, el deseo y la pasión, el cariño y el amor. Y quizás no duró mucho porque fue la llegada de los padres de Claribel quienes, con la boca abierta, apenas podían creer lo que veían.

Las palabras, de hecho, fueron completamente innecesarias, ¡vale! la evidencia cristalina de la escena: esos dos se amaban, y mucho, y tal vez, de mucho tiempo...

Su boda tuvo lugar meses después.

Por invitación de Ricardo, Silva y su esposa fueron sus padrinos. De hecho, como consecuencia de su vida pasada, cuando estaba casado con Claribel – entonces Helena -, desde que la vio, el abogado había sentido por ella una gran admiración y simpatía, siendo fraternalmente correspondido.

Ricardo había buscado a sus padres e insistió en que asistieran a la boda. Alejados de su hijo, material y espiritualmente, no asistieron a las nupcias y ni siquiera intentaron justificar su ausencia.

De hecho, incluso antes de finalizar la ceremonia, el novio consideró que el comportamiento de sus padres reflejaba, de alguna manera, la poca armonía espiritual que existía entre ellos, que se extendía a él. Se propuso, ese mismo día, intentar con firmeza revertir esa situación porque sabía que la familia es un instituto divino, que reúne generalmente a las almas en readaptación.

Así, haría sus mejores esfuerzos, a partir de entonces, para acercarse a ellos y también para acercarlos entre sí.

Cereza empezó a vivir con Ricardo y Claribel.

El animalito, ya marcado por la edad y las innumerables veces que había parido, con una fuerza absolutamente inexplicable, comenzó a ladrar nuevamente cuando escuchó hablar a Ricardo.

Esto había intrigado a todos los que vivían con Ricardo.

Impresionado con tal hecho, pensaron:

"Si la enfermedad de Ricardo era psicosomática, ¿cómo se explica que el perro no ladrara cuando estaba con él?"

Y más: "si una operación espiritual hubiera curado a Ricardo, librándolo de ese mal, ¿qué habría pasado con Cereza?"

"¿Estaba Ricardo bajo la influencia de obsesores?"

"Bueno, ¿los obsesores actúan sobre los animales o sobre los animales que apoyan a sus dueños?"

Los espíritas sabiendo que los animales no tienen en absoluto mediumnidad, además de no tener deudas que resolver, al no tener libre albedrío ni conciencia, poseer solo una pequeña dosis de inteligencia y cierta percepción espiritual, tales preguntas quedaron sin respuestas convincentes.

Un año después de la boda, la casa de Ricardo y Claribel fue bendecida con la llegada de hermosas gemelas. Ante el asombro de los médicos que realizaron la cesárea y de las enfermeras que atendieron el parto, las bebés nacieron.

Cuando el padre vio a las hijas, su alma se vio envuelta en intensas vibraciones: había amado a esas dos pequeñas criaturas desde la noticia de su embarazo, pero ahora que las vio directamente, parecía como si ya las conociera de larga data.

Estaba pensando en esto cuando, por increíble que parezca al parecer, las recién nacidas le sonreían.

Era inevitable pensar en esa sonrisa inconfundible.

"Jerobõao se quedó sin sus ayudantes...."

Se inclinó sobre sus hijas y las besó tiernamente.

Era su manera de darles la bienvenida al plano terrenal, correspondiendo con gratitud, a pesar de las diferentes situaciones. la recepción que le habían proporcionado en el plano espiritual cuando, herido por un coche, fue conducido a casa de Jerobõao.

Desbordante de felicidad, cada hija se hizo cargo de su sostén y de su comodidad. Sujetándolas contra su pecho, salió de la guardería, dio un corto paseo y se dirigió al apartamento donde estaba Claribel.

Llegó al lecho de descanso y con alegría desenfrenada mostró las dos hijas a la madre. Las dos recién nacidas tenían sonrisas en los ojos y los dos adultos lágrimas: todos estaban felices.

Claribel acarició a sus hijas y las besó.

Tomando la mano de su esposa y con la otra acariciando a esas dos criaturitas que la bondad de Dios, por segunda vez, contemplaba como hijas, Ricardo cerró los ojos y oró en voz alta:

- "Padre: que Tu bendición nos envuelva a todos, aquí presentes, redimidos por segunda vez por Tu Infinito Amor. Danos, Señor, un poco de cuidado y ternura para la buena educación de nuestras hijas.

También oramos para que Jerobōao tenga nuevos asistentes si es Tu voluntad y también si sus tareas así lo permiten.

¡Estamos eternamente agradecidos por tanta Bondad!"

Claribel intuyó que las gemelas eran espíritus ya conocidos por el marido.

Cuando Ricardo abrió los ojos notó que sus hijas estaban mirando por la ventana, a determinado punto.

Su corazón estaba extasiado. ¡Ahí estaba, Sirius!

Claribel también siguió la mirada de sus hijas.

Aunque era casi de noche, pero todavía había algo de luz solar presente en el día, la estrella brillaba en el infinito, mientras rodeaba a esos corazones, dándoles más vitalidad y paz.

FIN.

Grandes Éxitos de Zibia Gasparetto

Con más de 20 millones de títulos vendidos, la autora ha contribuido para el fortalecimiento de la literatura espiritualista en el mercado editorial y para la popularización de la espiritualidad. Conozca más éxitos de la escritora.

Romances Dictados por el Espíritu Lucius

La Fuerza de la Vida

La Verdad de cada uno

La vida sabe lo que hace

Ella confió en la vida

Entre el Amor y la Guerra

Esmeralda

Espinas del Tiempo

Lazos Eternos

Nada es por Casualidad

Nadie es de Nadie

El Abogado de Dios

El Mañana a Dios pertenece

El Amor Venció

Encuentro Inesperado

Al borde del destino

El Astuto

El Morro de las Ilusiones

¿Dónde está Teresa?

Por las puertas del Corazón

Cuando la Vida escoge

Cuando llega la Hora

Cuando es necesario volver

Abriéndose para la Vida

Sin miedo de vivir
Solo el amor lo consigue
Todos Somos Inocentes
Todo tiene su precio
Todo valió la pena
Un amor de verdad
Venciendo el pasado
Otros éxitos de Andrés Luiz Ruiz y Lucius
Trilogía El Amor Jamás te Olvida
La Fuerza de la Bondad
Bajo las Manos de la Misericordia
Despidiéndose de la Tierra
Al Final de la Última Hora
Esculpiendo su Destino
Hay Flores sobre las Piedras
Los Peñascos son de Arena

Otros éxitos de Gilvanize Balbino Pereira

Linternas del Tiempo

Los Ángeles de Jade

El Horizonte de las Alondras

Cetros Partidos

Lágrimas del Sol

Salmos de Redención

Libros de Eliana Machado Coelho y Schellida

Corazones sin Destino

El Brillo de la Verdad

El Derecho de Ser Feliz

El Retorno

En el Silencio de las Pasiones

Fuerza para Recomenzar

La Certeza de la Victoria

La Conquista de la Paz

Lecciones que la Vida Ofrece

Más Fuerte que Nunca

Sin Reglas para Amar

Un Diario en el Tiempo

Un Motivo para Vivir

¡Eliana Machado Coelho y Schellida, Romances que cautivan, enseñan, conmueven y pueden cambiar tu vida!

Romances de Arandi Gomes Texeira y el Conde J.W. Rochester

El Condado de Lancaster

El Poder del Amor

El Proceso

La Pulsera de Cleopatra

La Reencarnación de una Reina

Ustedes son dioses

Libros de Marcelo Cezar y Marco Aurelio

El Amor es para los Fuertes

La Última Oportunidad

Nada es como Parece

Para Siempre Conmigo

Solo Dios lo Sabe

Tú haces el Mañana

Un Soplo de Ternura

Libros de Vera Kryzhanovskaia y JW Rochester

La Venganza del Judío
La Monja de los Casamientos
La Hija del Hechicero
La Flor del Pantano
La Ira Divina
La Leyenda del Castillo de Montignoso
La Muerte del Planeta
La Noche de San Bartolomé
La Venganza del Judío
Bienaventurados los pobres de espíritu
Cobra Capela
Dolores
Trilogía del Reino de las Sombras
De los Cielos a la Tierra
Episodios de la Vida de Tiberius
Hechizo Infernal
Herculanum
En la Frontera
Naema, la Bruja
En el Castillo de Escocia (Trilogía 2)
Nueva Era
El Elixir de la larga vida
El Faraón Mernephtah
Los Legisladores
Los Magos

El Terrible Fantasma
El Paraíso sin Adán
Romance de una Reina
Luminarias Checas
Narraciones Ocultas
La Monja de los Casamientos

Libros de Elisa Masselli
Siempre existe una razón
Nada queda sin respuesta
La vida está hecha de decisiones
La Misión de cada uno
Es necesario algo más
El Pasado no importa
El Destino en sus manos
Dios estaba con él
Cuando el pasado no pasa
Apenas comenzando

Libros de Vera Lúcia Marinzeck de Carvalho y Patricia

Violetas en la Ventana

Viviendo en el Mundo de los Espíritus

La Casa del Escritor

El Vuelo de la Gaviota

Vera Lúcia Marinzeck de Carvalho y Antônio Carlos

Amad a los Enemigos

Esclavo Bernardino

la Roca de los Amantes

Rosa, la tercera víctima fatal

Cautivos y Libertos

Deficiente Mental

Aquellos que Aman

Cabocla

El Ateo

El Difícil camino de las drogas

En Misión de Socorro

La Casa del Acantilado

La Gruta de las Orquídeas

La Última Cena

Morí, ¿y ahora?

Las Flores de María

Nuevamente Juntos

Libros de Mônica de Castro y Leonel

A Pesar de Todo

Con el Amor no se Juega

De Frente con la Verdad

De Todo mi Ser

Deseo

El Precio de Ser Diferente

Gemelas

Giselle, La Amante del Inquisidor

Greta

Hasta que la Vida los Separe

Impulsos del Corazón

Jurema de la Selva

La Actriz

La Fuerza del Destino

Recuerdos que el Viento Trae

Secretos del Alma

Sintiendo en la Propia Piel

World Spiritist Institute

www.ingramcontent.com/pod-product-compliance
Lightning Source LLC
LaVergne TN
LVHW041756060526
838201LV00046B/1020